彼女達との会話

ネパール・ヨルモ社会におけるライフ／ストーリーの人類学

佐藤斉華

三元社

扉写真「段々をのぼる」：筆者がヨルモA村で一緒に暮らした「おかあさん」(2013年2月)。A村は西面する斜面上に点在する家々とジャガイモ／カブ畑、その間を縫うように繋ぐ小道からなる。小道の多くは急な段々で、老いた足腰にはきつい。

写真1「**A村を見おろす**」：左奥に伸びる道は、メラムチプルそしてカトマンズへと続く。家々のほとんどは石を重ねた壁を土で塗り固め、トタン屋根をのせた造りだが、画面左1/3ほどのところ、道沿い右側にはアメリカからの送金で建てられたコンクリート造りの家も見える。

写真2「**A村寺院**」：右側に隣接する白い建物は、前寺院長（現寺院長の兄）の家。前寺院長家族はカトマンズに移住して久しく、ずっと空き家となっている。

写真3「新年を迎えた家族」：村の家で家族が新年最初の食事をとろうとしているところ。男性達が背にしているのが仏壇。女性空間が「広げられている」のがわかる（第1章2.2.参照）。

写真4「新年の集まり」：家族外のお客さんも迎えた新年の集まり。男性空間側から見たところ。ヨルモの家では、女性空間の壁面（写真後景）には、このように食器・鍋類が整然と並べられ飾られているのが普通である。

写真5（上）「夫と」：60年以上連れ添った夫と、自宅の前庭で。なお「おかあさん」は本書の主たる資料となっているライフ・ストーリー・インタビュー調査対象者23人には含まれていない。

写真6（左）「*Yarka*（祝福）を受ける」：*Yarka* は、新年、結婚式、旅立ち等に際して、家族の「長」からその他の家族成員へ、ラマから村人へと授けられる祝福の印。写真は新年に夫から *yarka* を受ける「おかあさん」。机の上に載っているのは新年の特別料理である *derka*。

写真7「筆者と」：ランタン・ヒマールを背にして、筆者と。

目　次

彼女達との会話

ネパール・ヨルモ社会におけるライフ／ストーリーの人類学

口絵 ………… II　　図表一覧 ………… X　　凡例 ………… XI

序　章 ……………… 1

1. はじめに　2
2. 「生を描く」とは何をすることなのか：エイジェンシー論再訪　3
    2.1. エイジェンシー論の系譜　4
    2.2. エイジェンシー論の課題　9
    2.3. 「近代」との関係：エイジェンシーに接する諸力の人類学へ　20
3. ライフ・ストーリーという方法　27
4. ヨルモ社会・本書の基づく調査・本書の構成について　34

第1章
ジェンダーをやる／やめる ……………… 43
ネパール・ヨルモ社会における女の実践、男の実践

1. はじめに　44
2. ジェンダーをやる：ジェンダーを構築する諸実践　49
    2.1. 世帯内の性別役割分業　50
    2.2. ジェンダー化された家屋空間　55
    2.3. 世帯をこえる諸実践　64
        2.3.1. 仏教的実践　64
        2.3.2. 祭礼、葬礼、婚礼　68
        2.3.3. その他の世帯を超える諸実践　72
3. ジェンダーをやめる：ジェンダーを脱構築する諸実践　77
4. 結論　86

第 2 章
「私は行かないといった」
.... 91
女性達の結婚をめぐる語りにみるエイジェンシー

1. はじめに　*92*
2. 結婚をめぐる女性達の語り　*99*
　　2.1. 抵抗の語り　*99*
　　2.2. 忍従の語り　*103*
　　2.3. 同意の語り　*107*
3. 結婚をめぐる語りに見る女性のエイジェンシー　*109*
　　3.1. 結婚に向けた女性の積極性：不在なのか？　*110*
　　3.2. ヨルモにおける婚姻の制度構造：女性の主体性という空白　*115*
　　　　3.2.1. ヨルモにおける「結婚」の語彙　*115*
　　　　3.2.2. 規範的「嫁やり婚」とその外部　*119*
　　3.3. 語る行為におけるエイジェンシー　*127*
　　　　3.3.1.「結婚に向けた積極的意思の否認」を語る行為　*128*
　　　　3.3.2.「結婚に向けた積極的意思の肯定」を語る行為　*129*
4. 結論　*132*

第 3 章
嫁盗り婚の抹消
.... 137
女性達の「語らない」エイジェンシー

1. はじめに：「語られない経験」としての嫁盗り婚　*138*
2. 嫁盗り婚の経験をめぐる語り　*142*
3. なぜ、嫁盗り婚なのか？：嫁盗りに訴える理由　*148*
4. なぜ、語られないのか？：嫁盗り婚の制度的位置づけ　*160*
5. 結論：女性が「語らない」理由　*166*

第 4 章
「女に生まれて厭じゃない」 ················ 171
女としての受難、女としての自己肯定──ダワのストーリー

1. はじめに：なぜ「女で満足」なのか　*172*
2. ある類いまれな抵抗：ダワのストーリー　*175*
   - 2.1. 結婚が決まる　*176*
   - 2.2. 結婚式からの逃走　*177*
   - 2.3. 逃走から定着へ　*180*
3. 考察　*184*
   - 3.1. ダワの受難：いかに「女として」なのか　*184*
   - 3.2. なぜ「女であること」を肯定できるか？　*192*
4. 結論：ダワのその後　*201*

第 5 章
「女は行かなければならない」 ················ 205
婚姻規範への（不）服従──ニマのストーリー

1. はじめに　*206*
2. 「女は行く」規範をめぐる現実と構造　*208*
   - 2.1. 「女は行っている」か：未婚と既婚をめぐる現実　*208*
   - 2.2. 「女は行く」規範と連関する構造的諸条件　*213*
3. ニマの語り　*217*
   - 3.1. なぜ結婚しなかったか①：老齢の父親、そして病　*217*
   - 3.2. なぜ結婚しなかったか②：イタリア人の求婚者　*220*
4. 考察：なお、なぜ「女は行かねばならない」なのか？　*227*
   - 4.1. 規範の肯定　*228*
   - 4.2. 自己のサバイバル　*230*
   - 4.3. 規範との折り合いをこえる　*235*
5. 結論　*238*

第6章
お茶のカップは受け皿にのせて *241*
世界／ヨルモの片隅で、フェミニズムを語る──ドマのストーリー

1. はじめに　*242*
2. ドマのライフ・ストーリー　*244*
3. ドマのフェミニズム　*249*
4. 何がドマをフェミニストにしたか？　*262*
5. 結論　*269*

終　章 *275*

補　論
消え去りゆく嫁盗り婚の現在 *287*
ヒマラヤ山地民の言説実践における「近代」との交叉をめぐって

1. 問題の所在：消えゆく「女性への暴力」としての嫁盗り婚？　*288*
　　1.1. 西欧人類学における嫁盗り婚をめぐる議論　*289*
　　1.2. ヨルモにおける嫁盗り婚　*291*
2. 否定される嫁盗り婚：嫁盗り婚をめぐる一般的言説　*293*
3. なぜ嫁盗り婚は「否定される」のか？：言説の内容分析　*301*
　　3.1.「開発としての進歩」言説　*302*
　　3.2.「伝統に基づく進歩」言説　*309*
4. 嫁盗り婚を否定する語りの遂行する行為　*312*
5. 結論　*322*

初出一覧 .... *324*　　あとがき .... *325*　　参考文献 *329*

図表一覧

図1　ヨルモ地域のロケーション　*36*

図2　ヨルモの家屋内空間（居間）　*56*

表1　インタビュー対象者一覧　*39*

表2　ヨルモ社会における諸実践：ジェンダー視点による分類　*87*

表3　A村の既婚者と未婚者　*209*

表4　A村未婚者の年代別割合　*209*

凡 例

1. 本文中で使われる人名はすべて仮名であるが、ヨルモの人の名前として有意なものである。
2. 言語は、次の略号によって表記することがある。
   Y.：ヨルモ語、N.：ネパール語、Skt.：サンスクリット語
3. ヨルモ語には正書法が確立されていないため、筆者がききとれた限りでの音を暫定的にローマ字表記している。子音表記は、ネパール語について採用した転写方式（下の4を参照）に準じている。
4. ネパール語等の転写は基本的に三枝（1997）の方式に準じるが、ローマ字への付加記号は省いてあるほか、次に示す幾つかの変更点がある。
   ＜付加記号省略以外の三枝（1997）との相違点＞
   ・c/ch → ch/chh
   ・鼻音は多くの場合、n の付加によって表示している。
   ・反舌音は、r の付加によって示している場合がある。例：tr ＝ t の反舌音。
5. インタビューからの引用部分における下線つき部分はヨルモ語の、下線なし部分はネパール語での発話である。英単語がローマ字表記されている部分は、元の発言でその英単語が使われていたことを示す。
6. インタビューからの引用部分の書式は、桜井（2002）が紹介する方式をベースにしつつ、これを適宜単純化し変更を加えたものである。「- - -」は引用省略部分があることを、「(・・)」は時間の経過を示す（ドット一つがほぼ1秒間に対応）。引用中の「( )」は筆者による補足を示す。

序　章

1. はじめに

　ネパールの首都カトマンズの北東の方角に位置するヒマラヤ南面に、ヨルモ（Yolmo / Hyolmo[1]）と土地の人々が呼び、ネパール語では一般にヘランブー（Helambu）という名で知られた地域がある。本書は、この土地の人々——その自称もまた、ヨルモである——なかでも、女性達の生と彼女達自身によるその生についての語り——ライフ／ストーリー——に関する民族誌である。ヨルモの女性達は、何をして、何を思って、どんなふうに生きているのか？　何を喜び、何に苦しみ、何を欲し、何に打ちひしがれ、何を乗りこえようとしているのか？　彼女達にとって、ヨルモで、ヨルモの人々の間で、女性として生きるとは、どのようなことなのか？——こうした問いへの答えを求めようとするものである。

　このプロジェクトを動機づけているのは、彼女達の生（＝ライフ）に迫りたい、彼女達の「生きられた生（life as lived）」の具体的なかたちを、その微妙な襞と陰影に可能な限り寄り添いつつ描きだしたいという欲望である[2]。そしてこのプロジェクトがその主たる材料とするのは、彼女達自身が彼女達の生について（筆者の求めに応じて）語ってくれた語り（＝ライフ・ストーリー）である。人が人の生きざまに迫ろうとするとき、素朴な感覚からして求められるものなら求めるべきは、その人本人による彼(女)の生に関する語りであることに同意しない人は、まずいまい。人の生は語りを通して、語りと不可分のかたちでのみアプローチすることができるし、されるべきである。すなわち、ライフはライフ・ストーリーとして、探究

1　いずれの綴りを用いるべきかについては、ヨルモ達自身の間に異なる立場とその間の対立がある。

2　なんでまた、そんな欲望を抱くのか、そしていかにそれは正当化されうるのかという根源的疑問については、筆者の理解する民族誌＝人類学的プロジェクトとはそういったものなのだという以上のことをいう用意は、ここにはないけれども。

されるべきなのである。本書のプロジェクトを、ヨルモの女性達の生と語り＝「ライフ／ストーリー」に関わると上に述べたのは、この意味においてである[3]。

　以下この序章では、まず、今大掴みに述べたプロジェクトの輪郭を、それが具体的にはどんな仕事になるのか、何を実際に探求することになるはずなのかについて、近年「エイジェンシー」という標語のもとに人類学周辺で行われてきた議論と絡めつつ明らかにする (2.)。次に、ライフ・ストーリーという材料を用いた研究手法について簡単に整理し、本書で行う仕事の具体的な方針を定める (3.)。最後に、本書のフィールドとなるヨルモ社会と本書が基づくフィールド調査の概略を提示し、また本書の構成を予告して章を結び、本論へと導入する (4.)。

2.「生を描く」とは何をすることなのか：エイジェンシー論再訪

　ある人（々）の、生きられた生のかたちに迫るとは、いったいどんな作業となるのであろうか。何をどう明らかにすれば、それは果たされることになるのか。問いは実は人類学／民族誌学という学問大に広がるスケールを持ちうるものであるが、ここではそこに真っ向から四つに組むという（無謀な）企ては控えよう。そのかわりしばし取り組んでみたいのは、ここ20年余の間に人類学（とその隣接社会科学）的サークルのなかで行われてきた「エイジェンシー」なるものをめぐる議論、あるいはこの語を援用した民族誌的プロジェクトの一端を振り返り、再検討するという作業である。というのも、この語を用いて行われてきた様々な試行のありようにこそ、この「生きられた生のかたちに迫る」という人類学的課題に対する、20世紀末〜21世紀初頭的取り組みの具体的なかたちを、その混迷

---

[3]　ライフ・ストーリーという方法の採用については、この章の後半でも議論する (3.)。

を含めて見てとることができるからである。この「エイジェンシー（エイジェント）」という、何やらわかったようなわからないような、こなれの悪い言葉[4]自体に拘泥する必要もつもりも本来的にはないけれども、この語を用いて提起されようとしてきた問題意識が、本書が提起しようとするそれとも基本的に重なっていることは確かなことである。それゆえ、これを批判的に吟味しその問題点を抉りだしておくことは、当初の問いへの答えを得るのに資するはずなのである。

2.1. エイジェンシー論の系譜

　この「エイジェンシー」という言葉を人類学サークルでもよく見かけるようになって、しばらくたつ（日本語文献における例として、杉島 2001; 田辺・松田 2002; 西井・田辺 2006; 田中・松田 2006）。この語の「流行」が示すのは、最も一般的なレベルでいえば「社会」から「個人」への関心の重点移動であろう。近代個人主義的・アトミックな個人ではなく、あくまで社会に埋め込まれ、その規定のもとにあり、またそうでありつつも（あるいはそうであることを基盤として）限定的・暫定的な主体性を発揮しつつ生きているものとしての個人＝人間を注視しようとする流れである。このシフトは、錯綜した地下水脈で相互に連結しつつも一応分離可能な源泉に辿ることができる、少なくとも二つの異なる関心の合流から帰結していたと見える。一つは、構造機能主義人類学にまで遡る全体論的な社会・文化観乗り越えの模索であり、もう一つは（ポスト植民地主義的状況のもとでの）弱者の抵抗可能性の追究である。すなわち、社会／文化という単位が実体化さ

---

[4] この言葉の日本語訳も、「行為体（行為、行為性 etc.）」（例えば、竹村和子の訳によるバトラー 2004[1997]）、「行為主体性」（例えば、常田 2011）等、ポイントが伝わりづらかったりこなれの悪かったりするものに留まっている。清水晶子による「行為者性」（バトラー 2012[2009] の訳における）は、相対的に「こなれた感」が出たものといえようか。

れ「他者」化されることで抹消されてきた社会／文化に生きる個人の個人性を取り戻す努力と、歴史・社会・文化的支配構造のなかで踏みつけられてきた「弱者＝犠牲者」の主体性を言説的に救い出そうという努力である。いずれも、集合的他者のなかに埋没させられ、あるいは犠牲者として剥奪されてきた、他なる歴史・社会・文化的状況の下でも息づいているはずの人間の生を、尊厳ある個人として生き呼吸しているはずの人間の姿を、困難ではあろうとも人類学的記述のなかに取り戻そうとするものであった[5]。

　要は、エイジェンシーという言葉に込められていたのは、人間の生の記述に、それから剥奪されることのできない／されてはならない個人の個別性と主体性を書き込んでいこうとする意思なのであった。その限りで、この問題意識自体に問題があったとは思われない。しかし、エイジェンシーを焦点化し、その抉り出し＝描出を課題として積み重ねられてきた企ての集合的軌跡は、その初発の意識からすればある違和感を抱かざるをえないような、奇妙な屈折を見せるようになってきていたのも確かなのである。

　多少の戯画化を交えてこの違和感の中味をいうなら、これら「エイジェンシー語り」の多くが、研究対象においてエイジェンシーはあるのかないのかと彷徨ったあげく、「あった！」という「発見」に辿り着いて大団円、というパターンに集約されるように見えるということである[6]。人類学者が関心を寄せる個々の対象は、「伝統的」文化・社会構造に強固に埋め込まれあるいは圧倒的な支配構造のなかで押さえつけられて、近代個人主義的＝常識的な意味での主体性から遥か遠いところにいると見える場合が少なくなかった。そのような対象にも実は「エイジェンシーはあった」ことが

5　なお、「個人」に注目する潮流が勢いを得たもう一つの背景として、80年代以降現在に至るまで世界を席巻している新自由主義的思潮の影響ないしそれとの（暗黙裏の）共振を指摘しておくのも、的外れではあるまい（人類学がこれに明示的に組みしたことはなかったにせよ）。
6　名和 (2008)、菅原 (2006) の指摘も参照。

主張されるのはまあいいとして、その主張自体が自己目的化してしまっているかのごとくなのである。そもそも常識的主体概念との距離をとるためのエイジェンシー概念の提起だったのであれば、常識的には主体性が見えないところにこれを「発見」したとしても、それ自体に特筆すべきところは本来ないはずである。人間の営みに無制限な自立や自由とは異なる社会的個人性の発露を認めようとするエイジェンシー概念は、そもそも極めて包括的・抽象的であって、それが個々の民族誌的文脈の具体的対象においていちいち見いだされることは（意識不明や薬漬けとまではいかずとも、いずれ相当例外的な生存状態にある対象を別とすれば）、その定義上むしろ当然すぎることである。その存在を証するがための緻密な民族誌的記述などそもそも無用の長物であり、その成果として人類学者が他者のエイジェンシーを言説上救出したなどと信じるとすれば、そのおめでたさこそ特筆ものであろう。他でもない、その無邪気さこそが、彼（女）がなお素朴な全体論的／植民地主義的他者像を実は自らのうちに温存していることを証拠だてている。そうした態度にも、他者をいともたやすく「構造」に還元しあるいは「犠牲者」の枠に押し込めて沈黙させるという、より身も蓋もない構造主義的／植民地主義的態度へのアンチテーゼという一抹の浄化作用はあるにもせよ、である。

　個々の歴史・社会・文化的文脈のなかで個々人がエイジェンシーを発揮しているという「事実」の発見、それが成果になるわけではない。生きて活動している人間はたいてい（何かをしないという行為も含め）何かをしている。彼／彼女が何らかのかたちでエイジェンシーを発揮しているということは、あえてあげつらうにあたらない、当然すぎる事実なのである。

　エイジェンシーの有無への奇妙な拘泥の背景には、エイジェンシーへの注目の源泉の一つとして言及した、人類学における弱者の「抵抗」への関心という底流も関係している。人類学が関心を寄せる対象は、大局的に見て（あるいはミクロな局面においてすら）弱者であることが少なくなかった。彼（女）らを眼差す企てにおいて、彼（女）らが示す「主体的」契機

を「抵抗」とほぼ同一視する傾向が生じたことは、わからないではない。問題は、主体性がエイジェンシー概念に置き換えられた後も、これを抵抗と等置する含意がそのまま横滑りしてエイジェンシーの中味として温存されたと見えることである。エイジェンシーの有無が第一義的問題とされてしまう傾向は、それが事実上抵抗に切り詰められているという補助線上で理解できる。この行いにエイジェンシーはあるかと問うのはほとんど無意味でも、それは抵抗だろうかと問うことは有意味でありうる（それは服従であるかもしれない）。誰かにおけるエイジェンシーの有無を問う身振りが、実際には抵抗行為の有無を問うていたという場合が少なくなかったのである。

　エイジェンシーを抵抗に切り詰め、その発見を第一義とする探索は、そうなったがゆえにこそ、思わぬ方向でこの概念を拡散させるという帰結も招いてきた。すなわち、その最もありそうもないところでの発見——ありそうにないからこそ発見の価値は大きくなるわけだが——に拘るがゆえに、実際には何かを為しているとは（「為す」という言葉の意味を最大限に拡大しても）見なし難い対象にすら、そのエイジェンシーを、抵抗を読み込むという無理がときに通されようともするのである。先に挙げておいた近年の論集の一つから、端的な例を一つとろう（福浦 2006）。

　幾重にも「弱者の抵抗」の契機を折り込みつつも国家父権社会の再生産に（ひとまず）荷担していると見られる、シンガポールの交霊会のとある場面。問題を抱えた当事者である若い女性が交霊会に出ようとして「動けない、語り出せない」でいる、それを、彼女の抵抗であり、彼女はそのようであることにおいて「個人としての態度を確立している」と著者は断じる。一体何に対するどんな抵抗なのか、そのことはひとまずおこう。そもそもこの場面において彼女が抵抗している、エイジェンシーを行使していると、何を根拠に断言されたのだろうか？

　議論の運びを辿る限り、それはこの女性が、彼女の母親等周囲の関係者の思う通りになっていないということ、この一点をおいては考えられない。

周囲の期待に沿うような行動を確かに、彼女はしなかった。それはしかし、周囲の期待に背く何事かを彼女が行った、あるいは周囲の期待に沿う行為を彼女がしないという行為を選択した、のでは明らかにない。著者（観察者＝分析者）本人の診断を踏襲するものだが、女性自身は何もできなかった、しないという行為すらしなかった、不随意な筋肉の硬直により身体を動かそうとしても動けなかったのである。そこにももし抵抗を、エイジェンシーを認めるというのなら、私達はこれを物理概念に還元するほかあるまい——私達はいったい、死体のエイジェンシーを、木の、石ころの、大地のエイジェンシーを語る、発見すべきなのだろうか？

　もちろん、必要とあらば。それら物理的抵抗について語るべきだということではない。ただもし、対象社会においてそれらにエイジェンシーと私達が呼ぼうとするだろう何ものかが付与されているとあらば、人類学者は死体の、石ころの、大地のエイジェンシーをも語るべきであるということである（保刈 2004）。Ahearn (2001b: 113) も提起するように、私達の基準に依拠して「通常の責任能力を備えた人間」にエイジェンシーを限定することなく対象社会の人々自身におけるエイジェンシー概念の構成を明るみにだすという営みを通じてこそ、このテーマに関するすぐれて人類学的な貢献はなされるでもあろう。実際人格に限らず例えば筋肉の痙攣に、大地やら霊やら神やらのエイジェンシーを認めるような社会の存在は、人類学的蓄積がつとに明らかに示してきたところである。誰あるいは何が、どんな場合に、どんなかたちで、エイジェンシーを発揮するはず／べき／ことができる／期待される／許されるか等々といった問いは、まさに社会・文化的規定の問題でもある。彼女を動けなくしたその筋肉の硬直に彼女の抵抗／エイジェンシーを見た上の議論の問題点は、従って、ひとまずは分析的エイジェンシー概念の輪郭を不当に拡散させてしまったことにあるといえるが、さらにいえば、エイジェンシー概念のフォークロアを経ることなく、ただ外側から分析概念——それも問題含みの——を押しつけてしまったところにある。彼女本人は、あるいは彼女の周囲／社会の人々は、その

筋肉の硬直に彼女の、あるいは誰か（何か）他の何ものかの、エイジェンシーを見たか？——真摯にまず問われなければならなかったのは、この問いであった。

2.2. エイジェンシー論の課題

　社会に生きる個人の姿に、社会のなかで生きられた生のかたちに光をあてるはずだったエイジェンシー論は、その存在の発見に拘って概念的輪郭を拡散させるとともに抵抗の含意に引きずられてその内実を狭めてしまうことで、その本来的な問題意識からかなり離れたところに来てしまったようである。何かが行われたならば（物理的な暴力等のもとで「やらされた」というのではない＝最低限、彼（女）本人が「やった」といいうる条件が破られていない限り）、それを行った行為者はいたのである。つまり、その行為においてその行為者のエイジェンシーは作動していたのである。問題はしかし、既に述べているように、そこにエイジェンシーがあった、働いていたということではなく（それはいうまでもない）、そこに働いていたエイジェンシーが具体的にどのようなものであったか、である。すなわち、そのエイジェンシーがどんな社会的条件／規制のもとで、どんな力に左右されて（あるいは抗って）、どのような効力を持ちつつ（あるいは持たずに）、行使されたのかということが問題なのである。それは「抵抗」と名指されるべきかたちで——すなわち、行為者に対してそうさせないように力が働いているのに抗するかたちで——のみ行使されることを想定できる／すべきものでもない。それは抵抗のほか、服従、忍従、迎合、自己保存、反撃、攻撃、支配等々、多様な強度の、多様な方向性を持った行為として実現されるものである。

　個々人の個々の行為に常にエイジェンシーは宿る。人（々）は日々刻々と何事かを、様々な事どもを為し、為すにおいて自らの生を形作りつつある。従って、エイジェンシーを描く、生きられた生を描くということは、端的にいえば、人は何をやっている・やってきたのか、これを明らか

にするということなのである。さらなる問題は、では、何を明らかにすれば人が何をやっているかを明らかにしたことになるかである。ただ人の行為を「外側」から見えたまま描いても、本当の意味で「何をしていたのか」を描いたことにはならない。その人がその行為を「なぜ」、「いかにして」為したのかを明らかにすること、それが求められる。

　「なぜ」、「いかに」、それを人は為したのか。この問いに対する一つの常識的なアプローチは、行為者が何を思って、どんな意図でそれを行ったかを明らかにするというものであろう。確かに、人間の行為を問題にするのである限り、行為者の意識の次元を考察に組み込むことは不可欠である。しかし、個人の行為をそれについての彼（女）の意識との対応においてのみ、あたかも彼（女）のなかで完結したものかのように理解することはできない。ある個人の行為は結局のところ、常に個人的であるのみならず社会的でもあり、さらにいえば、文化／社会をすらこえる種的レベル——遺伝的・生物学的レベル——の様々な反応連鎖として説明可能な次元まで含み込んでいる。

　とはいえ個人の意識／意図なるものも社会・文化的次元を経由して構築されているのであり、種的レベルの制御も社会・文化的次元を経由してのみ個人の行為として具現化する。その行為とは何だった（と行為者は考えていた）のか、なぜ、いかにして行われた（と行為者は考えていた）のか、この問いに十全に答えていくためには、結局のところ、ある行為が実際行われたようなかたちで行われることになるにあたって働いていたところの社会的諸力を腑分けしていくという作業が肝要となる。そうした諸力との関係のなかにおきなおすことによってのみ、私達は、いったい何が行われていたのかを理解し始めることができるだろう。行為を可能にし、それを生成し、機能させ、意味づけ、評価する基盤となるとともに、行為にリミットを課し、その遂行を条件づけ、さらにはある種の行為を困難にさせ無効にもさせていくような、そうした社会的諸力である。

　では、そうした社会的諸力とは、何であろうか。

行為は——語るという行為ですら——原則的に身体によって遂行される。身体は種的レベルの様々な反応によって制御されるとともに、文化／社会的諸力によって働きかけられることで構造化され、またその構造化された物質性と行為能力によって個人が社会に参画していくことで社会を（再）構造化していく実践の基盤ともなる、そうしたモノである。必ずしも意識レベルを経由することなく、日々の反復実践によって身体化された社会的構造／社会を構造化する身体能力をブルデューはハビトゥスと呼んだ（Bourdieu 1977）。社会に生きる個々人の個々の行為と切り結ぶ社会的諸力の第一は、このハビトゥスである。

　行為は必ず意識を経由するとは限らない（あるいは意識化される度合いも部分も様々である）わけだが、人間がある意識を伴って、あるいはある意識に基づいて、さらには意識的な選択＝判断・決断にのっとって行為するということ（そしてさらには、行った行為をモニターし将来の行為のありように反映させてもいくこと）、これもまた特段めずらしいというべきことでは、もちろんない。そしてこうした行為者の意識もまた（前述の通り）、種々の社会的力に浸潤されつつ形成されている。これら諸力にはいかなるものが含まれるのか。

　まずは、社会・文化的構造の次元の力がある。諸個人を異なる社会・文化的位置に配分し、異なる位置に異なる社会・文化的資源を分配し、位置に応じて個人がとりうる行為の範囲を枠づけるとともに、可能な個々の行為＝選択肢を意味づける、すなわち行いうることと行いえないことを分かち、行いうる各々の行為とは何であるのかを画定するものである。言語それ自体を含む社会・文化の構造の次元、広い意味でこれを「言語」的次元の力と呼んでおくこともできるだろう。個々人は既に形成されてある社会・文化的構造のもとに生まれ落ち、そのなかで成長し、その「言語」を学びつつ個々人として形成される＝社会化される。それが、個々人が個々の場面で何をいかにするかまで決定しつくすというのではない——むしろほとんどの社会的場面は（社会・文化・時代によっても異なるが）個々人

にあるいは微細な、あるいは重大な選択を許し、個人がその選択の仕方において彼（女）の個別性を表現することを許す、何ほどかのアソビを含んでいるものである。それでも、個人が何かをするのは通常、この文化・社会的構造が用意した語彙のなかで、そのなかから選択をすることによってなのであり、その「外」にあえて出ることは、その行為が社会のなかでは何もやったことにならない＝理解すらされず結局何の効力も持ちえないというリスクを冒すことにもなる。さらには、そうした（わけのわからない）ことをやる人間として、その行為者の社会的人格自体の保存を危険にさらすことにもなりえる。その意味でこれを、個人の行為の理解可能性、ひいては個人の生存可能性を規定している力といってもよいだろう。

　次に、そうした社会・文化構造＝「言語」によって用意された語彙あるいは行為のレパートリーのなかでその各々の価値を定めるという次元、何を高く評価し何を貶めるか、何が望ましく何が望ましくないか、何をすべきで何はせざるべきかを腑分けするという次元の力がある。すなわち、社会・文化的規範すなわち言説的権力の次元である（cf. フーコー 2000［1966］; 2012［1969］)。社会のなかでしばしば語りのレベルにももたらされ、人口に膾炙した定型的語り口を形成していることも少なくないはずのものである。これを「言語」の一部として概念化することも可能であるが、理解可能性自体を規定し、そのことによってより深いところで行為の意味と人々の意識を規定している（が、それゆえにこそ必ずしも個々人の意識にはなかなか上ってこない）構造の次元よりも、人々の意識に上りやすいところに位置するものとして、一応区別しておくことにする。規範は、それに沿ったかたちで行為を為すよう、沿わないかたちの行為を忌避するよう、あるいはもし沿ったかたちで行為を為したならば堂々とそうしたと語り、沿わないかたちで行為を行ってしまったとすればあからさまにそうしたと語ることを忌避するように、個々人にプレッシャーをかけ、影響力を発揮する。もちろん最終的に規範に従うか従わないか、選択を行うのは行為者自身であるが、その選択は常にこの規範との交渉を経由して行われている

といえよう。

　第三に、個人がその網目のなかに自らを見出すところの社会関係の及ぼす力、あるいはそうした社会関係によって繋がる具体的他者がその具体的関係を通じて彼（女）の行為に対して行使する力の次元がある。人が為す行為は、多くの場合直接的にも、そして間接的には基本的に常に、社会的行為である。つまり、社会的に意味ある行為というものはその定義上、孤独のうちでなされているのではなく、他者とともに、他者に向けて、あるいは他者のために、為されるものなのである。人が何をするかは抽象的な言語や規範によってのみ左右されているのではなくて、行為者がそれを具体的な誰の前で、誰に向けて、誰のために、あるいは誰を思ってするかによっても、大きくそのかたちを変える。彼（女）の行為に影響を与える他者は、彼（女）にとって様々な関係に立つ他者でありうる——それは、身も蓋もない支配関係かもしれないし、「愛」が繋ぐ関係性かもしれず、はたまた情と支配／被支配のないまぜになったような関係性かもしれない。相互交渉の連鎖のなかで人をある行為へと誘う／導く／押し込む／縛ることに繋がるような様々な関係性がありうる。というか、人の生きる社会というものはそうした（大多数の場合何らかのかたちにおいてか権力性と切り離すことが難しくもある）様々な色合いとニュアンスを帯びた関係性／共同性／応答性／饗応性でもって成り立っている（cf. 田中 2009）。人が何かをするのは、基本的にその人を取り巻く具体的な人間関係の網目の中においてなのだということ、彼（女）を取り巻く具体的な他者との関係によって、あるいはどの他者との関係が前景化されるかによって、その行為もかたちを変えるだろうこと、これを忘れることはできない。

　なお、この他者との関係性の次元の力と規範の次元の力が重合あるいは相反して、個人の行為に対して複雑な影響を与えるということは、しばしばありえることである。例えば親子間において、親が愛情を振りかざしつつ子に対する支配を鉄壁なものとする（＝規範と関係性の重合）とか、たとえ親に愛情はなくとも子が義務としてその面倒を見る（＝社会規範によ

る関係性の凌駕)といった場合もあろう。もちろん、関連する規範や関係性のいずれの影響も撥ね返してエージェンシーが行使されることもありうる——例えば、子が親の意に背いて出奔する(＝規範及び関係性の凌駕)といった場合である。こうした場合、さらに別の規範や関係性(ないしハビトゥス、あるいは次に見る個人的選好)を参照していくことが必要になる。例えば出奔する子は、親との関係／親との関係を律する規範ではなく、恋人との関係／「愛を貫く」という価値(選好)の及ぼす力に従ったのかもしれない。

　第四にそして最後に、いわゆる個人的選好ないし価値観というべき次元があることも付け加えておこう。社会・文化的規範が明確にそう命ずるわけでもなく、他者との関係に導かれてそうしたわけでもないが、個々人がこれよりあれがいいと思う、何かを好む、選んでするということは往々にしてある。極めて「個人」に近い、というより常識的言語では「個人」に属する次元でもあろうが、そこに社会的なるものが入り込んでいないとは到底いえない。実際、近代化された社会で行われてきた多くのサーヴェイ式「社会」調査なるものは、実はこの個人的選好の社会的分布＝社会的次元を明らかにしようとしているものである。そして実際幾多の調査結果が示す通り、その分布は多くの場合決してランダムではないのであって、その「社会」的形成要因を抉り出すことが可能な場合は少なくない。社会的規範と個人的選好／価値観の境はときに限りなく曖昧でもある——支配的選好は、往々にして弱い規範を形成するともいえよう。

　人がある行為を為すということは、以上挙げてきたような様々な次元における社会的諸力——ハビトゥス、構造、規範、関係性、選好——が働く交叉点で、彼(女)がそれを受けとめつつ——「受けとめる」ことは、その力(のあるもの)に流されることも、抗うことも、はたまたそれをやり過ごすことも含む——何ごとかを為すということなのである。ある一つの地点／場面で働いている諸力が、すべて同じ方向を向いているものとも限らない。様々な力のどれが大きな力を発揮することになるのかも、個人に

よって、あるいは場面によって変わってこよう。そうした重層的で相互に矛盾もしかねない諸力が複雑に働く磁場において、最後のギリギリの一線において行為のかたちを決めているもの、それが、行為者のエイジェンシーと呼ばれるべきものである。このエイジェンシーの具体的なかたちを掴みだすために私達が行うべきこと、それは実は、逆説的なようではあるが、その行為に働きかけている社会的諸モメントを徹底的に洗いだし、明らかにしていくということである。人が何かをするということは結局のところすることなのであって、それは最後の一線において個人性の、個人の能動性の、エイジェンシーの発動ではある。しかしある行為がいかに個人的・能動的であるかは、ある行為がいかに社会的・受動的であるかを見つめることを通してのみ、浮き上がってくる。個々の社会の、個々の状況において、個人を何らかの行為の方へと押し出していく諸力の配置、個人の身体／意識を「外」から（しかし限りなく「内」へと陥入しつつ）枠づけし、その行為を水路づけすべく作動している諸力のありようをあとづけ、そうした諸力との関係において、実際になされた行為を位置づけること。エイジェンシー論の課題とは、これである。

　ここで急いで付け加え注意を喚起しておきたいことは、以上のような社会的諸力を念頭において個人の行為を説明し、エイジェンシーを取りだす努力を行うことはできるが、最終的にエイジェンシー自体を、すなわち最後のギリギリの一線（ま）で個人の行為を説明する／しつくすということは、実は不可能だということである。考えてもみよう――ある個人がある場面で何をするか、それは厳密には、そして究極的には、予測不能な未決の事項であり続けるはずなのである――それがいかなる場面、いかなる人に関わるのであったとしても。ある人がある場面で何をするか、それをそれなりの精度で予測することが可能な場合はあるが、しかし、それを100％予測することは原理的には不可能だ。過去の出来事の説明も同様である。予めないし事後にいえること、それは社会・文化的（ないし生物学的）な次元の事柄なのであり、エイジェンシーとはそもそもの始めから、

社会・文化的（ないし生物学的）諸次元の力に決定されきらないものの謂なのであった。決定されていなければこその、厳密な意味での能動性、個人性なのである。従って、個人の行為を明らかにするという企ては、個人の行為において究極的には明らかにはできない＝説明できないものをとりだし、説明できないままに――あるいは説明できないことを――最終的には受けとめるという態度を要請する。探究は結局のところ、人間のわからなさを抉り出すことに帰着するだろう。

　もちろん、私達はこのことをネガティブに捉えたりはしない。人が最終的に何をするかはわからない、決まっていないということ、それはまさに人に――最後の一線において――自由はあるということなのだから。人の行為がいかに不自由である／あったかを徹底的に明らかにすることで、彼（女）がいかに自由である／あったかを、とりだすこと。人の行為が、いかなる社会的諸力の交錯する磁場で、どの力に引っ張られ押し込まれ、あるいはどの力を押し返しながら遂行されているかを見極めることこそが、その行為がいかなるエイジェンシーの発揮であるのか、いかなる自由の行使となっているかを正当に認識するために私達が行いうる、行うべきことである。いかなる構造的枠づけのもとで（それをときに踏み越えて）、いかなる規範の圧力のもとで（ときにそれを跳ね返して）、いかなる関係性のもとで（それをときに断ち切って）、ある行為は為されたか――その緻密な検討を通して始めて、私達は人間の自由を語ることができるようになる。

　あらゆる行為は様々なレベルで社会的諸力が働く磁場において行使されるエイジェンシーの発現であること、エイジェンシーの探究＝人が為したのは何だったかを明らかにするためにこそ人に働きかける社会的諸力を剔出する営みが必要であること、このことを踏まえたうえで、エイジェンシー論の課題として最後に論じておきたいのは、エイジェンシーの、つまりは行為の、いわば「分類」にまつわる問題である。エイジェンシーを明らかにするという観点から見て、本質的には無限に多様でありうる個々人

の個々の場面における諸行為を大掴みに腑分けするにふさわしい、何らかの分類軸を設定することは可能だろうか？

　ここで明らかに重要な差異は、ある行為とそれに働きかける社会的(諸)力の関係性、接続の方向性である。すなわち、既存の構造、支配的な規範、既に確立された関係性などとの関係において「順接」となるのか「逆接」となるのか、既存の力に沿う／押される／流される方向で行為が実現されるのか、力に反する／逆らう／それを押し返す方向で行為が実現されるのかという相違である。もちろん、どのレベルのどの力との関係を考えるかで微妙に様相は異なってくる。構造のレベルでは、厳密にいえばこれに「沿う」とか「逆らう」というより、この構造に嵌る／外れる、この構造において理解可能／不能といったふうに表現すべきところであろう。規範との関連においてはすぐれて「沿う」のか「逆らう」のかが問題になる。従来エイジェンシーそのものとも錯視されがちであった「抵抗」のエイジェンシーは、すぐれてこの次元における力との「逆接」関係において発揮されるエイジェンシーのことであったといえる。関係性の次元においては、関係を「持続させる」方向か「切断する」方向なのかという対立として正確には概念化できるだろう。またさらにいえば、行為に対しては通常複数の次元にわたる複数の社会的な諸力が時に相互に矛盾をはらみつつ同時に働いているわけなので（同じ次元内で複数の力が働いていることもありうる）、それが力に対して「順接」となるか「逆接」となるかは一義的に決定できるとは限らない。一つの行為が、ある力に対しては順接であり同時に別の力に対しては逆接であるといったことが十分考えられる、というより、どんな次元のどんな力にも拠る（＝順接する）ことなくして遂行される、完璧なる逆接行為というものは結局のところむしろ稀なのではあるまいか。従って例えば、ある行為が同時に「抵抗」でもあり「服従」でもあるといったことは（cf. MacLeod 1992）、行為を仔細に腑分けしていけばいくほど、何らめずらしくない事態として浮かび上がってくることが予想される。

そうした事情を踏まえつつも、なお「順接」と「逆接」のエイジェンシーについて考察することは無意味ではない。その定義からして、前者はいわば流れに竿をさす行為となり後者はいわば流れに逆らう行為となるわけだから、前者のほうがより容易であり、後者のほうがより困難であって達成されれば目覚ましいものとなるという傾向は一般に指摘できよう（もっともある種の規範は、社会のなかでたとえ誰もが認める規範であるとしても、それに叶うのは実際上極めてハードルが高くてほとんどの人はそれを実現できない、といったこともありうる）。だからこそ、逆接のエイジェンシー＝抵抗がエイジェンシーそのものと取り違えられるということも起こってきたわけである。順接のエイジェンシーは、それが作動していることを意識すらしないで済むほどに、しばしば容易に、滑らかに、何気なく作動することができる。対して「抵抗」は、まさに社会的力に対する抵抗を伴うことになるので、そこに働く個人のエイジェンシーは目につくものとなりがちなのである。

　もう一つ考慮しておきたいのは、社会変化との関係性である。一人一人の行為／人々の間の相互行為が社会的に形成されているとともに、一人一人の／人々の生を形づくり、それらが集合し連結されて社会が形成されているとして、その社会の変化と「順接／逆接」のエイジェンシーの関係はどうなっているのか。

　単純に考えて、既存の社会的な力に流される＝順接する行為より、それに抗する＝逆接する行為のほうが既存の社会のありようを変えることに繋がるというのは、言葉の定義からしても当然のことである。ただしここでも問題は、一つの行為には多くの場合、逆接と順接の両方のモメントが含まれていることである。例えばある抵抗行為は、実は服従を、あるいは迎合をもそのなかに折り込んでいるかもしれないし、その逆もまた真である。既存のある力に支えられるからこそ（別の力への）抵抗も可能になった、ある面から見れば抵抗といえる行為であっても、大局的に見れば既存の諸力の配置に折り込み済みであるといった事態が大いにありうるのであ

る。服従や迎合はもちろん抵抗のエイジェンシーであっても、織り込み済みである限りは、既存の社会的諸力の配置の、つまりは社会の再生産に結局のところ与していく公算が高い。

　社会の変わりゆく方向性をも念頭におきつつ個々人の行為を見つめる私達がなすべきは、従って、社会的諸力と行為が順接なのか逆接なのかを単純に跡づけることではない。そうではなくて、一つの行為において幾つもの接続が働いている可能性を常に念頭におきつつ、そうした諸力との関係において行為の諸側面を腑分けし、その行為が全体としてどのような効力／効果を持っているのかを仔細に明らかにしていくという作業が要請されるのである。それは例えば、一見服従や迎合にしか見えない行為に実は微細な抵抗の契機が宿っているかもしれないこと、あるいは、端的な抵抗が大局的には既存の構造の持続に奉仕しているかもしれないということ、さらには、一見既存の社会に服するものとしか見えない行為が別の面からいえばそうした社会構造への転覆にもなりうるかもしれないといった事情を抉り出していくことである。変化に寄与することになる行為と持続に寄与することになる行為の別は、結局のところ、暫定的にしか可能とはならないでもあろう。すべからく行為は複雑な社会的諸力の絡み合う磁場で遂行されているのである限り、その分別は究極的にはむしろ非決定に留まるというほかない。それでも、それを分別し評価するという努力は、人間の行為の、生の、豊饒な襞に分け入るために、そして社会の行方を展望していくために、確かに要請される作業であるはずなのである。

　さて、エイジェンシーとは、最終的には社会的に決定されきらないもののことであった。エイジェンシー論の課題を考えてきた締め括りに、この点にもう一度立ち戻り、「歴史」というマクロな社会プロセスとのその根源的繋がりについて一考しておきたい。人々が何かを為すところ、多くの歴史的変化の起点は確かに、そこにあったのであり、あるはずである。その意味で、エイジェンシー論とは起こってきたことの説明に、また何かが起こりくることの予期に関わる理論でもあらざるをえない。このことの認

序章　19

識は、私達をもう一つの、やや位相の異なる問題機制へと導く——エイジェンシーと歴史、とりわけ「近代」との関係という問題である。

2.3.「近代」との関係：エイジェンシーに接する諸力の人類学へ

　生きられた生に、人が何をしているかにいかに迫ることができるかという、すぐれて人類学的な問題意識から、エイジェンシー論を再考してきた。ここまできて、私達は、一つの疑問に突きあたることになるのかもしれない——議論してきたような人間の行為／エイジェンシーのありよう、これは本当に「人類学的」なのだろうか？　つまり、人類史を通してこれまで存在してきた、そしてこれから出現してくるだろう人類諸社会・文化に生きる個々人の行為のありようとして一般性を持つものとして、これを想定してよいのだろうか？　ここまで説明してきたのとは異なるエイジェンシーのありようも、あるいは想定できる／すべきではないのか？

　この疑問はとりわけ、いわゆる「近代（西欧）」社会における人間像との関係を考えるとき避けがたいものにも見える。エイジェンシーが実際に個々の場面でいかなるかたちで発揮されていくかは、すぐれて社会変化のありようとも関わってくるはずである。ごく表面的に見て、「近代」が指数的に加速化する社会変化に特徴づけられた時代であり、その変化の裏に多くの「傑出した個人」による「革新的な」（＝少なからず既存の諸力に「逆接」する部分を含む）エイジェンシーの発揮の累積があったということは、否定できそうにない。そのような社会における人の行為／エイジェンシーのありようと、いわゆる「伝統」的諸社会、例えばヨルモにおけるそれとの間には、何らかの質的な違いはないのか、それともあるのか？　働きかける重層的な社会的諸力の内実が異なる社会・文化的文脈のもとで異なることは当然として、その諸力が働きかける対象であるところのエイジェンシーの「質」に、前者と後者の間で何らかの断絶はないのだろうか？　このことはまた、これまたごく表面的に見ても見過ごしようがない、ヨルモ（女性）達が21世紀初頭現在経験しつつある急速な社会的変化の

内実を見通していくためにも確認しておく必要があるだろう。

　要するに、問いはこれである──エイジェンシーのありよう自体は、文化・社会あるいは時代を横断して異なるのか、異ならないのか？　変わっていくのか、いかないのか？　例えば、近代はエイジェンシーが「高揚した時代」だといった言い方は、可能なのか？　いいかえれば、エイジェンシーの文化・社会的変異、いわば「エイジェンシーの人類学」といった問題設定は有効なのか、無効なのか？　人間の生に迫るという本書の課題への取り組みの指針を明らかにしようとしてきた本節の議論の最後に、この点について押さえておきたい。

　ここで、基本的には「近代」を研究対象としてきた社会学的伝統において、そのなかでの細かな議論の歴史的展開はさておき──そこでも「社会」と「個人」の関係は古典的大問題であり続けてきたわけだが──（社会における）個人の行為がどのように概念化されてきたかを見てみれば、その現在的到達点が実はこれも、「エイジェンシー論」であることが確認できる（例えばGiddens (1984)[7]）。エイジェンシーという、このどうにも座りが悪い語の採用自体を含め、構造と個人の行為の相互規定性を強調する──構造が個人の行為を規定し、個人の行為が構造を創りだすという──議論の大枠は、人類学サークルにおけるそれと基本的に相同である。そこに見てとれるのは、同じく西欧近代が生みだした双子の学問的キョウダイの基本的志向性の重なりでもあろうし、両者間の相互参照と交流の歴史でもあろう[8]。思えば私達は、この交わり重なりながら歩みを進めてきた社会学／人類学的議論の現在地点において、なお社会と個人の関係が大方「相互規定性というブラックボックスに還元」されたままであるところ

---

[7]　社会学者ではないが、社会学的（さらには人類学的）思考にも大きなインパクトを与えた論者として、Butler (1989[1999]) にもここで言及しておく。

[8]　それをここで具体的にあとづける労をとる必要はあるまい。

への違和感（松田 2009: 255[9]）に駆動されつつ、ここまで議論を展開してきたことにもなるわけである。ここで再確認しておきたいのは、「（後期／ポスト）近代社会」を主として扱っている議論と、グローバル化の展開とも絡みつつ急速にそれに浸潤され変容を遂げつつある「（ポスト）伝統社会」を扱う議論において、基本的に「同じ」エイジェンシー論が提起されていること、「同じ」議論が通用することがこともなげに前提されているということである。

　「近代」は、個人の「伝統（あるいは一種の伝統と化した直近の「近代」的配置）」からの「脱−埋め込み」が継続的に起こる時代、「個人化」と「再帰化」が昂進する時代といわれる。ますます多くの行為が個人の選択に任されるようになり、当然・既定と思われていたあらゆること——個々の行為から社会システムそれ自体まで——が精査の対象となり、操作・改善・改革がめざされる（ギデンズ 2002[1994]: 120）。現代社会学の論客が描きだすこうした近代社会像を眺めれば、そこに個人性のいわば「過剰」を、「横溢」を見てとらないのはむしろ難しい。「近代」は結局のところ、かつてないほど個人性が、すなわち通常このエイジェンシーという言葉と繋がれるはずの何ものかが、発露する・発揮されるようになった時代ではないのか？　平たくいって、個人の「自発性」が、「能動性」が、「自由」が極大化した時代ではなかったのか？　このような印象と、その同じ著者達の語るエイジェンシー論——人類学者の語るのと基本的に変わらない——は、どのように接続しているのだろうか？　社会における「個人」のありよう

---

[9]　なお、ここで松田が表明している違和感を筆者は全面的に共有しているが、その論文全体の趣旨——エイジェンシー（彼の言葉では「個人性」）の「普遍性」——についてあえて主張する意義を共有していない。ここまでの議論から既に明らかなように、彼のこの主張は、本書の議論がそこから出発した前提なのである。すなわち、人が生きているということは何かを為しているということであり、そして何かを為すことは、常に、究極的には、その個人性／エイジェンシーの発揮なのだ、という前提である。

は結局、「近代」において変化したのか、しなかったのか？

　現代社会学が描きだす時代／社会＝近代は、まさに個人の自由が、自発性が、能動性が——実際に極大化されたかどうかはおいておくとして——その他の時と場所ではおそらくなかったほどに、社会的に称揚され促進されようとした時代だということは間違いない。近代を特徴づけるのが特徴的な個人のあり方かどうかは別として、近代の特徴の一つに個人主義、すなわち自立し主体的に振る舞う個人という個人像＝価値観＝理想があったのは、確かなことである。そして社会学者達は、実はこのすぐれて近代的価値観／擬制／人間観に抗して語っていた面があったであろう——いや、人間は実際には決してそんなふうに自由な存在などではない、深く社会／構造に規定された存在なのだ、と[10]。それに対して、振り返ってみれば人類学者がエイジェンシーを語っていたのは、社会に埋没し伝統に決定されるままにおよそ「個人」的なる契機とは無縁に生きているという、かつて自らが抱いていた植民地主義／オリエンタリズム的他者像に抗してなのであった。いや彼（女）らも、それなりの自由を行使する個人だったのだ、というわけである。一見相同に見える社会学的／人類学的（つまり、近代あるいはその相対的外部ないし周縁的部分に関する）エイジェンシー論は、各々が何への「アンチ」であるかをはっきりさせることで、そのニュアンスが実は異なるものであることが見えてくる。社会学的議論は実は見かけほど個人の社会的規定性を強調したものではなく、人類学的議論は実は見かけほど個人の自発性を強調したものではない、そう捉えてよいだろう。

　それでも、そうしたニュアンスの違いを踏まえてなお、結局のところ先の問い、人類学／社会学において、あるいは近代社会／その相対的外部において、同じくエイジェンシーと呼ばれているものに違いはあるのかないのか、より一般的にいえばエイジェンシーの社会・文化的変異を語ること

10　もちろん、議論の直接的な、つまり社会学的伝統内部での「敵」は、むしろT. パーソンズ流の構造-機能主義であろうが。

はできるのかどうかという問いは、なお私達の眼前にあり続けている。

　答えは、イエスであり、同時に――いやむしろ、というべきか――ノーである。それはまさに、エイジェンシーなるものがそもそもの始めから、社会とそれを超えるものの接点に位置するはずのものだからである。それは定義上、社会に決定されきらないものの謂であった。社会と接している限りにおいて、それは社会とともに確かにありようを変える。しかしそれは社会を超えている限りにおいて、社会／時代を通して――人間が人間である限り――同じであり続けるはずのものでもある。近代において、エイジェンシーに接する社会（的諸力）の何が変わったかを考えてみることを通して、それがどういうことなのか、説明してみよう。

　近代においてそれ以前（以外）の諸社会と変わったこと（の一つ）は、個人（の行為）に働きかける社会的諸力の編制のありよう、個人にその外部から働く諸力の内容というより（あるいは、それのみならず）、その働き方であろうと思われる。例えば「人は結婚すべし」という内容の規範があったとして、内容自体は同じでも、社会的文脈によってその規範の働き方――その規範がどんなふうに／どれほどの圧力を人にかけるのか、その遵守／逸脱はどんな帰結を生む見込みを持つか、そうした見込みはどれほど確実なのか etc.――は異なりうる。前項の議論では、ハビトゥスの次元、構造／言語の次元、規範の次元、関係性の次元、選好の次元にわたる、個人に働きかける社会的諸力を識別しておいたが、それら諸力の働き方が、「近代」において変わったと見られるのである。

　これらいずれの次元において働く力も、近代に入ってその力を失ったということはない。後期であれポストであれ、ハビトゥス、言語、規範、関係性等の諸次元において働く諸力なしで人間（社会）の営みが持続するということはなお起こったことがない（そしておそらくは起こりえない）と見てよいだろう。変わったのは、それぞれのいわば強度ないし硬度である。諸力は基本的に、その拘束の度を弱めていると見える。何となれば、すべての諸力はめまぐるしい内部的変動とともに外部社会との接触に恒常的に

さらされ、たえず相対化され、不安定化し、変容の速度を速めている。可能と不可能の、あるべきものとなかるべきものの、望ましいものとそうでないものの境界は常に揺らぎ、選択の余地を残さないほど強い力が働く（ということはむしろ強制、ということになるが）場面は限定的になってきている。選択のマトリクス＝構造自体がたえず流動化し、規範化は働いてもその力は相対的に弱まり、人々の取り結ぶ社会関係性自体がますます選択的となり、一般にその安定性・拘束力・持続力は弛緩する傾向にある。こうした諸力の働き方の変化の結果、全体として人々の行為はますます個人化＝多様化し、個人の能動性の行使に委ねられる領域はさらに広がってきた——逆にいえば、行使しなければならないという負荷を、個人は否応なく負わされることになった。個人の自立性、自発性、能動性が高まったというより、諸個人はそれらを発揮せざるをえないという、新たな社会的負荷＝力のもとにおかれることになったともいえよう。

　このような事態の上にさらに被さり、個人に選択を迫る圧力をさらに昂進させていく方向に働いているのが、今見た個人の行為に働きかける諸力の弱体化と反比例するように前面に押し出されてくることになったある価値観、つまり他でもない、近代個人主義的価値観——これ自体、既に一つの社会的規範にまでなっているといってもよいが——の普及である。個人主義とは、言及しているように、自立／自律し自発的・主体的・能動的な個人たることこそがあるべき／めざすべき人間の姿だとする価値観であり、それが価値観＝理想＝擬制に他ならないことすらなかなか認められないほど、近代の人間観を、さらには人間達自体を縛ってきたものの見方である。この価値観の浸透とともに、個人の自発性／主体性の発揮は、個人に働きかける（個人主義規範以外の）社会的諸力の後退により余儀なくされるだけでなく、それ自体価値あることとして強力に推奨され後押しされることになったわけである。社会的諸力に単に「流される」よりそれに「抗う」ような、目覚ましい個人の主体性の発揮自体に価値を置く志向の普及は、個々人の内省をさらに促し、社会規模での再帰化をさらに昂進させて

いく。その結果、個々人の行為を水路づけする社会的諸力はさらに後退させられ、個人の選択に委ねられる領域がさらに広がる——まさに社会の流動化／液状化（cf. バウマン 2001［2000］）が進んでいくことになる。それは社会の（部分的・局所的な）「合理化」を進めると同時に、全体としては社会変化の予測／制御不能性の増大というリスク化（ベック 1998［1986］）を招いていくことにもなっているわけであるが。

　近代は、個人の個人性、自発性、主体性がかつてないほど発揮されるようになった時代であるというより（それは近代個人主義イデオロギーが描く擬制である）、個人性、自発性、主体性を発揮せざるをえないようになった——社会の流動的なありようが、社会的諸力の弛緩が、そしてそうしたなかで唯一突出してきた個人（性）への社会的信奉が、そうさせるようになった——時代なのである。そこに見えてくるのは実は、個人の、いわば最も深いところに食い込んだ受動性だといえよう——能動的であらざるをえない、という受動性なのである。

　確認しよう。そもそもの定義からして、エイジェンシーは社会と接しつつ、その外部にあるものだった。社会が変わることで、それに応じて個人の振る舞い方、行為のありよう、つまりはエイジェンシーの具体的な現れは確かに変わる。しかし、そこで起こっていることを、エイジェンシー自体が多くなったり少なくなったりする、それが「横溢」したり「高揚」したりあるいはそうでなかったりする事態というふうに捉えることはできない。エイジェンシーの社会・文化・時代的変異を語ったりするのも難しいことである。語りうる／語るべきことは、エイジェンシーを取り巻く——それに外側から働きかける——社会的諸力のありよう、その変化・変異、それ以外ではない。

　私達が構想すべきは、従って、エイジェンシーの比較社会学／人類学というより、エイジェンシーに働きかける／これを生成・規制する社会的諸力のありように関するそれなのである。例えば、次のような問い——個人の生に、行為に働きかける社会的諸力（構造／規範／関係性 etc.）は、ど

れくらい幅のある選択を許すのか、許さないのか？ 規範化の圧力はどれほどのものか？ 関係性の拘束力はどれほど強いのか？ 社会的諸力に「逆接」ないし「順接」するかたちで行動することは社会的にどう評価されるか？ 「逆接」ないし「順接」するかたちで行動することに対する、どのような社会的制裁／褒章があるか？ 社会的諸力自体のありようを振り返り吟味しそれを変えていくような社会的仕組みはあるかのどうか？ その仕組みはどれほど効果的なのか？――が問われるべきである。つまり、個々人の個々の行為にどんな諸力が働きかけているかを明るみにだすという営みに対して、さらにメタ・レベルに立つ問いかけ、つまりそのような諸力の働きかけが社会的にいかに捉えられており、またそれら諸力に働きかけていくような諸力（またそうしたメタ的な諸力に対してさらにメタに働く諸力 etc.）がいかに社会的に作動しているかという問いかけも、私達は視野にいれていくべきなのである。それらを追いかけていくことで、私達は近代的なるものとの関係において、例えばヨルモの女性達が生きている社会的現実をより十全に位置づけていくこともできるようになるはずである[11]。

3. ライフ・ストーリーという方法

　ヨルモの女性達の生に迫るという本書のプロジェクトがその（主たる）材料とするのは、冒頭にも述べたように、彼女達と筆者が交わした、彼女達の半生についての会話＝彼女達のライフ・ストーリーである[12]。人間は

11　本書ではこの問題意識を十分に展開することはできないが、終章で暫定的な議論を行う。

12　なお南アジア、ヒマラヤ地域を舞台とした近年のライフ・ストーリー（ヒストリー）研究として、Viramma et al. (1997), Puri (1999), Butalia (2000 [2002]), March (2002), Desjarlais (2003), Arnold & Blackburn (2004)等がある。

意識を持ち、言葉を持ち、言葉を用いて何事かについて──自らという存在自体についても含め──何かしらを明かすことができる、明かそうとする存在である。本書を書くという行為が拠ってたつのはまずは、このことへの信頼に他ならない。この信頼が、極めて一般的レベルにおいて、本書のプロジェクトの方法を決定している。ヨルモの女性達について知りたければ、まずは彼女達自身の話を聴こう──ライフ・ストーリーという方法の採用は、まずはこの素朴な信頼／認識に基づいている。
　もちろん、人間は確かに語ることができるけれども、何でも語ることができる、あるいは語ろうとするわけではない──たとえ、自分自身についてであろうと（あるいは自分自身についてだからこそ）。これも、素朴な知見に属することだ。それでも、上の認識とともに出発点とせざるをえないのは、誰の人生も、誰かの（つまりこの場合、調査中の人類学者の、ということだが）目の前で展開したりしないという、これまた誰の目にも明らかな事実である。私達はまずはほとんどの場合、聴くしかない──彼女達が何をしているのか・してきたのか、表面的なレベルにおいて触れるためだけにでも、そうなのである。
　さらに、表面的なレベルを越えより突っ込んだレベルで、彼女（達）が本当は何をしている・いたのかを明らかにしたいとすれば──そのために私達がすべきは何なのかについて、前節で長々と議論してきたわけだが──私達が改めてもう一度そこに立ち返り、再び（あるいは何度でも）吟味すべき情報の最たるものは、行為者本人による「（自分は）何をし（て）きたのか」についての報告なのである。要は二重の必要性から、私達はその語りを通して、彼女達の生に迫ることにならざるをえない。つまり、私達はたいていの場合において彼女達の語りを通してしか彼女達の生に触れることができないと同時に、彼女達の生にさらに深く迫っていくために彼女達自身の語りをぜひとも必要としているのであった。
　ただもちろん、彼女（達）は何をやってきたのか、そのエイジェンシーに迫るために彼女（達）の個々の語りだけで十分ではないということは、

いくら強調してもしすぎることにはならない。そもそも人の語りを常識的に「わかる」ためにも、彼（女）らの生活環境、社会・文化的背景、さらには個人的背景等々について可能な限り豊かな知識の蓄積を持つことは当然必要である。常識「以上」にわかりたければ、そういった蓄積の必要度は上がりこそすれ下がるはずもなく、そのためにこそ訴えるべきは、参与観察という人類学者伝家の宝刀である。そういった知識の蓄積のために、いわゆる人類学的フィールドワークが貢献するところは極めて大きい。それでも、本書の採用する主たる資料・方法は、語り＝ライフ・ストーリー、可能な限り他のソースから得られた情報と突きあわせ精査するという努力にさらされるところの、ライフ・ストーリーである。さてでは、ライフ・ストーリーを私達はどう読み込んでいけばよいのだろうか。

　マインズら（Maynes et al. 2008）は、社会科学（と歴史学）におけるライフ・ストーリーの4つの使用法をまとめている。すなわち、1.語るという行為を通じていかに語り手の「自己／主体」が構築されているかを明らかにする、2.語りの内容から実際に起きたこと（＝歴史）や同時代の社会・構造のありようを明らかにする、3.ある集団（社会・文化）において「ライフ」がいかに語られるか（すなわちライフ・ストーリーのパターン、構造）を明らかにする、4.調査者と被調査者の「出会い」の場において遂行されている行為として語りを分析する、である。

　本書のプロジェクトにとって、上のそれぞれの用法は、それぞれに重要であり、有用である。ヨルモの女性達がいかに生きているかに迫ろうとするにあたって、彼女達が自分というものをいかなる存在として語っている＝認識／構築しているかは、いうまでもなく大きな関心事となるし、それに迫るためにも彼女達の生／行為を枠づけそれに働きかけている構造、社会・文化（的諸力）を明らかにすべきことは既に長々と議論してきた。そうした社会的諸力の働きを探索する大きな手がかりとなるのが、他ならぬライフ・ストーリーの集合自体から浮かび上がるところの、ライフ（ないしそのなかの特定イベント）を語る社会・文化的パターンである。そして

いずれの問題意識を追いかけるにあたっても、語りがどんな場で産出されているか、すなわち語る者と聴く（あるいは語らせる）者の間で起こっている相互交渉のありように留意しつつこれを分析していく努力は欠くことができないものである。

　言い換えればこういうことだ。本書では、マインズらが切り分けたライフ・ストーリーの諸用法のいずれかに特化するということはしない。そうではなくて、それら異なるアプローチの間を複眼的に行き来しつつ、複数の視点を重ねあわせるところから浮かびあがってくる彼女達の生を――その幾つかの側面を、いやむしろ断片を、というべきかもしれないが――描きだしたいのである。

　ここで私達に必要になるのは、いかに語りに切り込んでいけばよいのか、そのためのより具体的な指針である。何を手掛かりに、何に注意しながら、どう語りを読み込んでいくことで、彼女達の生きられた生に、彼女達が何をしてきたのか・しているのかに、近づくことができるのだろうか？

　桜井（2002）は Young（1986）を援用しつつ、「ライフ・ストーリーの物語的構成」には二つの異なる位相――「物語世界」と「ストーリー領域」――が区別されると指摘している。前者は語り手が「あのとき‐あそこ」の出来事や経験を筋として構成する語り、いわば語りの「内容」にあたる部分であり、後者は語りを紡ぐ「いま‐ここ」という場において共同的に構築される語り手と聞き手（または語り手の想定する聴衆）のコミュニケーション過程としての語りであるとする。この区別はおよそ、J. L. オースティンの言語行為論において提起されていた「コンスタティヴ（事実確認的）」な発言と「パフォーマティヴ（行為遂行的）」な発言のそれに対応する（1991［1970］）。基本的に前者は、事実のあれこれの状態について「報告する」ものであり、事実との対応如何による「真・偽」が問題とされるのに対し、後者は、それを話すという行為自体において何ごとかを「行う」発話であり、それは事実との対応による「真・偽」というより、その「適・不適」、すなわち現実への有効な働きかけたりえているかどうかが問

題とされるという。

　ここで改めて確認しておきたいのは、所与の語り＝発言は、物語世界／コンスタティヴないしストーリー領域／パフォーマティヴのどちらかに分類されるわけではないということである。事実確認的と見える言明も、実際にはその発話行為自体において何ごとかを行っているのであり、行為遂行的発言と同様に「適切」であったり「不適切」であったりしうる。「……結局のところわれわれが何事かを言明したりあるいは何事かを記述したりあるいは何事かを報告したりする場合、われわれは命令したり警告したりする行為とあらゆる点で同じだけ行為であるような行為をしかと遂行しているのである」（オースティン 1991[1970]: 404）。ライフ・ストーリーは、まずは素朴にその「物語世界」のなかに入り込むかたちで、すなわち事実確認的発言として読み込むことができるが、その語りはそのどの部分をとっても、実は常に二つの位相を有しており、結局のところ二つの行為に関係しているといえる。彼女達の人生において行われたこととして語られた過去の行為と、その過去の行為を現在において語っているという、二つの行為である。私達の読み込みはまず、ある語りが常に二重の行為に関係しているというこの事実に、注意深い眼差しを向けるべきであろう[13]。

　どのような意味で、この二重性に注意したらよいのだろうか。そのいずれもが彼女達の行為の断片であり、彼女達の生を形作っているピースであるが、しばしば語られた行為は人生の一大事、大事件に属するのに対し（数年あるいは何十年の歳月を経て再び語られていることは、基本的に

13　ここまでの記述から明らかな通り、筆者が行おうとする言説分析は、「事実（＝語られたもの、厳密には言説の「外」にあるもの）」の次元への関心を手放そうとはしていない。いわゆる構築主義的言説分析を厳格に適用しようとする（＝「事実」についての判断はあくまで回避・保留して、言説「内部」の分析に徹する）立場（cf. スペクター＆キツセ 1990[1977]）は、思うに、そのすっきりとした割り切りとともに余りに多くのものを切り捨ててしまうものである。

は「記憶に残る」ことだったわけであり、いずれそれなりに彼女達の人生にとって重要・重大なモメントだったはずである)、筆者を前にしてライフ・ストーリーを語るという行為はといえば、彼女達の人生にとって何ほどの意味もない、とるにたらない一コマ、あってもなくても大差ない(あるいは時間潰しの余計な)行為に過ぎなかったでもあろう。それでも、私達のプロジェクトにとっては後者の行為が(も)、前者と同様に最大限の重要性を持つことを明確に意識しよう。それは一つには、特別なライフ・イベントではない日常の何気ない行為にこそ、彼女達の生のかたちがむしろ直截に、端的に映しだされるということがありうるからである。もう一つには、前者＝過去の行為の実相に迫れるのは、当然ながら、常に後者＝現在の行為／語りを通してのみであるからである。パフォーマティヴの視点、すなわちその語りはいったい何を遂行しているのかという問題意識なしに、私達は素朴に語りをコンスタティヴの位相において読むことはできないのである。

　ある女性の語りが行っているのは、一般に単純な「過去の事実のレポート」ではありえない。それは例えば、「現在における自己の保全・構築」でもあるかもしれない(もちろんこの後者の行為の遂行は、それは語りが「過去の事実のレポート」となっているというフレーム——それはインタビューする筆者が設定したフレームであるが——上で作動している)。さらにいえば、その語りは、「過去の事実のレポート」を通して「現在における自己の保全・構築」を遂行するために、ある規範への恭順の身振りをしているのかもしれず、あるいはまたある規範に恭順しつつ同時に別の規範に反逆しているかもしれない。パフォーマティヴは複層的／複数的でありえ、その複雑なパフォーマティヴの位相を通してのみ、ライフ・ストーリーはその語られた内容＝過去の行為に接続している。その複雑な絡まりあいを解きほぐすことを通してのみ、私達は過去に何が為されたのかにアプローチすることができる(そしてもちろん、その過去の行為の遂行自体がまた、複層的／複数的な実践だったでもあろう)。語りは語りである限

り、語られたものを「そのまま」映しだすことはありえないしできもしないという、素朴で冷厳な事実に改めて思いをいたしつつ、私達は慎重に進むほかない。

しかしそうだとするなら、そもそも私達はどうやって現在の語り／過去の語られた行為が何をやっているものなのか、いかなるエイジェンシーの発揮なのか、わかることができるのだろうか？　そのために要請されることになるのがまさに、ここで議論は前節に戻ることになるのだが、個々人が現在／過去において行為をなすにあたってそれに対して働いている／いた社会的諸力（言語／規範／関係性等）を明らかにしていくという作業である。その作業を行って、そうして明らかにされた諸力との関係のなかに差し戻すことで、社会的力に還元されきらない個人のエイジェンシー＝行為を取りだすことができる。語りの現場における筆者＝聞き手との関係性も含め、語る個人に働いているであろう社会的諸力を腑分けしていくことで、そこでいかなる個人のエイジェンシーが行使されているか（それは例えば「逆接」的か「順接」的か）を明らかにすることができるということである。語りという現在の行為に働いている社会的諸力の剔出を通してそのエイジェンシー（＝それは何をやっていたのか）を取りだし、そのように「語られた」ものであることに配慮しつつ、同様にして語られた過去における行為に働いていた社会的諸力を剔出してそのエイジェンシーを取り出すという作業が要請されることになる。

ややこしいのは、それではその社会的諸力とはいかなるものかをどこから画定するのかといえば、実はまさにそれが、他ならぬこのライフ・ストーリー実践自体がその重要な部分を構成するところの、彼女達の生きてきた社会的世界について筆者がどうやら取り集めることを得たもろもろの情報の集合からの総合、それ以上でも以外でもありえないというところである。彼女達との会話自体を（それだけではないが）材料としつつ、その全体的なパターン／傾向を画定し、そこに働いている社会的諸力を推定し、またそうして取りだした社会的諸力をもって再び、彼女達の語りを切り分

けていこうとするわけである。作業は循環的である——その明確な出発点と終着点を確定することは、難しい。しかし、論理が循環しているわけではない。個人（の行為）と社会（的諸力）の関係自体が実際に循環的なのであり、本書が取り組もうとしているのはまさに、この循環的な相互規定関係を可能な限り緻密に跡づけるということなのであった。ただこの場合目指している「緻密さ」は、作業の明晰な手続き化によって達成されるものではないし、そもそもそういった手続きを予め確定することが現実的であるわけでもない。語る行為／語られた行為とそこに働く諸力の間の接続ないし規定関係を、どこからどう切り分けて描いていくか——それは個々の具体的なテーマごと、設定される問いごとに、暫定的に解決されていくほかない問題だといえよう。

4. ヨルモ社会・本書の基づく調査・本書の構成について

　本書への導入の最後に、ごく簡単にヨルモ社会について概観し、本書の基づく調査について説明し、本書の構成について予告しておく。

　これから私達が聴く（読む）ことになるのは、2013年9月現在ではヨルモはもとより、カトマンズ、インド、中東諸国、イスラエルからアメリカ合衆国まで、文字通り世界中に散らばって生きている、だがその語りを語った当時はすべてカトマンズに滞在／居住していた（インタビュー調査はすべてカトマンズで行われた、詳しくは後述）、ヨルモと自ら呼び慣わしてきた土地に代々暮らしてきて自ら自身のこともヨルモと称するチベット系集団に属する女性達（のうちの20余名）のライフ・ストーリーである。ヨルモは、ネパールの行政区分では、首都カトマンズの東北に隣接するシンドゥパルチョーク郡西部と一部ヌワコット郡東部にまたがる、概ね標高2000メートル以上に位置するヒマラヤ南面の一帯である（**図1参照**）。とはいえ、その明確な地理的境界線が確定されているわけでも、ヨルモに属する誰もが納得する明確な集団の境界＝定義があるわけでもなく、また

ヨルモ外部においてその地域ないし集団の存在が広く知られているわけでもない。1990年の（第一次）ネパール民主化運動の後、ヨルモを称してきた人々のなかからネパールの少数（先住）民族（N. janajati）の一つとして「ヨルモ」の名乗りをあげる者達が現れ、それとして公的な認知を受けることにもひとまず成功はした。しかし、丘陵ヒンドゥー（＝ネパール社会の多数派を構成する）はいうに及ばずヨルモに隣接して居住する同じ「少数（先住）民族」であるタマンやシェルパと比べても、国家社会レベルでのその認知度はなお低く、政治的発言力は弱く、ネパール主流社会のなかでは極めてマイナーな周縁化された集団に留まっているといえるだろう[14]。

　しかし彼（女）らは、経済的に見ればネパール社会の必ずしも「端」（あるいは「下」）に追いやられてきたばかりでもない。ヨルモ達がその故地＝ヨルモで伝統的に営んできた主な生業は農業と牧畜である。比較的高標高に位置する一般に寒冷なヨルモの村々では、稲作・麦作は行われず、主作物のジャガイモとその裏作のカブ（大根）の他トウモロコシ、豆類、大麦等が細々ととれるだけだが、少なからぬヨルモは隣接する谷近くの低地に水田を所有する地主でもあった。この地代として、あるいは低地の仏教徒タマンの檀家に対する仏教儀礼サービスに対する布施として、あるいは村でとれたジャガイモやカブとの物々交換によって低地の米や麦を手に入れることで、生活を豊かにしてきたのである。さらに彼（女）らは、遅くとも第二次大戦前夜頃から、（英領）インドへの出稼ぎを活発に行ってきた。出稼ぎで相当の稼ぎを手にすることに成功したヨルモ達のなかからは、カトマンズ東部の大仏塔ボーダナート周辺（ボーダ地域）に土地を求めて家を建てる者も現れ、その他村からビジネスや教育の機会を

14　ヨルモにおける共同性の様々な次元と1990年代におけるその「民族」としての共同性構成運動については、佐藤（2004）を参照。「民族」運動については Sato（2006）でも読める。

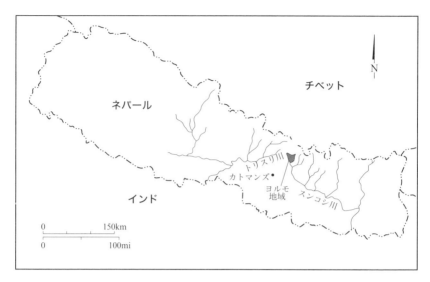

図 1　ヨルモ地域のロケーション

求めてやってきた人々とともに、90 年代には既に、ボーダにヨルモ出身者のコミュニティが形成されていた。さらに、90 年代からぽつぽつと始まっていた海外諸国（アメリカ、ヨーロッパ諸国、韓国、マレーシア、湾岸諸国、イスラエル等）への出稼ぎは 2000 年代に入って急増し、この流れは現在に至るまで続いている。2000 年代のネパールでインドや海外への出稼ぎの波に乗ったのはヨルモだけではもちろんないが[15]、ヨルモはこの波に相対的に先んじて、うまく――これまでのところ――乗ってきたほうのコミュニティであるように見える。インド／海外から送られてくる／持ち帰られる金は、現在のヨルモにとって間違いなく最も主要な富の源泉となっており、その相対的な豊富さが彼（女）らの現在の（ネパール水準における）相対的な経済水準の高さに繋がっている。もっともそれは、彼

15　今や海外仕送りは、ネパールの GDP の 3 割に匹敵する額にのぼる（Central Bureau of Statistics 2014）。

（女）らのネパール主流社会における周縁性にもかかわらず、というより、彼（女）らの周縁性あればこそ、ないし周縁性をさらに強化するものとして、というべきかもしれない。つまり、ヨルモにはネパール社会のなかで「成功」するための資源もコネもないからこそ、外に出ていくことになるのであり、また出稼ぎに頼ればこそ彼（女）らのネパール国内での地歩もなかなか固まっていかない——そのような回路ができているのである[16]。

　本書の基づくインタビュー調査は、2003 年 8 月から 2004 年 9 月にかけて、前述のごとくカトマンズで行ったものである[17]。触れているようにカトマンズ東部のボーダ地域にはヨルモ出身者が多く居住している。折しもマオイスト紛争（1996 年〜）がネパール全土に影響を及ぼすなか、ヨルモの村々もこれを免れてはいなかった。ヨルモ地域がマオイストの完全な支配下に入ることはなかったものの、この時期マオイストの活動はヨルモでも活発化し、筆者もヨルモに行くのは控えたほうがよいとアドバイスされていた。その一方で、マオイストの影響で学校が閉鎖されたりトレッキングに来るツーリストがいなくなったりして失われた教育やビジネスの機会を求めて、あるいは単にマオイストから生命・財産を守るために、カトマンズに移ってきていたヨルモの村人達も少なくなかったのがこの時期である。インタビューがすべてカトマンズで行われることになったのは、このような事情にもよる。

　インタビュー対象者（23 人）は、調査当時カトマンズに居住ないし滞在していた、筆者が主調査地としていた A 村出身ないし A 村に婚入した女性（及びその近親者）で、そのほとんどはインタビューをする前から親

16　これはヨルモのみならず、ネパールの少数（先住）諸民族の多くに共通する傾向ともいえよう。

17　筆者は 1994 年 11 月に始めてヨルモ地域に足を踏み入れて以来、断続的・継続的にヨルモ地域とカトマンズ・ボーダ地域のヨルモ・コミュニティにおいて調査を行ってきている。

しさの程度は様々ながら筆者と知りあいであった女性達である（**表1参照**）。

　そのうち20人は当時カトマンズ在住といえる状態にあり（うち持ち家に居住が16人、借り部屋が4人）、3人はカトマンズに一時滞在中であった（うち二人は基本的にヨルモの村在住、一人はインド出稼ぎからの帰国中）。年齢はインタビュー当時26～82歳（平均49.1歳）、二人以外は結婚したことがあり、うち一人は離婚している。結婚（を経験）している人の平均婚姻年齢（推定[18]）は19.8歳、（生存している）子どもの数の平均は3.4人である。

　インタビューは多くの場合、対象者がカトマンズで居住（滞在）しているお宅を筆者が訪ねるかたちで行い、対象者（達）と筆者を含めた2～4人で行った。パーソナルなテーマにも話題が及ぶことを念頭において、できるだけ他の関係者（夫等）のいないところでインタビューすることを心がけたが、必ずしもいつもそうなったわけではない。インタビューは、時系列に沿ってライフ・ストーリーを聴きとっていくというかたちを基本としたが、インタビュー以前からの筆者と対象者の関係性によって、30分弱で終わってしまったケースから（二日にわたって）5時間近くかけて聞きとったケースまで、話の「ふくらみ」に大きなバラつきが出ることは避けられなかった（平均して、一人1時間19分）。すべてのインタビューは録音をとらせていただいた。

　ライフ・ストーリーを聴いていくなかで、ほとんどのケースで自ずと大きな焦点として浮かび上がってくることになったのは、彼女達の結婚に至った（あるいは例外的ケースでは、至らなかった）経緯にまつわる話である。以下本論で見ていくように、実際、20世紀のヨルモに女性として生まれた人にとって、何らかのかたちにおいてか結婚して「（嫁に）行く」というイヴェントは、人生最大の、とまでは常にいえないにしても、その

18　結婚年齢をはっきり覚えていない場合もある。

表1 インタビュー対象者一覧

	名前（仮名）	年齢	婚姻上の地位	子の数	婚姻年齢	インタビュー当時居住地	カトマンズに持ち家	インド移住経験	学歴	2013年9月現在居住地
1	ツィリン	37	離婚	0	18	カトマンズ	なし	あり	1年生	カトマンズ
2	ダワ（→第4章）	35	既婚	2	16	インド	なし	あり	なし	イスラエル
3	ラクパ	62	既婚	6	18	カトマンズ	あり	あり	なし	カトマンズ
4	ペンバ	26	既婚	2	16	カトマンズ	なし	なし	なし	アメリカ
5	チェティン	50	既婚	3	20	村	なし	あり	なし	村
6	ニマ（→第5章）	36	未婚	/	/	村	なし	なし	1年生	カトマンズ
7	カルム	60	既婚	3	16	カトマンズ	あり	あり	なし	カトマンズ
8	ヌー・ドマ	75	既婚	2	24	カトマンズ	あり	あり	なし	カトマンズ
9	シックル	50	既婚	0	20	カトマンズ	あり	あり	なし	カトマンズ
10	マヤ	46	既婚	5	15	カトマンズ	あり	なし	なし	カトマンズ
11	タシ	46	既婚	5	21	カトマンズ	あり	あり	なし	カトマンズ
12	キマ	43	既婚	3	18	カトマンズ	なし	なし	なし	村
13	パサン	74	既婚	4	25	カトマンズ	あり	あり	なし	カトマンズ
14	ドマ（→第6章）	30	既婚	2	19	カトマンズ	あり	あり	10年生	アメリカ
15	ニマ・ギャルム	58	既婚	2	23	カトマンズ	あり	あり	なし	カトマンズ
16	ミンマール	60	既婚	2	23	カトマンズ	あり	あり	なし	カトマンズ
17	ダミニ	57	既婚	3	30	カトマンズ	あり	あり	なし	カトマンズ
18	ヤンジン	59	既婚	7	21	カトマンズ	あり	あり	なし	カトマンズ
19	リクサン	82	既婚	5	20	カトマンズ	あり	あり	なし	カトマンズ
20	カンドゥ（→第6章）	45	既婚	4	17	カトマンズ	あり	あり	10年生	アメリカ
21	サルキニ	42	既婚	3	16	カトマンズ	あり	あり	なし	カトマンズ
22	ロテ・ジャンム	26	未婚	/	/	カトマンズ	なし	あり	12年生	カトマンズ
23	カンチ	31	既婚	2	22	カトマンズ	なし	なし	なし	カトマンズ

＊「2013年9月現在居住地」以外の情報はすべてインタビュー当時のものである。

後の人生のありようを大きく左右することになる、例外なく確かに重大なイヴェントなのであった。学校教育を受けることもなく、自らの「キャリア」を積む機会にも恵まれなかった彼女達のほとんどにとって、彼女達の人生は「親のところで過ごした生活」から「夫（の家族）と過ごす生活」への移行として要約することも、一面では可能である。もちろんそのような要約の仕方が、一人一人の人生の、多様で繊細な細部を大幅に削ぎ落とし平板化してしまうものであることもまた、いくら強調しても強調しきれないのであるが。本書のプロジェクトは、結果的にまさにこの一つの可能な聴き方（でしかない聴き方）を追究するものとなった。そのようなかたちで追究することが、同時に他のいかに多くの多様な聴き方を封じること

になるのであろうとも、つまるところ、私達はある聴き方を追究するほか、ないのである——それを完全に正当化することはできないことを、重々承知の上で。

　本書は以下、次のように構成される。第1章は、ヨルモ女性達のライフ／ストーリーに分け入っていく前提として、彼女達のライフ（の相当の時間）がそこで展開してきたヨルモの村社会における人々——女性であり男性である人々——の日々歳々繰り返される諸実践のありよう、いいかえればそうした諸実践のありようを通して日々歳々構築されつつあるヨルモ社会のジェンダーのありよう（その大部分はハビトゥス的次元に属する）を概観する。第2章では、女性達の自らの結婚の経緯についての語りをとりあげ、ヨルモ社会における結婚という制度の構造を跡づけつつ、多くの女性達がなぜその結婚成立のプロセスにおける自らの積極性を否定することになるのか（そして他方で、なぜ少数の女性達はそれを率直に認めることができるのか）を明らかにする。第3章では、ヨルモで行われてきた周縁的な婚姻締結方式としての「嫁盗り婚」についての語り（あるいは沈黙）をとりあげ、状況によっては有用な戦略として採用されてきたこの婚姻方式がヨルモの人々、特に女性達によってなぜ言説的に「抹消」されようとするかを探る。第4章からの後半3章は、それぞれ一人のヨルモ女性（の語り）に光をあて、彼女達一人一人の生のプロフィールに寄り添って、世紀をまたいでヨルモ社会で女性として生きるとはいかなることであるかについての、緻密で豊かな叙述を展開することを試みる。第4章では、全く気に染まない結婚を強いられるという「女として」極めて苦しい経験を舐めた女性が、それでもなお、自らが女性として生きていることを全面的に肯定的に受けとめるということがいかに可能となっているのかについて探査し、ヨルモ女性に一般に認められる肯定的ジェンダー・アイデンティティの理解を企てる。第5章では、「女は（嫁に）行く」ことが規範化されているヨルモ社会において未婚のまま留まっているある中年女性が、社会的に周縁化された微妙で困難な自身の立場をどのように交渉

しつつ生き抜いているかを跡づける。第6章では、女性が男性に比べて相対的劣位におかれていることが全体としては明白なヨルモ社会において、唯一これを問題化し「フェミニスト」を自称しているあるヨルモ女性のフェミニスト的思考と実践を辿り、私達「北」の女性達との連帯の可能性を探るとともに、彼女がフェミニストとなりえた背景について考察する。その最後には、第1章で描きだしておいた（そして、この彼女も問題化していた）ヨルモ的なジェンダー化（された）実践が、わずかながらもズラされつつ再生産されているヨルモ社会の現在の一端を垣間見ることにもなるだろう。終章では、本書を通じて展開してきた議論を簡潔に振り返り、ヨルモ女性達のエイジェンシーに働きかける社会的諸力のありようについて短く所見を述べて、議論を締めくくる。

第 1 章

ジェンダーをやる／やめる
ネパール・ヨルモ社会における女の実践、男の実践

1. はじめに

　読者にもその事実が想定されているところであり、あえて説明の必要性を感じさせてはいないだろうという前提にたって、厳密にいえば問題含みながらもここまではっきりと言及することなく叙述を進めてきた事実がある。ここで改めて明示しておこう。その事実とは、ヨルモの人々においても——「も」という助詞を使うのが適切となるかどうかは他の誰を参照しながら語るかによるわけだが——人は女性ないし男性のどちらかだとされているということである[1]。ヨルモにおいて(も)ジェンダーの二分法はおおむね強固であり、またさらにいえば、女性とされる人々と男性とされる人々の間には、様々な差異とともに（あるいはそうした差異を通して）前者を後者の劣位におく非対称な関係性が形成されている。本章は、ヨルモの女性達のライフ／ストーリーに迫っていくためのもう一段の準備的作業として、ヨルモ社会、特にその伝統的居住地であったヨルモの村に生きる女性達及び男性達によって日々歳々遂行されている様々な行為／実践——その少なからぬ部分はハビトゥス的次元に規定された諸実践ということになる——を可能な限り俯瞰的に記述し、ヨルモにおいて女性（ないし男性）であるということの基層を構成する一断面を描こうとするものである。女性達の生が、語りが展開していくのはこうした日常・非日常の日々の営みのうえにおいてであり、こうした日々の実践が展開されている場においてである。そうである以上、これらの行為／実践自体は彼女達のライフ／ストーリーにおいてその背景として以上の役割を果たすことは通常はない[2]とはいえ、彼女達の生／語りのいわば通奏低音として押さえておくべき事柄であることには違いない。

1　「女性」と「男性」の他のジェンダーを擁する社会の事例に関しては、例えば、Herdt (1994)、Nanda (1999)、Roscoe (2000) を参照。
2　例外的にはありうる。第6章参照。

いうまでもなく、ある社会におけるジェンダーのありようを規定するのは、彼・彼女らの継続・反復的実践のみではない。彼・彼女らが日々歳々やることだけが問題であるわけではないのである。社会構造のなかでの位置づけが彼・彼女らのありよう（その継続的実践の実態も含め）に大きな意味を持つことは当然であるし（Gerstel & Sarkisian 2006）、構造や実践を映しもし規定もする言説的次元、すなわちジェンダーがいかに語られるか／ジェンダー化された個人がいかに語るかは、本書がそのプロジェクトの中核に位置づけることを既に宣言しているところである。それでも本章でまず焦点をあてるのは、ジェンダーがいかに構造的に分節されているかでも、あるいはいかに語られているかでもなく、ジェンダーが日々歳々いかに行われているかという、この実践の次元である。この問題設定に関して、簡単に議論しておきたい。

　ヨルモ社会におけるジェンダー構築において日々歳々営まれている実践の次元が占める重要性を、思うに、いくら強調してもしすぎることにはならない。そもそもヨルモにおいてジェンダーがそれとして語りの俎上にのることはあまり多くなく、折に触れ状況に臨んで発せられる断片的な語りを除き[3]、ジェンダーについてのまとまった語りを見出すのはむしろ困難である[4]。ヨルモにおいて女性である、男性であるとはどんなことなのかを知りたければ、まずは彼・彼女らの行動を見るのがよい。そうすれば、それとして語られることはあまりなくとも、ヨルモにおいて女性であること、男性であることが明らかに異なる行動パターン（の傾向）と結びついているのがわかる。逆にいえば、そうした行動パターンのありようこそが、ヨ

---

[3]　こうした断片を、もちろん、本書は念入りに拾いあげ吟味していくことになるだろう。

[4]　ただし、あらゆる語りはジェンダー化された個人によるという意味で、ジェンダーに関わる語りでもある。本書は、むしろこの意味において、ヨルモの女性達の語りにアプローチしようとしているといえる。

ルモにおいて女性であること、男性であることの内実の基底に——必ずしも語られることなく——沈殿しているのである。

　なぜ、そういえるのか。それは、冒頭述べておいたように、ヨルモにおいて（も）、人は二つの性に必ず振り分けられることが、そしてまた人の性別は常にそれと見えるものであることが想定されており、すべての行為は男ないし女の為したこととして（潜在的には）認識可能となっているからである[5]。伝統的にヨルモでは、女性は髪を切らずまとめ、くるぶしまで隠れるスカート状のもの（Y. *chuba, shyama* 等）を履いていた（*chuba* については口絵写真の女性達の衣装を参照）。対して、男性は膝丈までのスカート状のもの（*chuba*）の下にズボン状のものを履いていたという[6]。ネパール風ないし西洋風の服装も（特に男性に）取りいれられて久しいが、いずれにせよ、性的二型性の想定が揺るがされるような例は今までのところ、筆者の知る限り、ない。従って、すべての社会的行為者の性は、その区別があらゆる場面で社会的相互作用の焦点になるわけでは無論ないものの、潜在的には誰によっても行動を評価する軸として常に参照されうるものとなっている。社会的実践は常に男または女がしているものとして把握されうる、逆にいえば、男または女は様々な実践をする存在として把握されうるものとなっているのである。

---

[5] この事情は、現代日本を含むいわゆる近代諸社会においても、それほど異なるわけではない。「女／男であること」を「見る」現代日本の実践について、鶴田（2009）、現代アメリカ社会のそれについて Ridgeway and Correll (2004) を参照。なおヨルモをこえるネパール社会においては、性的マイノリティは近年徐々に可視化されるようになってきており、そのなかで「第三の性（N. *tesro lingi*）」を名乗る人々も一定の認知を得るようになってきている。

[6] 男性の「伝統的」衣装について、近年のアイデンティティ・ポリティクスのなかでの自己呈示のあり方をめぐってヨルモ社会内で巻き起こった議論について、佐藤（2004: 6章）または Sato (2006) を参照。

ここでわざわざ1章を割いてこの日々の実践の次元に照準しておくのは、女性達の生きざまに迫るという本書全体のプロジェクトにとって、その可変性・可塑性をそもそもの最初から視野に組み込んだかたちで、彼女達の生きられた生のジェンダー的構成の一断面を把握しておくことが重要だと考えるからでもある。ジェンダーを日々歳々の実践に立脚しその集積によって構築されていく過程にあるものとして捉えることは、日々の実践の推移・変容に応じてそれが変化していく様を射程におさめることである（Anderson 2005）。男／女であることがすぐれて日々の実践に宿るならば、実践が変われば男／女であることの意味も変わる。もちろん、この実践を行う主体は決して「自由に」そのかたちを変えることができるわけではない——彼・彼女は、たまたま生まれ落ちた社会のなかで、まさにその社会によって構築された「不自由な」存在である——が、その実践が不自由であることは、それが何も変えないことを意味しはしない。彼・彼女のあらゆる行為／実践は、序章の議論の繰り返しになるけれども、社会的諸力による働きかけから逃れることもないとともに、最後のぎりぎりの一線において常にその行為者の個人性・能動性の発露でもある。エイジェンシーは、社会によって構築されるとともに社会を構築してもいるという逆説のなかにこそ、胚胎している（Butler 1989[1999]; 2004）。

　そもそも実践＝ジェンダーをやるという次元に注目を促したのは、West & Zimmermanの、その名も「ジェンダーをやる（Doing Gender）」という論文（1987）であった。ガーフィンケルによる「女性」としてのパッシングの有名なケース・スタディ（1967）に依拠しつつ、ジェンダーがいかに不断の実践を通して持続的につくりだされているかを議論したこの論文は、その後の多くの社会学的ジェンダー研究にインスピレーションを与えた。が同時に、あらゆる行為を「ジェンダーをやる」実践として捉えようとするその姿勢は、一つの問題を招来することにもなったのである。性的二型性の社会的想定を踏まえ、社会において生起するあらゆる行為は「ジェンダーをやる」行為として（潜在的には）評価されるという議論

は、論理的に間違っていない。ただしその場合、「ジェンダーをやる」ことの意味は、「ジェンダーの視点から評価されるリスクをおかしつつ行為すること(強調原著者)」(West & Zimmerman 1987: 136)であり、既存のジェンダー規範に沿う／これを再生産する実践とともに、既存の規範に抗する／これを解体する実践も含め、そこには文字通り、社会において生起するあらゆる実践が含まれていたはずであった。しかし、「ジェンダーをやる」というこの標語にしばしば読み込まれたのは、むしろ(その語感からして驚くべきことでもないが)既存のジェンダー規範を体現する／それに叶うかたちで行動するというニュアンスであった(＝本書で使っている表現でいえば、ジェンダー規範に「順接」するエイジェンシーの行使)。あらゆる行為が「ジェンダーをやる」ことであるという議論が、あらゆる行為は既存のジェンダー秩序の維持・再生産に資するという議論に横滑り／読み替えられるということがしばしば起こってきたのである[7]。変化の理論であった実践論が現状維持の理論になりかわる。不断に進行中の実践への注目は、本来変化に着目する態度でこそあったはずなのに、である。

　実践は、実際には既存の秩序の変容・解体をも招来しうる(＝「逆接」のエイジェンシーの行使)。この側面を明確に把握するために、私達はむしろ「ジェンダーをやめる(undoing gender)」実践に注目すべきなのだというDeutsch (2007)の提案は注目に値しよう[8]。男ないし女によるあらゆる実践は、ジェンダーの視点から評価されうるが、それは既存のジェンダー構成の維持・再生産に資するものでも、その無効化／中和／相対化／

---

[7] 実際West & Zimmerman (1987)の記述には、そうとられても仕方ないような言い回しが散見される。この点に関して、後のリプリント版(West & Zimmerman 2002)で作者らは、「ジェンダーをやる」ことには規範への同調とともに抵抗も含まれるのだと改めて主張を試みている。なお民族誌学的にいって本書の関心とも近いRothchild (2012)は、そのような「横滑り」を起こしている例の一つである。

[8] Lorber (2005)の「脱ジェンダー化(degendering)」概念も参照せよ。

再形成に資するものでもありうる。これらを一まとめにして（どのような定義を与えるにせよ）「ジェンダーをやる」と括ってしまうのでなく、前者を「ジェンダーをやる」、後者を「ジェンダーをやめる」と呼び分けておくことは、日常的な語感に逆らわず、実践を精査する視点をぶれさせないために有用である。もちろん、ある実践が「ジェンダーをやる」のか「やめる」のか判断が難しい場合、どちらでもある／でもない場合があろうし、「やる」にしても「やめる」にしてもそのインパクトにはグラデーションがあり、白黒つけるようなかたちですべての実践を分類できるわけでは、もちろんない。それでも、ある実践がジェンダーを「やる」ことになるのだろうか「やめる」ことになるのだろうかと問うていくことは、ある社会における諸実践のジェンダー的配置を――諸実践間の矛盾や軋轢に配慮し、変化に敏感なかたちで――記述していくための、よい方策となるだろう。

　本章は、ヨルモ社会において日々生起する実践の諸領域を横断しつつこの問いを追いかけていくことで、諸領域において起こりつつあるダイナミックなジェンダー化／脱ジェンダー化（あるいは既存のものとは異なるかたちでのジェンダー化）の様相を描出する試みである。「ジェンダーをやる」諸実践の記述から始め、「ジェンダーをやめる」諸実践の検討を経て、最後にヨルモ社会における諸実践をジェンダーの視点から俯瞰的に整理して、章を締めくくろう。

2．ジェンダーをやる：ジェンダーを構築する諸実践

　寺の祭礼、葬礼や婚礼といった村全体（さらには近隣の数ヶ村）を巻き込んで行われる大規模な行事を除けば、ヨルモの村人達の日々の活動のほとんどは各々の家（Y. *khangba*）とその周りを焦点として営まれる。各々の家には、これを「自分の」と呼ぶ世帯（Y. *dongba*）の成員が住まう（逆

にいえば、家を共有する範囲が世帯である)[9]。世帯は通常、配偶関係にある男女とその未婚の子どもから構成され（場合によっては父子、兄弟など父系で繋がる複数の夫婦を含むこともある）、その成員同士は生活全般にわたって分かち合い、相互扶助することが期待されている。出稼ぎ等の理由から世帯の一部が長期にわたって家を離れるケースも近年少なくなく、他方で来客や一時滞在者といった人の出入りもむしろ頻繁にあるヨルモの家だが、世帯の境界は世帯内外の人々にとって明確なものである。世帯は、一つ家に（原則的に）住み、協力して（再）生産活動を営み、客がくれば一緒にもてなし、寺の祭礼等のスポンサー（檀家）となり、その他様々な行事への参加単位となる、ヨルモ社会において最少かつ最も緊密な共同体として、人々に生きられ、想像されているものである。

　この緊密に結ばれた世帯ないしその生活の舞台である各家の内部を見てみると、しかし、そこに観察されるのは、その内部でのジェンダーにより不均等な労働配分と（それとも関連する）不均等な地位の配分である。以下、2.1. と 2.2. で、まずこの世帯／家の内部で行われる諸活動に焦点をあてる。前者でジェンダーにより異なる世帯内の労働実践を、後者では家内空間をジェンダー化しつつ序列化し分割する実践を検討する。続く 2.3. では、この世帯／家を超えるヨルモ社会における男・女の諸活動を考察の俎上にのせる。

2.1. 世帯内の性別役割分業[10]

　ヨルモにおける世帯内部での働き方には性別による違いがある。しかしその違いは、仕事がその種別によって両性に厳格に割り振られていることによるものではない。むしろ仕事の配分は柔軟であって、誰がどの仕事を

9　ただし第三者はこれを一般に、「○○（＝その世帯の最年長男性成員）の家」と呼ぶだろう。

10　2.1. 及び 2.2. の記述は、Sato (2007) の記述と一部重複している。

するかを最終的に決定づけるのは、それを行う必要があるときに誰がそれにあたることができるかであり、すべての種類の世帯内生計維持活動＝労働は原則的に男・女どちらのジェンダーにも開かれている。すなわち男・女ともに、世帯内のどんな仕事をすることをも規範的に禁じられてはいない[11]。「外」の仕事（畑仕事、薪集め、飼葉集め等）も、「うち」の仕事（料理、皿洗い、収穫物の加工と管理、掃除、洗濯、子どものお守り等[12]）も[13]、ジェンダーの別なく従事することが可能であるし、実際女性・男性ともに従事しているのを見ることができる。

だからといってヨルモ男・女への様々な仕事の配分が決して均等にならないのは、仕事の種類により担い手の性別選好——個人レベルではなく、社会的レベルでの期待としての選好である——がある場合があり、この選好によって仕事の配分状況が決まることが実際には多いからである。つまり、性別によって「できない」仕事はなくとも、性別によって「すべき」仕事はあるのだといえよう。「うち」の仕事についていえば、もし世帯内に女手があるのであれば、ほぼ確実に女性が担うことになる[14]。成人男性がこれを担うのは、世帯内の女性が外出したり病気になったりしてこれを担えない場合か、そもそも世帯内に労働可能な女性がいない場合に限定される。「外」の仕事についていえば、これを男女どちらかが行うべきという明確な選好はなく、両性ともに日常的にこれに従事しているのが観察される。だが実はこの範疇の仕事においても、より微妙なレベルにおいて不均等は感知されるのである。世帯内に女手があっても男性が「外」仕事をするのは確かに普通のことなのだが、それでも、配分のバランスはむしろ

---

11 「男子厨房に入らず」といった物いいはないということである。
12 「うち」の仕事には、厳密にいえば家屋内ではなく、家屋の前庭（例えば皿洗い）、周辺の水場（洗濯）で行われる作業も含まれる。
13 この「外」と「うち」の区別は、ヨルモ自身が行っている区別である。
14 幼い子のお守りについては、日常的に男性もかなり分担している。

女性のほうに重く傾く。実は男性には、男性にのみ許された、世帯内活動のさらに「外」の活動がある。宗教＝仏教的実践の一部 (2.3.1. 参照) 及び政治活動等の世俗的活動の一部 (2.3.3. 参照) は、規範的ないし実質的に男性の独壇場となっており、そうした活動があれば男性はそちらに優先的に従事することになる。それゆえ世帯内の労働負担は「うち」のみならず「外」仕事についても、むしろ女性のほうに重くのしかかりがちになるのである。

　つまり女性は、「うち」の仕事をほぼ一手に引き受けるとともに、「外」の仕事でも世帯内の男性（多くの場合、夫）と少なくとも同等以上に活躍している。「外」での（重）労働は男がすべきものというイデオロギーは、ここにはない――ヨルモの村に暮らす女性達は誰も、「外」仕事に耐えないまでに老いない限りは「主婦」（＝その近代的意味において[15]）たることをえないといえよう。女性達は家の内外で働くこと、すなわち二重の役割を担うことを期待され、実際その相当部分を担う。確かにヨルモにおける性別の労働配分は柔軟であり、世帯構成やときどきの必要に応じて可変的なのではあるが、世帯に労働可能な成人女性がいれば、彼女が男性世帯成員のそれを明らかに上回る労働負担を負うことになるのはほぼ確実である[16]。

　世帯内労働配分との関連からジェンダーがいかに構築されているかを考えるというここでの課題からすれば、指摘しておくべきは次の点である。まず、世帯内の労働＝生計維持活動において女性が男性を上回る負担／貢献をしていることは、彼女が世帯内において男性より高い地位を享受する

15　落合 (1989) 参照。

16　Acharya & Bennett (1981) が示したように、女性がうち・外両方の労働に従事し、全体として男性より重い労働負担を負うというパターンは、ヨルモに限ったものではなく、ネパールの多くの民族・カースト集団に共通するものでもある。

ことには繋がっていないこと[17]。第二に、男性の相対的に高い地位は、世帯内の生計維持活動における多大な貢献によるのではなく、そのような負担／貢献をむしろし・な・く・て・よ・い・立・場・におかれていることと関連するものであること。すなわちヨルモ村落の世帯において、労働を通して生計維持のために多大な貢献を行うことは、それを行う者の高い地位を帰結するものではなく、低い地位にある者こそが多大な労働負担を求められる、逆にいえば重い労働負担を負う者の地位は一般に低いという構造になっている。一般に男性より女性が、「外」でも「うち」でも日々たゆみなく働いているという事実は、ヨルモ社会の文脈においては、女性が男性より低い地位にあることの結果であるとともに、そうした地位関係を再生産する環の一つともなっているのである[18]。

しかしならばなぜ、女性達は自らの劣位を明かし、持続させてしまうような労働＝実践に日々勤しみ、身を粉にしているのだろう？ なぜ、自らの劣位を構築する労働を自ら担うのだろうか[19]？ この生計維持活動だけを取り出して見るとき、それは御しがたく不可解な現象であるようにも見える。

それには、幼い頃から家内外の仕事に骨身を惜しまぬよう女性をしつけ、そうした女性をこそ高く評価する価値観＝規範（ただしそれは、「働き者の女性」を「男性」より上に格付けするものではない）の存在、女性を主

17　この世帯内の男女の地位を確定する実践については、次項で扱う。

18　ここでもちろん、議論は循環している。しかし社会的事実なるものは多くの場合、そうした循環のなかで構築されているのでもある。

19　このような不均等な役割分業に女性達が日々勤しんでいることは、そうしないという選択肢が彼女達には実質的にないという意味で確かに「強制的」でもあるが、そうした活動に彼女達を直接追い立てる他者（例えば夫）が必ずしも存在するわけではないという意味で、確かに「自発的」でもある。これもまた、社会的力の磁場において最後の一線のエイジェンシーの行使において遂行されている行為なのである。

第1章　ジェンダーをやる／やめる

たる生産・生活手段（土地、家）の所有から疎外する社会構造、また何より生計維持のために欠くべからざる労働のニーズを女性自身が認識するといったことも関連していよう。しかし以下では、世帯の住まう家内空間において男・女を分離・差異化し、後者を前者の格下に位置づけるような諸実践を検討し、それとの相互規定関係に注目する。

　なおその前に、ここに記述してきたような村の性別分業のあり方にも影響を与えている、近年の移住現象、特にここ10年余の間に急増した海外（インド以外の諸外国）への出稼ぎ移民について一言言及しておく[20]。2006年の時点で海外在住の男女比はほぼ拮抗していたが、女性では既婚者が少なく、男性ではむしろ既婚者のほうが多いという特徴がみられた。つまり既婚者についていえば、夫が海外に出て妻は後に残って家を守るというパターンが多かったということになる。世帯外の、より広い社会に関わる活動に主に男性が従事してきた伝統（この後の2.3.参照）とともに、村の世帯の仕事は「うち」「外」ともにもともと女性が多くを担ってきた慣行を踏まえれば、むしろ夫が出るほうが「自然」であったということでもあろう。2011年時点では、少なからぬ女性達（7人）が先行して米国移住していた夫に合流し、また単身で出稼ぎに出る女性が未婚・既婚ともに増加したことで、海外在住の男女比は女性優位にバランスを変えた（男性33人に対し、女性50人）。女性への海外出稼ぎへのチャンスが広がるなか[21]、多くの独身女性（29人）に混じって[22]既婚の女性達も単身出稼ぎに

20　この項の残りの記述は、ヨルモA村住民についての聞き取り調査（2006年3月及び2011年3月実施、カトマンズ在住の複数のA村民から聞き取り）による。なお佐藤（2013b）における対応する部分の記述は、2011年調査の結果を反映したものとなっていないことに留意されたい。

21　家事労働者としてのアメリカ合衆国、イスラエルへの移住が近年急増した。

22　なお、ヨルモの若い女性達は、ラナ家による専制時代（～1950年）、少なからずラナ一族の宮殿の侍女として雇われてきたという「伝統」がある。イスラエル等への未婚女性の出稼ぎラッシュは、この「伝統」の復活とも見えな

出かけ、後を夫が守るというパターンが見られるようになっている（10例）。この点については、3.の「ジェンダーをやめる」実践のほうで改めて取り上げる。

2.2. ジェンダー化された家屋空間

性別による生計維持労働の配分が比較的柔軟なものであり、現実の要請に対応して組み直し可能なものだったとすれば、世帯の住まう家屋空間のジェンダーによる秩序化とそれに関連するジェンダー間で不均衡な地位構築実践は、現実的ニーズに縛られる部分は限定的であるだけ、規範的色彩がより濃い。男女間の不均衡な分離が最も日常的に、また鮮やかに構築されるのは、ヨルモに暮らす男・女誰もが例外なく参画することになる、この生活の場の構造化実践においてである。そこでどこに座るか[23]、どのように振る舞い／扱われるかは、この家において彼／彼女が「誰」であるかを反映し、また構築する。人々はその性別、地位、役割（世帯の成員か来訪者か）に応じてこの空間内に位置どりし、その位置に応じた社会的属性を帯びるのである。

ヨルモの伝統的な家々は、その居間に関する限り基本的にすべて同じデザインで建てられている。居間には、調理をし暖をとるための炉（ストーブ）が据えてあり、また仏壇（Y. *chöti*）[24] が必ず備えられている。世帯内のほとんどの活動はここで生起し、実際この部屋が、家屋の唯一の部屋（薪や収穫したジャガイモ等をストックする階下の物入れを除く）であることも、めずらしくない。この部屋の見取り図を図 2 にあげる（以下の

くない。

[23] ヨルモの家屋内では椅子を用いることはなく、床に座るのが基本である。
[24] *Chöti* は木製で、上段は仏画や仏像、仏具などを置くスペース、下段は扉付の収納棚になっており、またクッションが置かれて、この前に座る男性達の背もたれにもなる。伝統的には村の大工によって作られ、美しい装飾彫刻を施されている場合もしばしばある。

図2 ヨルモの家屋内空間（居間）

説明での方向は、炉に向かってのものである）。

　まず、居間空間は大まかに左右に分かたれ、左側が女性、右側が男性の空間——すなわち各ジェンダーがそのなかに着席すべき空間——となる。次に、女性ないし男性の空間は、それぞれにその内部で役割と地位のランクによって差異化されるが、その差異化の明確性、精密度は女性と男性の空間では大いに異なっている。より精密に、そして明確に差異化されているのは男性空間のほうで、まず、仏壇を背にした炉の隣の席（①）は世帯内で最年長の男性（世帯を代表する、世帯内で最も地位が高い男性）の指定席である。他の男性もいる場合は、地位（年齢・世代）の順にこの隣に座っていき、ベッドの脇にまで至る（②〜③）。さらに下位の男性達がいる場合は、この男性達のラインに相対するかたちで着席する（⑦）。逆にいうと、仏壇に沿った席（①〜③）は⑦より「上（Y. tho）」の席であり、さらに③よりは②が「上」の席となる。男性達はお互いの地位関係を配慮／交渉しつつ、各々の席を占めることになる。仏壇に接するベッドは、この世帯の主カップル（＝①に座る男性とその配偶者）が寝るところであるが、ベッドとして使われる以外に、特に威信の高い男性ゲスト（例えば仏

教僧など）の席としても使われる。複数が座る場合には、仏壇に近い側が上座となる（④〜⑥）。

　女性空間のほうの差異化はもっと曖昧で、あまり階層化もされていない。世帯の最年長男性が座る席から見て炉の反対側、「角」といわれる席は、世帯の料理と食物の分配をあずかる女性——通常は家の最年長の女性であり、世帯の最年長男性の配偶者——の座る席である（⑧）。この「角」の一席は、ヨルモの家のいわば「台所」に相当し、ここを占める女性は調理の主な担い手となる。逆にいうと、最年長女性が老齢や病気などによってこれを担えない場合は、世帯内の別の女性が（一時的に）ここに座る場合もある。この角の席を除き、その他の女性空間内部の席にあまり明確な地位分化はない。席の間の区別が意識されているとすれば、それはむしろ現実的関心に基づく特徴づけに由来する。例えば、炉の正面の席（⑩）に座りたがる女性は多い——特に冬には。最も暖がとりやすい場所だからである。あるいは、⑧の女性の料理の補助にあたる人は、そのすぐ傍（⑨）に座るだろう。補助にはそこが最も便利だからである。女性空間内では、「角」のすぐ傍に座ることは、その女性が「角」の女性の次に高い地位にあることを意味しない。むしろここに座って手伝いに動員されることになるのは、世帯のなかでも最も地位の低い者——手伝いができるようになった子どもなど——の場合が少なくない。空間的近接関係が社会的威信の多寡に基本的に対応するという男性空間の構造化論理は、ここには当てはまらないのである。

　ヨルモの村人であれば、一般に自分がどこに着席すべきであるか、あるいは少なくとも部屋のどちら側の半分に座るべきか、心得ているものである。確かに、世帯外の人間がこの「着席ゲーム」に加わる場合には相対的な地位関係が曖昧なこともある。従って、来訪者がどこに座るか／をどこに座らせるかには交渉と操作の余地をなしとしないが、たいていはちょっとしたやり取りの後に、落ち着くべきところに落ち着く[25]。万一来訪者が

25　「ちょっとしたやり取り」は基本的に、「低め」の地位の場所に座ろうとする

外国人やヨルモ外のネパール人、あるいはまだどこに座るべきかわからない幼い者である場合、彼・彼女は家人に座るべき場所を示され、それに従うことでヨルモ的空間秩序の一角を占めることとなる[26]。

　ここで注意すべきことは、この男・女の空間の境界は、居室空間内に何らかの物理的なモノとして／によって示され、固定的に存在しているのではなく、この空間に参入する男女の着席実践における協働を通して想像上引かれることになるもの、そうした実践を通してのみ「見える」ようになるものであることである。図では点線で便宜的に境界を示したが、それを固定するマークは実は何もない――実際、境界の決定的「侵犯」、あるいはそれが一時的無効化されたと見える事態すら、それが（社会的地位構造を乱すことなく）便宜に供するならば、ときとして起こるのである。触れている通り、「角」は料理をするには必ず座らなければならない席となっているので（料理に必要な道具類、調味料等はすべてこの角に置かれている）、もし調理にあたれる女性がいなければ、世帯の男性がここに座を占めて料理をすることになる。あるいは、そこに座るべき最年長男性もその他の気遣いを要する男性もおらず[27]、また自分が「角」で仕事をしなくてよいならば、世帯の年長女性が男性側の炉端の席（①）に座って寛ぐこともある[28]。さらに、境界の位置は場面に応じて左右に柔軟にシフトする。例えば男性ないし女性の多数の来訪者があって、性別の各空間内に入りきらないような場合、それが通常の境界内に無理やり詰め込まれねばならな

　　　　来訪者を周囲（とりわけホスト世帯の者）が「上（tho）にどうぞ」といって、着席位置をより地位が「上」の場所に修正させるやりとりからなる。
26　6～7歳位までの、まだ膝に乗るくらいの子どもは、どこに座ろうとあまり気にされないし、座り位置を修正されることもない。
27　例えば、世帯内の男性が（気を使う必要のない自分の息子等を除いて）みな留守にしている場合など。
28　Clarke (1980) は興味深いこうした「逸脱」の例を報告している。すなわち、自宅で出産する女性は、最年長男性の席（①）でお産を行うというのである。

いということはない。境界はいわば押しやられて、男性ないし女性空間が広げられる。男・女の空間区分は、実際には多分に流動的で状況依存的なものなのである。

　しかし、もし境界が状況依存的で流動的であるなら、ときとしてシフトもすれば無効化もされるようなものなら、その境界の存続を担保するものとは一体、なんなのだろうか？　ヨルモの家内空間を男性と女性の空間に分かつ行為、それがジェンダー化され分離されていることを維持している実践とは、結局のところ何だったのだろうか？

　それは、席の配置において、男性と女性を混合しないという実践である。男・女の空間の境界は、どこからが男性の、ないし女性の空間というように固定的に引かれてあるものではなくて、座る男性達と女性達が混ぜこぜになってしまわないように、常に分離線を引けるようなかたちで、まさにその場その場で一線を引いて着座する実践の反復を通して引かれてあるものなのであった。とすれば、境界の決定的「侵犯」のように見えた、男性が「角」で料理をする例とか、女性が男性世帯主の席で寛ぐといったケースも、実は殊更侵犯というには当たらないこともわかる。いずれのケースも、室内にヨルモの男性ないし女性(とカウントできる個人[29])がいなかったからこそ、男性ないし女性の空間が極限まで広げられて、室内空間全体を覆うことになった例と捉えるべきである。男性と女性を混じらせないという原則は、実は貫徹されていたのである[30]。

29　男性が「角」に座るケースでは、それを見ていた筆者（女性）が室内にいたというのは事実なのだが、筆者はヨルモ女性としては（そうであれば、必ずや「角」で首尾よく茶を淹れ料理を成し遂げられたであろう）カウントされなかったということである。「女手」がない家に比較的若い女性が訪ねてきた場合、来訪者の女性が「角」で家人に代わってお茶を淹れたりすることはめずらしくない。

30　Clarkeにおける空間の構造化の議論も参照（1980: Chap.6 & 10）。彼の議論では男・女の空間間の境界はむしろ物理的に固定されているかのように描か

この点を端的に示す格好の傍証が、一対の夫と妻が着席するやり方である。ヨルモにおいては一般に、自宅においてであれ他の家を訪ねた場合であれ、夫婦が並んで座っているのを見ることは基本的にない[31]。自宅での（その家で年長の）カップルの着席方法については既に見た。夫婦は炉を挟んで互いに 1.5m ほどの距離を隔て、夫は仏壇を背に、妻は夫のほうを向くかたちで「角」に座るわけである。この態勢では、夫婦がフィジカルに親密性を表現することはまず不可能であるが、このことを、物理的配置によって強いられたものと考えるべきではない。事態は逆で、夫婦（男・女）が人前で親密さをフィジカルに表現することが忌避されているからこそ、このような配置がとられていると見るべきである。というのも、このような着座の距離は、たとえ物理的な障害物がなくても、夫婦が常に保つべきものだからである。夫婦が他の家を訪問した場合を見ると、このことは一目瞭然である。夫が仏壇を背にするライン（②、③）に着席すれば夫婦の距離は自ずと開くことになるわけだが、もしそのラインが既に埋まっていて夫が仏壇に相対するポジション（⑦）――男性空間と女性空間との接触／境界が問題となるポジション――に座る場合でも、夫婦がこの境界ラインを挟んで隣同士に並んで座るといったことは起こらない。夫婦はそれぞれに男性空間、女性空間のずっと中のほうまで入って行って、互いと

　　　れ、それが男女の着席実践の反復によってダイナミックに再生産されるさまには十分な注意が払われていない。東ネパール・ソル地域のシェルパの例について、Ortner (1978) も参照。シェルパの例はヨルモと多くの点で似ているが、男性はすべて壁に沿って一列に（地位の順に）着席するという点で異なる。このような空間構成においては、男性空間と女性空間の「接触」はそもそも問題にならず、ここで議論しているような境界の動態は起こらないことになるのだろう。
31　唯一の例外は結婚式における花嫁・花婿で、並んで座らせられる。ヨルモの村に伝統的に存在してきた以外のシチュエーション（バスに乗る、茶店で休む等）では、並んで座ることは特に妨げられない。

は離れた位置に席をとるであろう。ヨルモ語で誰それの夫は誰それの「男（Y. *kyowa*）」、誰それの妻は誰それの「女（Y. *bhimi*）」ともいう。この着席慣行が示しているのは、要は、どんな場合でも「男」と「女」は明確に分離しているべきということなのである。

　ここまでの議論を要約すれば、ヨルモの家内空間は、物理的に固定されていない転位可能な境界によって男性空間と女性空間に常に分割され混じりあうことが忌避されているとともに、各々の空間は厳密さや精密度において異なるかたちで構造化されているということである。さて、ここでの議論にとってさらに重要なのは、このそれぞれの空間同士の関係性である。このセクションの冒頭で既に筆者は、こうした家屋内の空間の構造化において、ジェンダーによって空間は不均衡に分割されていると言及しておいた。男性空間（に着席する男性達全体）は女性空間（に着席する女性達全体）と分離されているだけでなく、よりステータスが「高い」ものとして構築されているのである。この不均等を反映しまた構築してもいるのは、では、ヨルモの女性・男性のいかなる実践なのだろうか？

　空間間のステータスの差は、空間の仕様それ自体からもある程度感知できる。男性空間は概して休息のためにあり、またより安んじて休息できる造りになっている。ヨルモの居間で人々がしている活動を観察すれば、炉の両側ではしばしば鮮やかな対照がある。左側、特に「角」の席はすぐれて働く＝料理するための席であるが、右側に座った人（男性）がすることはといえば、いわば何もしない／働かないこと——飲食物の摂取、社交・おしゃべり、休息——である[32]。仏壇を背にする席は、家じゅうのどの席よりもクッションのきいた、理想的には長座布団の上に絨毯を重ねたもので、また背を（少なからぬ場合背あてクッション付で）仏壇にあてて寄りかかれるので快適である。ヨルモの家を男性が訪れれば、たいていの場合、

32　宗教＝仏教に関わる実践（経を読む、供え物を作る等）をすることもある。2.3.1. の議論を参照。

家人が「上に、どうぞ」といって、男性を仏壇前の席に座らせるであろう。世帯に成人男性成員が何人もいることはあまりないし、また先客がいる場合もそうはないからである。これに対し、女性であれば誰でもほぼ確実にその中のどこかに落ち着くことになる、「角」を始めとするその他の席は、背あてはなく[33]、敷物もより薄くグレードが落ちるものとなる。こうして、ヨルモの家屋では多くの場合、男性達は男性空間で「上」に座り休息ないしお喋りをして過ごすのに対し、女性は女性空間でグレードの低い席に座り、茶を淹れたり料理をしたりといった労働に勤しむ、という対比が観察されることになるのである。

　ただしこの対比が、常に男・女の分割線に沿っているわけではない。例えば男性でも室内の男性数が増えれば「上」の席からはみ出る人がでてくるし、炉の前あたりに陣取った女性が何もせずお喋りに興じていることはままある（それでも、たまに「角」の女性に手を貸したりする――少なくとも炉の火がちゃんと熾っているよう気をつける――のはごく普通のことであるが）。とすれば、男性空間（を占める男性）が総体として、女性空間（を占める女性）総体よりもステータスが高いことは、ここまでの検討からはまだ論証できていない。前者を後者と分割しつつ、後者より「上」におくような、さらに別の実践の存在が示される必要がある。

　飲食物をふるまう／ふるまわれるという実践が、まさにそのような実践であった。飲食物の調理は、「角」にほぼ限局されるがゆえに男・女空間の境界やその地位の差をそれ自体として画することはできなかったが、飲食物の分配には、同じ家屋内空間にいるものがあまねく預かることになる[34]。それゆえ、この実践は過不足なく参画者のジェンダー間格差を、あ

33　ベッド上の席（④～⑥）は、また別格である。文字通り床から40cmほどは高くなったこの席は、背あてこそないが、文字通り一番「上」の席といえよう。

34　ヨルモにおいて、同じ空間に居合わせた者は、基本的に必ずすべて同じ飲食

るいはジェンダー化された空間のステータスの差を、構築する実践となることができるのである。

　まず、茶、酒、スナック、食事等何であろうと飲食物は、男性全員（幼い子どもは除く）に対し女性全員よりも前に、分配される。威信の高い者から順に飲食物が供されることは、ヨルモなら誰もが知っている[35]。飲食物の分配は序列化の実践でもあるのである。従って男性全員よりも後に供される女性達というのは、総体として、男性よりも地位が低いというロジックになる。さらに、女性達に対する飲食物のふるまい方は、男性達に対するのより、より簡略で非正式的なものとなっている。例えば、男性にはソーサー付のカップで供される茶は、女性達にはソーサーなしで出されるのが普通である[36]。飯と汁物を基本的なセットとするヨルモの食事も、男性ならば汁物は飯とは別のお椀で出されるのに対し、女性には飯の皿に始めから汁をかけたかたちで供されることが多い[37]。また男性達に出される飲食物は、*solju*（Y.）と呼ばれる細長い机にのせられるが、女性達にはそれはない（つまり飲食物は直接床の上に置かれる）。そもそも恒常的に長机がおいてあるのは仏壇に沿った席（①〜③）の前だけなのだが、それに相対するラインにも男性が座った場合には、あれば別の長机が、なくとも材木の一本でも持ち出されてきて机の代わりとされるのに対し、女性に

　　　物をふるまわれる。たまたま食事の場に来合せてしまった人が、もう食事は食べたからといってこれを固辞しようとすることはあるが、その試みはまず成功しない（ほんの少しであっても、食べさせられることになる）。

35　「角」で女性がよそった食物を幼い子どもに持たせて席まで運ばせることがあるが、そんなとき、女性は「これは○○に、今度は××に」といったように、いちいち誰に運ぶべき皿かを教えて運ばせる。

36　この実践をヨルモ社会における女性への差別として指摘したヨルモ女性が、筆者の知る限り、一人だけいる。第6章参照。

37　別の椀に入れて出され（ようとす）ることもなくないが、そのような場合でも、よそられる女性自身が固辞することが多い。

第1章　ジェンダーをやる／やめる　　63

対してそういう配慮が払われることはない。要は、もし男性が受けたとすればいたく憤慨すること間違いないようなもてなしの仕方を、女性達は常に受けているわけなのである（そのもてなしを仕切っているのも、またほとんどの場合女性なのであるが）。男性は男性であるというだけで、そうした一段「上」の扱いに当然値するものと男女ともに受けとめており、そうした扱いは日に4度の食事／軽食[38]の度に、自分の家で食べようが他人の家でご馳走になろうが反復され、男性内部の序列とともに、総体としての女性の総体としての男性に対する劣位が確認され、構築され、自然化されているのである。

2.3. 世帯をこえる諸実践

世帯／家内部で行われる諸実践の検討に続いて、この節では、個々の世帯／家を超える諸活動を通じたジェンダーの構築を見ていきたい。

2.3.1. 仏教的実践

まずとりあげたいのは、仏教的実践におけるジェンダーである。仏教に関わる諸活動は個々の世帯の生活の場においても行われており[39]、また仏教という宗教の根本的に世俗外的志向性にもかかわらず、ヨルモにおけるそれが世帯成員、家族・親族の現世的安寧をも強く志向しつつ行われていることは明らかである。その意味で、これを世帯外的活動と一義的に位置づけられないのは確かであるが、しかし、全般的にいって彼らにおける仏教的実践は、個々の世帯を超え村全体に関わる社会活動と強く結びついており、世帯という共同体よりは村という共同体の維持に深く関わっているといえる（佐藤 2004: 2 章）。その意味でこれを世帯／家を超える諸活動の

38　ヨルモの食事は、朝の軽食、昼の食事、夕方の軽食、夜の食事からなる。
39　毎朝夕の仏壇への礼拝のほか、自宅にラマを呼んで定期的に行う仏教儀礼、世帯の男性メンバーが修めてある場合には折に触れた読経など。

一つとして記述することは的外れにはならない。ときに世帯を舞台として行われることもある仏教的実践が、いかにヨルモ的ジェンダーの構築に絡んでくるのか、検討していこう。

　ヨルモの人は男女にかかわらず、誰もが自分を仏教徒だと思っているし、何らかのかたちで仏教的実践に関わっている。ある程度歳のいった人なら必ず胸にかけている数珠、ふとした折に男女問わず唱えるマントラ（"*Om mani peme hum*"）、日々の仏壇への礼拝、遠近各地の仏塔や仏寺への参詣・寄進、そしてもちろん自分の村の寺院の祭礼・葬礼への参加――どれをとっても、男女ともに、人によって程度の差はあれ行っていることである。ただし、ここにあげた最後のもの（村の寺院での祭礼等）における参加の仕方、またそれを前提にした仏教実践への関わり方は、実はジェンダーにより際立って異なるものとなっている。

　ヨルモの仏教は、出家した導師によるのでなく在家僧侶（ラマ）による儀礼の執行を中核とする、チベット仏教ニンマ派の流れを汲む。この伝統において、僧侶＝ラマとなって読経し儀礼を執り行うのは、男性のみができることとされている。ヨルモに生まれた男子なら、経の読み方を含め、儀礼の式次第に関わる知識（どのタイミングでどのような儀礼的所作を行うべきか、どの供物をどう捧げるべきか、あるいはその供物をどうこしらえるか等）を習い修めていくことでラマとなることができる一方で、女性には端からその道は閉ざされている。ラマとなって仏教儀礼サービスを執り行うことは、現在では経済的観点からみてとりたてて報われるものではないが[40]、そのステータスはなお高い。ラマであることは、人々に頭をさ

---

[40] 「お布施」は存在するが、貨幣流通の極めて少なかった一昔、二昔前ならともかく、貨幣経済の浸透した現在のヨルモにおいては、極めて寡少なものである。むしろ、ラマをするために現金獲得の機会を逸失することのほうが、経済的意味は大きい。

げてもらい[41]、「上」に座り、飲食物を先に恭しくサーブしてもらう、一言でいって敬ってもらえる立場にあるということなのである[42]。歴史的には、ラマとなりうることはヨルモ男性にとって、ヨルモ外の集団に相対する際の「民族」的自負心の源泉をなしてきたものでもあり[43]、ほんの一昔前まで、ヨルモ男性全体が（実際には僧侶職に関わってはいない／関わる素養のない人も含め）ヨルモ外部に向かっては誇り高く「ラマ」を名乗ってきたということもあった（佐藤 2004; Sato 2006）。要は、女性はラマにはなれないのであり、その意味で、ヨルモ男性が一段「下」に見下すヨルモ外の民族的集団とステータスは同じということになる。

そういうわけで、ヨルモの村々の寺院で行われる仏教祭礼・葬礼に女性達は確かに参加するけれども、敬意を払われる重要なアクターであるラマとして参加することはない。一般参加者として、茶を淹れたり皿を洗ったりする裏方として、あるいは村の構成世帯ないしは儀礼のスポンサー世帯成員としての参加に留まるのである[44]。寺院での読経儀礼に居並ぶラマの列に女性が入ることはありえず、そもそも寺院内部に女性が入場する機会自体が限定的である[45]。読経するラマの列には、太鼓を叩くなど比較的簡

---

41 ラマに出会ったときの挨拶は、通常の場合とは異なり、合掌をしながら頭を垂れて差しだし、頭のてっぺんにラマの右手で軽く触れてもらって祝福を受けるというかたちをとる。

42 ヨルモの人々の間で相対的地位関係を決める一つの要素となるということであり、ラマである個人がラマをしない個人の上にいつでもどんな場合でも立てるということではない（その他の要素として、年齢、親族関係、経済・政治力等がある）。

43 ヨルモのラマは、ヨルモ内部だけでなく、近隣の仏教徒（タマン）における仏教儀礼も執行してきた（佐藤 2004: 4 章）。

44 仏教祭礼は、村の構成世帯（原則的に村の寺院の「檀家」となる）が持ち回りによってスポンサーを務めることで、葬礼なら死者を出した世帯がスポンサーを務めて、挙行される（佐藤 2004: 2 章）。

45 一連の儀礼の最後に、村人全員に祝福が授けられるとき（Y. wong）など。

単な役回りのためには、ごく小さな男の子（まだ読経もろくにできない）さえ居並ぶことがあるのに、である——これも、小さな女の子では、だめなのである。

　僧侶に女性はなれないこととも関連して、直接仏教儀礼の執行に関わらない仕事でも、村の寺院関連の表立った仕事、なかんずくそのマネジメントを統括する *goba* 職に女性がなることも、考えられないことである。この職は仏教的専門知識を必要とするわけではないが、寺院と寺院で行われる祭礼・葬礼に関わる種々の事柄（寺院の維持・管理、祭礼等にあたっての村世帯から寺院への供出の管理等）を扱って、寺院長（＝村で最も高位のラマ）と協力して采配を振るう、重要な職である。

　言説的次元のほうに話はそれるが、このような仏教的実践の中核からの女性の排除は、少なくとも部分的には、ヨルモにおいて（も）しばしば語られる仏教的「業（Y. *lhendo*, Skt. *karma*）」の言説によって正当化されていることを付け加えておこう。この言説によれば、人間として生を受けること自体が既に極めて有難いこと、前世の果報というべきことなのだが（例えば、犬や虫に生まれた場合と比較して）、女性としての生は前世の因果において男性として生まれるほどの功徳を積めなかったことを意味し男性のそれに劣る、それゆえ、女性達は聖なるテクストを読むといった価値の高い仏教実践にはふさわしくないのだ、というのである[46]。このロジックは、ヨルモ社会ではさらに裏返しても流通している——すなわち、女性は価値の高い仏教実践をしない／できないので、その地位が低いのだともいう。これはまさに、仏教的実践の構築するヨルモ的ジェンダー配置に関する、ヨルモ自身の診断＝正当化というべきものである[47]。

　　　以下の 3. の議論も参照。
[46]　ちなみにこの言説が、前項（2.2.）で見た家屋空間の秩序（及びそれと連結する前々項（2.1.）で見た世帯内労働配分実践）＝そこで形成されるジェンダー間ヒエラルキーの正当化ともなることは見にくくないだろう。
[47]　ただし、このロジックにすべてのヨルモ——とりわけ女性達——が納得して

近年（ここ20年ほど）、従来からある在家僧侶による村の仏教実践とは別に、カトマンズやインド各地のチベット仏教寺院に出家して修行の道に入るヨルモが増加傾向にある。その多くは男性であるが、この道は女性に閉ざされているわけではなく、実際女性の出家者（尼）も出てきている。ただしこうした実践が、ヨルモ社会のジェンダーにどんなインパクトを与えることになるかはなお未知数である。仏教の大伝統内にもそもそも存在する僧侶／尼の不平等問題はおくとしても[48]、出家者は定義上世俗世界＝ヨルモの村人達の暮らす世界を離れた存在であるがゆえに、ヨルモ社会に与えるそのインパクトは（仮に与えるとしても）迂遠な回路をとらざるをえないはずだからである。

2.3.2. 祭礼、葬礼、婚礼

　このように仏教的実践は、ヨルモの人々をジェンダーによって不均等に位置づける構造の再生産に大いに寄与しているものなのであった。さて次に観察していきたいのは、仏教的な祭礼・葬礼も含む村社会（さらには近隣の村々）を巻き込んだ行事のなかで、ヨルモ男女の実践がいかにヨルモ的ジェンダーを構築しているかである。

　ヨルモで伝統的に行われてきた村社会全体を巻き込む行事には、村の仏教寺院で行われる年中儀礼としての祭礼と人が亡くなったときに行われる一連の葬送儀礼、そして婚礼がある[49]。前二者には、寺院内（一部外）で

　　　　いるとは限らない（納得していない例として、第6章参照）。また、このロジック自体にあえて異を唱えることはなくとも、だからといってヨルモの女性達が一般に自己意識が低いわけでも、「男に生まれたかった」と思っていたりするわけでもない。なぜそうなっているのかについては、第4章で追究する。
48　日本の仏教におけるジェンダー不平等な実践についての議論（川橋・黒木 2004; 川橋 2012）も参照。
49　ヨルモ社会で大きな行事といえば、このほかに新年（Y. lho sar）があるが、

延々と続く読経を含む仏教儀礼が含まれるが、それ以外の点では、三つの儀礼を構成する実践の要素は基本的に共通している。すなわち、参加者の配置＝着席、参加者への飲食物の供応、そして参加者による歌とダンスである。ここで見ていきたいのは、この共通部分である。

　こうした行事に近隣の村々からやってくる者も含め参集する人の数は、（村の規模にもよるが）一般に数百人以上に上る。人々が集まり、飲食し、踊る場所は、寺院の前庭が一般的である[50]。そこでヨルモの女性達・男性達は、どういうふうに位置どる、着席することになるのか。端的にいって、ここでもヨルモの各家屋内で実践されていた男女分離の原則が有効である。女性は女性でひとところに固まって、地面にひかれた敷物（竹で編んだゴザ等）の上に座る。対する男性達は、一部の特に地位の高い男性が寺院前の一段高くなったところに長机を並べて一列に着席するほかは、やはりひとところに固まって、地面にひかれた敷物の上に坐する。夫婦でやってきた参加者も必ず離れて、ジェンダー別に分かれて座ることになる。男・女の空間的分離が貫徹されるとともに、男性の少なくとも一部は「上」の席を占めていることで、そのステータスの高さが視覚化される。基本的に、各家内の着席実践の延長上にあるといえようが、こうした行事では、女性と大多数の男性は同じく地べたに座ることになるので、ジェンダーによる序列化はむしろ薄まっているといえよう。さて、さらに興味深いのが飲食物の供応である。

　ヨルモで人が集まれば、そこでは絶え間なく茶と酒が（そしてスナックが、さらには食事が）振る舞われることになる。それは各家で行われる社交的集まりでも大人数の集まる村の行事でも、同じことである。ただし、

　　これは世帯内、ないし近隣ないし親族関係にある世帯同士で祝われるものであって、村社会を全体的に巻き込むものとはいえない。これについては、次項（2.3.3.）を参照。

50　ただし、婚礼にはとりたてて仏教的要素はなくラマの特別の役割もない。

誰がどう飲食物の供応に関わるかを見るならば、様相は各家におけるのとは異なってくる。まず、こうした行事の際に使われる寺院付属の調理場で行われる、準備。茶を淹れ酒を人肌に温めるのには村の若い女性達（行事のスポンサー世帯の者あるいはその近しい親族の場合が多い）が普通あたるが、スナックと食事の調理にあたるのは必ず村の比較的若年の男性衆（これも行事のスポンサー世帯の者ないしはその近しい親族である場合が多い）である。大鍋で米飯、豆の汁物、ジャガイモ炒めなどを作る仕事はそれなりの重労働であり、力が要る。しかし、そのことがこの仕事を男性に割り振ってある理由とは思われない（ヨルモの各世帯で「外」の重労働を女性達がこなしていたことを思い起こそう）。このことは飲食物の供応に関わる次なる仕事、すなわち飲食物の分配＝サービス（列席者に茶や酒を注ぐ、スナック・食事を配る）を見るとさらにはっきりする。この仕事も、若年男性達の独壇場なのである。彼らは、茶ないし酒の入ったポットあるいは食物の入った容器を持って人々の間をまわり、人々が差し出す容器に飲み物やスナックを注ぎ／よそい、米飯をよそった皿を渡し（これは二人一組で行う）、その皿にまた汁をかけてまわる。「お茶お茶お茶お茶！」、「お酒お酒お酒お酒！」、「ご飯ご飯ご飯ご飯！」などと連呼しながら、威勢よく男性達が人々の間を回って飲食物を振る舞い、また振る舞われるほうも（男女にかかわらず）「お酒を頂戴！」、「こっちにまだ汁が来ていないよ！」などと遠慮なく声掛けをするのは、こうした行事でのみ見られる光景である[51]。既に触れた通り、ヨルモの各家において、飲食物の用意及び分配は一般に「角」に座る世帯最年長の女性の責任において行われていたわけであるが、それがここでは比較的若年の男性という、むしろ対極的な範疇にある人々によって遂行されているわけである。

またここでは、振る舞われる者のジェンダーによるサービスの仕方の区

---

[51] 世帯外の人に向かって、このように飲食物をくれと催促することは、こうした場面でなければ考えられない（失礼な）行為である。

別も消去される。まず、男性達が女性達より前にサービスされるということがない。男性達は手分けして同時に男性ないし女性のグループに入っていき、手際よく大人数に飲食物を分配していく。また飲食物を容れる容器は、ご飯の場合の金属皿なら寺院の所有になるものですべての人に対し一律、汁物も分けずに全員にご飯の上にかけて供し、飲み物やスナック等を容れる容器は各参加者が自宅から持参するもので、伝統的には、容器内側を銀で覆った木製の椀（Y. *pharko*）である。さらに、寺院前の一段高い列に座った少数の男性達を例外として、その他の男性達（こちらのほうが圧倒的に多いわけである）にも女性達にもともに、飲食物を置く台は用いない。

　食べ終わった皿は寺院の調理場近くの水場に集められ、そこで洗われる。これを行うのは、主に若年の女性達である。茶を淹れていた女性が出てきてこれをやる場合もある。いずれにせよ、数人で賑やかにお喋りしながら洗い物に勤しんでいる姿が、ご飯も食べ終わる頃から水場では見られる。

　さて、ご飯も済んで一段落すると、村人達の歌・踊り（Y. *shabru*）が始まる[52]。*Shabru* では、前庭中央部の一方を占める男性席、他方を占める女性席の周囲を大きく囲んで回りながら、男性達・女性達が歌いつつ踊る。そのとき、男性は男性で、女性は女性で列になり、各々の列のなかでは基本的に手を組んで繋がる。踊りは足のステップが主な動きとなり、歌は女性グループと男性グループの掛け合いのかたちをとって進行していく。男女数人ずつの年長男女が[53]歌・踊りの口を切ると、そこに徐々にその他の男女が合流していく。まだ座って見ている男性を既に踊っている男性が一時的に輪から抜け出てきて踊りの輪に引き込んだり、女性が同様に女性を引き込んだりすることもある。時間の経過につれて、列は長蛇のごとく伸

---

[52] 祭礼によっては、ご飯の前から始まる場合もある。
[53] 特に誰が始めると決まっているわけではない。経験豊富で歌・踊りの好きな男女が歌いだし、回りだすのである。

びていき、ほとんど端と端が繋がらんばかりの大きな輪になり、歌声は大合唱へと膨らんでいく。それがいつしか夜が更けるにつれ、徐々に参加者が抜けていき、列は短くなり、ついにはお開きとなるのである。

　議論の文脈からいってここで重要なのは、この歌・踊りの実践においては、ジェンダーの別のみが関連性を持つ社会的属性であり（＝参加する列がジェンダー別編成になっている）、それ以外のいかなる属性も関連性を持たないことである。踊りの輪に加わっていくためにどんな社会的属性も顧慮されることはなく、列の前後左右どんな位置にどんな社会的地位の人が来ても構わない（男と女の列さえ間違えなければ）。一列にはなっているものの、男性の家内着席実践とは違い、ぐるぐる回っているこの列にはどこが「上」でどこが「下」といった列内部の差異化／序列化も存在しない。歌・踊りの巧拙も、そもそも歌・踊りを知っているかどうかすら、問題とはならない。列の進行に合わせて、ステップはうまく踏めなくとも歌は謳えなくともとりあえず進んでいけばいいので、誰でも参加は可能であり、皆始めはそうやって見よう見まねで回りながら覚えていくのである[54]。ここでの議論にとって重要なのは、この歌・踊りにおいては男・女のグループ間の序列化も消去されていることである。円を描いて回る男女の列の、どちらが「上」でも「下」でもない。人々を差異化し序列化する様々な社会的属性はすべて消去され、そこに現出するのは単なる踊る女達、そして男達なのであった。

2.3.3. その他の世帯を超える諸実践

　ここまでの記述ではカバーできなかった、一つの世帯を超える／複数の世帯（場合によっては村全体、さらにはそれを超える外部）を巻き込む社

---

[54] ヨルモであるか否かすら、ここでは問題とならない。たまたま外国人ツーリストが居合わせたりすれば、彼（女）すら、*shabru* に参加するよう必ず誘われる。

会的実践領域が、まだ幾つか残されている。

　ヨルモの村々を貫き、また村々を外の世界へと繋げる歩道は、年1回の村の人々の共同作業によって修理・維持されてきた。各世帯から一人が出て、数時間をかけて無駄な石ころや草を取り除いたり、道にあいた穴を埋めたりして、歩きやすい状態に修復する。この作業に世帯から出るのは、男性でも女性でもよく、また作業中の明確なジェンダー分業もない。その他、より不定期に共同作業が行われることもある。村に引く水の貯水槽の清掃や、学校の建築・増築工事などである。

　共同作業といえば、村のなかの近隣ないしは親族関係上近しい関係にある諸世帯がグループをつくって、ジャガイモ植え、ジャガイモ掘りなどの農作業を共同ですることがある（これを lhari (Y.) と呼ぶ）。この場合にも各世帯から一人ずつが出て、持ち回りで参加世帯の畑仕事を共同でこなしていく。出るのは男女いずれでもやはりかまわないが、既に言及した女性の「外」仕事における全般的「活躍」にもよるのであろう、むしろ女性の参加のほうが多いようである。

　こうした世帯間共同作業のベースともなっているのが、日常的に繰り広げられ、村の世帯を網の目のように結んでいる世帯間の社交活動である。ヨルモでは、知った人が自分の家の前を通るのを見れば声をかけて、「お茶を飲みにいらっしゃい」と家に招くのが挨拶代りである。「挨拶」であるからには実際には固辞されることのほうが多いとはいえ、ときにそれが実現することもなくはない。予め約束しているわけではないこうした偶発的な行き来に加え、世帯同士が（あるいは場合によっては数世帯まとまって）招待しあい、茶、酒、食事をふるまう宴を開くことも決してめずらしくはない。新年は、こうした宴が集中して行われるシーズンであり、新年が明けて少なくとも1週間は、今日はこの家、明日はあの家といったように順繰りに招待しあい、毎日が宴会となる。

　こうした世帯間の社交で、女性が果たす役割は大きい。まずは料理とその分配をあずかる者として、客に十分な飲み物、食べ物が提供されている

ことに対する責任を担っている。声をかけて家に招きいれるのは家の男性・女性どちらでもかまわないが（また招き入れられるのも男性・女性どちらでもありうるが）、一旦来訪者が訪れれば、茶を（ときにはスナックを、さらには食事を）調えることになるのは、結局のところ、家に女性がいれば女性となることは既に見た通りである[55]。第二にこうした社交的機会において、女性はホステスとしてまた客として、一般に極めて活発にまた闊達に、会話に貢献し、またそうすることが期待されている。家内空間は確かに男性と女性に二分されているけれども (2.2.)、その境界は何ら自由な会話の往来を妨げるものではない——男性空間で話されていることも女性空間で話されていることも互いに筒抜けである、というより、むしろ部屋全体が一つの会話空間になっているのが普通である。隅のほうで子どもは子ども同士、小声でお喋りしたり遊んだりしているということもあるが、その他の大人達は、部屋のなかでは皆に向けて、皆と一緒に話し、笑い、男性達と同様女性達もこれに積極的に参加するし、またそうすることが高く評価されもするのである。外部者がしばしばヨルモ女性に対して持つというイメージ[56]——能弁で明るく、男性とも互角に渡りあっていて臆するところのない——は、まずはこうした場面に出会うところから帰結しているものと思われる。それはそれで、確かにヨルモにおけるジェンダーのありようの一面ではある。ただ気をつけるべきは、ここまで延々と検討してきたように、それが一面でしかないということである。

　世帯を超える社会実践の最後に、世帯はもちろん村社会をも超えていくような社会的交渉の文脈をとりあげておきたい。「ネパール独自の民主制」

55　逆に、その世帯に女手がないことがわかっていれば、男性に茶を淹れさせるのも悪いと、来訪者が訪問を遠慮するということもある。

56　ヨルモ女性を含めた「シェルパ女性（N. *Sherpini*）」、ないし、さらに広くチベット（・ビルマ）系の女性に対するイメージといったほうがよいかもしれない。ヨルモはかつて「ヘランブー・シェルパ」と名乗っていたことがあった。

と謳われた（実質的には専制的な）パンチャーヤット制時代（1960～1990年）に遅くとも始まり、1990年の民主化／複数政党制導入後にその密度をぐっと増すことになった、村社会／ヨルモ社会をこえる外部（＝国家や市民組織等）との関わりという局面である。パンチャーヤット制時代、ヨルモの村々もネパールの地方行政（郡開発委員会、村落開発委員会）に組み込まれ、散発的ながら開発主義的介入を受ける（農業試験場の設立、農業開発銀行支店の開設等）とともに、ヨルモの中からもそうした国家的権力の末端と繋がり、交渉し、その介入を利用して政治力を蓄え（ようとす）る人々が出てきた。さらに1990年の民主化・改革開放路線への転換以降は、ネパールの開発セクターの主要なアクターとして登場したNGO、国際NGOと繋がり、あるいは自らこれをおこして、活動するヨルモ個人も出てきている。さてこのような活動——これを政治・社会活動と呼んでおこう——におけるジェンダー的配置は、いかなるものであったか。

　はたして、この方面の活動の担い手となったのは、これまでのところほぼ例外なく男性であった。女性が開発主義的介入のターゲット・グループないし受益者とされることも、さらには開発実践の主体として組織化されようとしたこともなかったわけではない[57]。しかし全般的に見て、この方面で女性達の活動は不活発であり、女性達のなかから指導的人物が、そして女性達を効果的に巻き込むようなプロジェクトが出てきていないことを認めざるをえない[58]。なぜ、そうなっているのだろうか？

---

[57] 国際的な開発パラダイムの展開と密接に結びついてきたネパールの「開発」行政において、「女性」はとりわけ第6次5カ年計画（1980～1985）以降、開発主義的介入の主要なターゲットの一つとなってきた（Nepali & Shrestha 2007: 39）。筆者がヨルモで観察できた具体的プロジェクトとしては、例えば、1990年代末頃からネパール各地で行政肝煎りで作られていた「母親会（N. *ama samuh*）」の活動がある。

[58] 例外的に、女性向け開発プロジェクトに携わった女性について、第6章を参照（ただし、彼女の活動も、現在はひとまず頓挫している）。

既に見た、世帯内生計維持活動の偏った配分が、背景の第一点としてあげられる (2.1.)。「うち」と「外」の二重労働負担を負って家を離れることのままならない女性達に対し、男性達は必要とあれば（すなわち世帯に女手がないとなれば）どんな仕事も引き受ける用意があるとはいえ、女手があれば、自分は基本的に自由に動くことができる。つまり、男性は女性より、世帯外の活動に従事するのが容易なのである。これは、仏教的実践や寺院関係の仕事に男性が従事することの前提にあった条件の一つでもある。

　世帯内生計維持活動に縛られないことでこうした活動に参加するのが男性には容易だったとすれば、他方で彼をそうした活動により相応しい存在とするような、ヨルモ社会の（諸実践の配置にも支えられた）構造的条件もあった。つまり他でもない――それを論証するためにここまで紙幅を費やしてきたといってもよいが――ヨルモ社会において男性は女性より「地位が高い」ということである。対外的政治・社会活動は、ヨルモにおいて（も）地位が高い人にこそふさわしい、またそれ自体ステータスある実践と見なされている。そうした地位の背景にあるのは、これまで見てきたヨルモ社会におけるジェンダー化（された）諸実践のほか、男性は父系で受け継がれる家産（家と土地）の所有者であり、世帯の「長」（となるべき存在）であることである[59]。またこれらのこととも関連して、一定年代(現在30代後半位)以上では学校教育を受けられたのはほぼ男性に限られてもいた。ネパール語の（読み書き）能力は、対外的な交渉や協働を進めるのに際して重要な資源となるが、それを基礎的なレベルにおいてすら修めた女性はかつてほぼ存在しなかった。学校に子どもを通わせること自体が

---

[59] 相続財産分割は、結婚した息子が独立の家を持つときに行われるのが一般的といわれる。ヨルモにおける相続は、伝統的に父系男子均分相続であり、結婚時に持たされる一部の動産（貴金属等、これを「女の宝（Y. *mho nor*）」という）を除き、女子には相続権が与えられてこなかった。なお第5章注16も参照。

一般的ではなかった時代、誰かを通わせるとすればそれは必ず、家産を受け継ぐステータスにある男子だったのである。

　さらにもう一つ、ヨルモとその外部の間にある条件を付け加えておけば、ヨルモがそうした交渉において接触する主な相手となる、丘陵の高カースト・ヒンドゥーの伝統をベースにした主流ネパールの政治文化が（も）、極めて男性中心主義的であり、ヨルモ達が接触・交渉することになるネパール人もほぼ男性に限局されていたということもある。つまり、こうした活動における接触・交渉相手のほうが、ヨルモ男性をその相手として選んだという一面もあったのである。

3. ジェンダーをやめる：ジェンダーを脱構築する諸実践

　以上、ヨルモ社会においてたゆみなく継続・反復されている諸実践を大きく三つの領域に分けて、ジェンダーをやるという視点から観察してきた。以下で行いたいのは、この視点をいわば裏返し、ジェンダーをやめるという視点から、議論し直すことである。いかに既存のジェンダーのありようを構築しているか、ではなく、いかにそのジェンダーのありようを解体するのか、あるいは少なくとも、今あるのとは別のかたちにつくりかえていくかという方向から、ヨルモ社会における女性と男性の諸実践を改めて検討する。それは、既に見てきた諸実践を別の角度から眺めてみることにもなるとともに、これまでの視点からはこぼれおちていた実践を掬い上げることにもなるだろう。ここまで展開してきた議論の道筋をおおよそなぞりながら、検討していこう。

　私達は、議論を世帯内生計維持活動のジェンダー配分から始めた。「うち」と「外」の仕事からなるこの活動の配分を再度要約すれば、女は「うち」と「外」、男は（世帯に女性がいれば）基本的に「外」の仕事を行っており、全体として女性の生計維持活動における貢献は男性よりも高い傾向にある、そしてこうした高い女性の労働貢献ゆえに（ヨルモ的文脈にお

いて、ここの繋がりは「にもかかわらず」ではない）女性の社会的劣位が構築され、また女性の劣位ゆえに女性の労働負担が重くなるという循環が存在する、ということになる。さて、全体として不均衡なジェンダー関係を構築すると見えるヨルモ的世帯内労働実践のありようを解体する契機＝実践を見出すことは、できるだろうか？

　一つの契機は、基本的にニーズに応じて柔軟に組みかえ可能なヨルモ的労働配分のあり方に求められる。つまり、誰がどの労働をやってはいけないという禁止はなく、必要とあらば誰がどの仕事をやることもできるという、そのあり方である。実際、労働力となる女性が世帯にいても、男性が（必要を感じて）「うち」の仕事に折に触れ参加する度合いは、おそらく──例えば現今の日本男性と比較しても──かなり高いのではあるまいか（もちろん、彼我双方で個人差は大きい）。女手が世帯にあっても、いつでも必要なときに「うち」の仕事に手がまわるとは限らない。朝忙しい妻のかわりに夫がジャガイモを下の物置から取ってくる、料理で手が離せない妻に代わって夫が来客に茶を注ぐ、妻が畑仕事をしている間に子どもの面倒を見る、さらには妻が里帰りをしている間家事全般をこなす等々、細々とした、あるいはそれほど細々としてもいない大小の局面で、そこに必要があることを認識すれば、ヨルモの男性達の腰は一般に決して重くはない[60]。

　さて、男性が「うち」の仕事をこなすべき必要は、その連れ合いが長期的に──数年にも亘って──家を空けるという事態に至って極大化することになる。もちろん単に恒常的に配偶者が家にいないというのでは実質的に離婚しているに過ぎないので、そうではなくて、妻が長期にわたってゆえあって家を空けているというのがここで考えてみたい状況である。さてヨルモ男性はこのようなとき、どうすることになるのか？　あるいはそも

---

[60] ご飯をつくる人がいなくなったからといってコンビニから弁当を買ってくるといったことは不可能だという事情もあろうが。

そも、そのような事態が出来することを彼は許容するのであろうか？

　実際そのような事態は、ヨルモにおいてそれなりに前からときとして存在してきたし[61]、近年に至ってむしろ増加傾向にあると見える。つまり、世帯の妻のほうが海外出稼ぎに出るというパターンである。貨幣経済化が近年大変なスピードで進んできているヨルモ社会において、現金の必要性はますます強く感じられるようになっている。そうしたなか、比較的割のいい海外出稼ぎの機会は希少なものと捉えられ、それを首尾よく妻が掴んで家を空け、夫が後を守るというパターンが現れてきたことには既に触れた (2.1.)[62]。これは夫からすれば、自分が現金を稼ぐよい方途を見つけられないのなら仕方ないというあきらめでもあるかもしれないが、そこから覗くのは世帯内の労働配分に関するヨルモ的柔軟さでもあろう。妻の出稼ぎの結果「うち」（及び「外」）の仕事も男性が担うことになること自体に、それほど大きな抵抗はないようなのである。何らかの方途でそうした事態を避けようとする場合もあるが[63]、淡々とこれを受容し、こなしている場合もある。あるいはまた、仮に連れ合い同士は納得ずくでやっていることでも、「うち」の仕事を女性が担うことへの多大な期待がヨルモで存在してきたことからすれば、こうした非典型的性別分業のあり方は周囲の否定的視線やバッシングにさらされるのではないかという疑問も浮かぶのだが、どうもそういうことも起きていないようである。ヨルモにおいて要は、ど

61　このパターンは、インドへの出稼ぎでも全く見られなくはなかった。

62　ヨルモにおいても、貨幣稼得のための労働に従事する人々が増えた現在、この活動自体のヨルモ的位置づけ・意味づけ——とりわけ本書の文脈でいえば、そのジェンダー的位置づけ——という新たな問題も提起されるべき段階になってきているといえよう。今日までのところでいえば、ヨルモにおいて貨幣稼得活動はほぼジェンダー中立的活動であり、稼げる人が稼ぐというのが基本的スタンスといえそうだ。

63　例えば一時的に親や兄弟等の世帯のもとに身を寄せるとか、未婚で自分の世帯をまだ持たない妹を呼び寄せるといったことがありうる。

のジェンダーがどの仕事をすべきという期待は、いずれかのジェンダーがいずれかの仕事を遂行せざるをえない差し迫った必要のあるところ、たやすく粉砕されるように見える。貨幣という新たな(そして焦眉の)ニーズを満たす機会を掴んだのが女性だったとき、世帯の生活維持を直接に支えるという古くからあるニーズを、男性が引き受けもする。ヨルモ的ジェンダーを構築する労働配分の実践は、ここに、ほころびの一端を見せていると思われる。

　ヨルモの家屋内空間におけるジェンダー実践に話を移そう。ヨルモ家屋の居間空間は、そこに居る／入ってくる人々がジェンダーにおいて常に混じりあわない配置をとることを通して浮かび上がる男性空間と女性空間に区分されており、また前者は後者より(すなわち男性は女性より)ステータスの高いものとして、飲食物の供応等の実践を通じて繰り返し構築されていた。すなわちこの場は、男女の分離と階層化を可視化する実践の場であったわけなのだが、これを無効化・相対化するような契機を見つけることはできるだろうか？

　この男性・女性空間を線引きする境界が物理的に固定されておらず状況依存的で流動的であることが、境界の効力に関わるものでないことは既に指摘した(むしろ状況に応じて柔軟にシフトすることが、この境界を維持している)。このジェンダーを分離する実践にはなお変化のとば口は見いだせず、また「男が上、女が下」を構築する実践——空間の仕様、飲食物のふるまい方——にも、これを崩す契機を感知することは今のところ難しい[64]。ただ、これを崩すとはいかないまでも、この不均衡にジェンダー化

---

[64] 外国人女性訪問者は、いわば名誉男性として、「上」に座り、ソーサー付でお茶を出してもらい……といった具合に扱ってもらえるということはある(筆者もフィールドワークの途中まではそのように扱ってもらっていた)。もし、これから外国人との接触がさらに増えていけば、これも変化のとば口の一つになる可能性はあるかもしれない。

された空間構成をある程度中和している別の実践の存在を指摘しておくことはできる。

　その一つは、実は、飲食物の分配／消費実践それ自体のなかにある。飲食物の分配は、上に見たようにすぐれて男・女の非対称性を画する実践であったが、そのなかにひそむ平等性もまたあるのである。すなわち、供される飲食物そのものの同等性であり、飲食の開始における同時性である。ヨルモで同じ空間内にいる人々は、飲食物が供される順番や供され方における差こそあれ、同じ食べ物を供されるのが基本である。女性にソーサーなしで茶が出されるのはヨルモにおける男女不平等の証ではないかと指摘した筆者に対する、あるヨルモ女性の反応はこうだった――「飲むのは同じお茶じゃない、お皿を飲むわけじゃないんだから」。しごく実際的態度、といえようか。この診断は、食べだすタイミングを考慮に入れるとさらに説得力を増すのである。というのも、地位の高い順にサービスされる飲食物はサーブされる先から飲み／食い始められるのではなくて、必ず、室内のすべての人々に飲食物が行き渡るのを待って、その場にいるもっとも地位の高い男性が食前のマントラを唱え、形式的に飲食物の一部を霊的なるものに供えてから、一斉に食べ始められるものなのである。かなりの人数がいる場合など、始めに供された人のは食べ始める前にもうかなり冷めてしまっていたりもする。いつも熱々の食べ物にありつけるのは、むしろ地位の低い人々＝女性達のほうなのだ。

　もう一つは、この男性・女性空間の境界をまたいで始終行き来しているもの、つまり会話、である。2.3.3. で見たように、世帯内のメンバーだけしか室内にいない場合はもちろん、来客に来た複数世帯が一同に集う場合でも、一般に室内は一つの会話空間となっているのが普通である。そして一般に女性達の会話への参画度は高く、またそのように物怖じせず大きな声で話し笑えることは、男性でも女性でも、ヨルモでは一般に高く評価さ

れるということにも既に触れた[65]。「角」で料理をする女性も、料理にかかりきりになって客との会話に加われないということはない。隔ては何もない、同じ室内の「台所」なので、彼女を会話から隔離するものは物理的にも、そして社会・文化的にもない。ある女性は「(彼女が) 笑うと村じゅうに響く」と評されていたが、それは決して悪口ではなかったのである。

　こうして、上・下に分割された男・女の空間を横断して、会話は続いてゆく。それは確かに空間間の、そしてジェンダー間の階層性を無効にするものではないが、少なくとも階層性の相対化をもたらす。ジェンダー間の不平等性をほどくことはないまでも、そこに風穴をあけ緩める作用は持っているといえるだろう。実際、この家屋内空間で起こっている社会的相互作用において、より重要な、実質的なものとは、むしろこの会話のほうだと論じるのも決して的外れではない。とはいえ、ある文脈において必ずしもコミュニケーションの焦点となっていない事柄でも、反復的・定型的に行われていることにはそれ相応の社会的効果が伴う。確かにこの定型性のみに注目することで見失うものがあろうし、それはもしかしたら、そうした定型実践の効果をまさに（部分的に）無効化しつつある何ものか、であるかもしれない。それでも、定型実践の効果を崩すのは、最終的にはこの定型を崩すこと自体であるほかないこともまた事実なのである。

　個々の世帯／家をこえる諸実践としてまずとりあげたのは、仏教的実践であった。この領域は、ヨルモ社会において、思うに最も明白に、規範的に性差別的であり、かつ、実はヨルモ的伝統として最も強く意識されつつ継承されている領域でもあるだけに、これを崩す契機を見つけるのはなかなかに難しい。仏教的実践がすべてにおいて性差別的だというのではない。平の信者会衆としての男女は実際むしろ徹底的に平等であって、その

---

[65]　これとは異なる価値評価（＝女性はむしろ黙っていたほうがよい）を語る人もいないわけではないようだ（第6章参照）。だが私の知る限り、そう語ったという女性自身は、極めて雄弁な、物怖じしない話し手であった。

扱いには何の区別もない。例えば寺院の祭礼・葬礼の最後に必ず行われる wong と呼ばれる式次第――参加者全員に対し長寿と安寧の祝宿を授与する――はそうした実践である。祝福を（聖水や丸薬等のかたちで）授けるラマ達が居並ぶ列の前を会衆が一人一人通ってこれを受け取っていくが、そこには男・女、老・若、貧・富のいかなる区別もない。ただ順不同に列をつくって、同じ祝福を、同じようにして受け取っていくのである。ただし一旦ラマの列のほうに居並ぶ＝より「高い」仏教実践に励む可能性となれば、男・女間の溝は今日まで絶対的なものであり続けている。触れた通り、女性にも出家してより高度な仏教実践を追求する可能性は開けてきた。しかしヨルモ村内での仏教実践に関する限り、女性が一般信徒として以上の実践を積む道はなお閉ざされたままである。

　不平等なジェンダー関係を構築する仏教儀礼を含む村の寺院の祭礼・葬礼、そして婚礼といった大きな行事は、その共通部分（＝仏教儀礼以外の部分）に注目してみるなら、極めて興味深い、ヨルモの既存のジェンダー構成の全般的傾向を堀り崩していくような幾つもの契機を孕んだものであった。それらのあるものは、ジェンダーによる規定をそもそも受けている点で（例えば祭礼等では男性が調理を担うという例）、あるレベルではジェンダー化実践＝ジェンダーをやる実践に他ならないのであるが、ヨルモ社会におけるジェンダー構築の全体像のなかに位置づけてみれば、明らかにこれをやめる＝攪乱する要素を孕んでいる。改めて見直してみよう。

　まず会衆の着席の仕方。大筋でヨルモの家屋内の着席方法を踏襲しているともいえるが、圧倒的多数の男女は（分離はしつつ）同様に地面に座ることになるので、人々が集まるオープンスペースに出現する男性空間と女性空間の階層性はごく薄められたものになっている。そして、食物の調理とその分配における担い手のジェンダーの逆転。普段各ヨルモ世帯では圧倒的に女性が担うこれらの役割は、祭礼等においては（相対的に若年の）男性が担うところとなる。そしてサービスの仕方におけるジェンダー平等性。男・女の後先なく、誰に対してもご飯と汁物を分けず、ソーサーを使

第1章　ジェンダーをやる／やめる　　83

わないその振る舞い方は、この場に集う人々の性差別的な分割を一時的にではあれ無効化する。さらに、歌・踊りにおけるあらゆる階層性の無効化。男・女の区別こそ残るものの、そこにいるのは誰が「上」でも「下」でもない、ただの踊る女達と男達なのであった。全体として、ジェンダーによる分離は維持されるものの、その間の階層性を薄め、無効化し、場合によっては逆転すらするような数々の要素がしかけられているといえよう。

　もちろんこうした実践によるジェンダー秩序の組み替えは一時的なものであり、特別の機会のために予めお膳立てされたその実践の効果は当然限定的なものである。しかしそれでも、このような機会があること自体が支配的なジェンダーのあり方を相対化する効果を持つだろうことも否定できない。それは翻って、普段のジェンダーによる役割分担や階層化もまた、ある種の「お膳立て」であるという認識を人々に呼び起こす可能性を持つ——女性が調理し給仕すること、女性が男性の「下」におかれることは、女性であること自体に染みついた何か、ではなくて、物事の配置次第なのである、と。もちろん逆に、こうした機会が「ガス抜き」を提供することで、不平等なジェンダー関係が永続化されてしまうという効果もありうることには注意が必要である。

　ヨルモ社会の外部＝国家や市民組織と関わるような政治・社会活動の場面において活躍するアクターのジェンダー格差は、これまでのところあからさまなものである。文字通り「女の出る幕はない」状況となっているのだが、この状況を変えていくような契機は何か見えるだろうか？

　ヨルモにおいても女子への教育普及はかなり進んできている。現在20代位までの層であれば、女子であっても学校に行ったことのない人はまずおらず、少なくとも初等教育は受けている。カレッジ（日本の高校〜大学に相当）にまで通った女性ももうそれほどめずらしくはない。教育やネパール語（読み書き）能力に関する限り、女性がこの領域で活躍する下地は整いつつあるといえる。しかし現在のところ、教育を受けた比較的若い（ということになる）女性達がこの領域で活発に活動するのはなお容易

ではなさそうである。金を稼ぐ（しかもその機会は彼女が「女性」であるからこそ獲得できた）といった誰もが認める明確なニーズに基づく活動であれば、ヨルモの女性達が自分の家での労働負担を投げ出して、外国にまで出かけていくことも可能であった。だがこの領域の「仕事」の大半というのは、（すぐには）金になるとも限らない、もやもやした話し合いやら交渉やらを、いろいろなところに出て行って（たいていは）男相手にこなしていかなければならないというものである。ヨルモに限ったことではない、というより、ヨルモ女性はまだしも自由度は高いほうかもしれないが、ネパールにおいて（若い）女性が「外にでる」ということは周りの人から（性的な面で）疑わしい目で見られかねない——従って家人も許容したがらない——行為である（cf. Sato 2014）。決まった勤めや親戚の家の訪問なら、まあよい。しかし、そうでもなく「ただ」外を飛び回っているというのでは、大方の家人は納得しない。またそもそも、女性は世帯の「長」である（になる）という政治的資源も、自分のといえる親から受け継ぐ財産も通常持たない（なお持つ見込みを持てていない）。こうした状況のなかでは、この分野で活躍をしようという野心を女性が持つことからしてあまりありそうになく、持ったとしても実際に活躍できる見通しは明るくない。この分野におけるジェンダー平等実現の兆しは、なお見えてきていないといえそうである[66]。

---

[66] ネパールの政治が今なお男性中心主義的であることは間違いないが、2000年代中盤に入って、社会的に周縁化されてきた諸集団（含む「女性」）の「包摂」は国家社会の主流アジェンダとなった。2006年5月には、すべての国家機関における女性の割合を33%以上にするという国会決議も行われている（実現にはなおほど遠いのが現状であるが）。今後ネパールの主流政治社会が実質的に女性を包摂する方向に動いていくならば、その影響はヨルモ社会にも確実に及んでくることにはなるだろう。

4. 結論

　以上、ヨルモ社会における様々な実践領域を横断しこれをほぼ網羅するかたちで、継続的・反復的に遂行されているジェンダーを構築／脱構築する諸実践を記述してきた。章の最後に、ここまでの議論をまとめ、ヨルモにおいて日々歳々／日常・非日常を通して営まれているジェンダーをやる／やめる諸実践の全体像、そこから見えてくる現在のヨルモにおけるジェンダーのありようの一断面を改めて俯瞰して、締めくくりとしたい。

　全実践領域を「男性的」実践、「ジェンダー中立的」実践、「女性的」実践に大まかに分けてみよう。ここで「男性的」というのは、その実践が男性によってなされる（傾向が高い）実践のこと、「女性的」も同様であり、「ジェンダー中立的」実践にはその他の実践、すなわち（ある程度の偏り・傾きはあるにしても）どちらの性によってもなされる実践を含める。ここで「男性的」ないし「女性的」な実践とは、大方ジェンダーをやる＝ジェンダー間の差異（と序列）を構築する実践となるのに対し、「ジェンダー中立的」実践とは、（既存のかたちの）ジェンダーをやめる＝脱構築する実践となっている可能性も高い。男性的／女性的実践と中立的実践の間の曖昧な領域は当然出てくるが、それについてはその都度説明を加える。

　男性的／女性的実践はさらにそれぞれ、男性／女性にだけ許される実践、男性／女性ならする（べき）実践、男性／女性がすることが多い実践の三つに分ける。この分類にも当然境界領域は出てくるので、これについても必要なところで注釈をいれる。以下、男性的実践から、実践の種別ごとに見ていこう（表2参照）。

　まず、男性にのみ許された幾つかの実践がある。村の寺院に関わる主だった実践すなわち、読経を含むラマ（僧侶）の仕事、寺院関係のマネジメントは、男性の独壇場であった。寺院関係の仕事において重要な役割を担うことは、ヨルモ男性にとって、ヨルモ男性のなかで「高い」地位を得るための伝統的資源の一つであり、そうなる可能性からすら女性達が排除

表2　ヨルモ社会における諸実践：ジェンダー視点による分類

	実践の種別	実践項目	備考
男性的実践	男性にだけ許される実践	a★ラマとしての仏教実践	
		b★寺院関係のマネジメント	
		c★政治・社会活動	実質的にそうなっている
	男性なら、する（べき）実践	d★「上」に座ること	
		e★丁寧に飲食物をサービスされること	
		f 祭礼等における調理・サービス	若年、特にスポンサー親族
	男性がすることが多い実践	g★学校教育を受けること	現在30代後半以上の傾向
ジェンダー中立的実践	どちらのジェンダーでも行う実践	h 世帯の生計維持活動における「外」仕事	どちらかといえば女性の負担大
		i 複数世帯間の共同農作業	どちらかといえば女性の参加が多い
		j 村の共同作業	
		k 平信徒としての仏教実践	
		l 祭礼等においてサービスされること	
		m 祭礼等における歌・踊り	ただし、男女の区別はあり
		n 会話・社交、飲食物の摂取	
		o★海外出稼ぎ	
		p★学校教育を受けること	現在は中等程度までは差別なし
女性的実践	女性がすることが多い実践		ただし、実践項目h, iの備考参照
	女性なら、する（べき）実践	q 世帯の生計維持活動における「うち」の仕事	飲食物のサービスを含む
		r「下」に座ること	
		s 祭礼等における飲み物の用意・皿洗い	若年、特にスポンサー親族
	女性にだけ許される実践		

★印：それを行うことがステータスを（に）伴う実践

されてきたことは、彼女達の「低い」地位によって説明されもすれば、その地位の説明として持ち出されるものでもあった。さらに、ヨルモ外の人々との交渉を含む政治／行政／開発に関わる諸実践も、規範的にそうあるべきと言明されているものではないが、実質的に女性を排除した男性領域となってきた。この領域は、モラル面では疑わしい目で見られることもある（例えば汚職や横領等が噂される）一方、「力」と「金」の獲得に直結した分野でもあり、成功すればそれが社会的威信の獲得に繋がることは間違いない。

次に、男性なら、基本的にする実践がある。まずは、家屋内の居間において「上」（＝仏壇に沿った席）に座ること。来客を迎えたとき、来客に行ったときなど、「上」の席からはみ出る場合はありうるが、成人男性なら全員、基本的に「上」に座る機会を持つ。次に、（世帯に労働可能な女性がいる場合）飲食物を調理してもらい、丁寧に（茶は受け皿つき、汁は別椀で等）サービスしてもらうこと。また寺院の祭礼等における調理とサービスには、村の相対的に若年の男性、特にその儀礼のスポンサー世帯あるいはその近しい親族が動員される。どの儀礼を見ても、その場にいる男性全員がこれにあたることはないが、ヨルモ男性なら、回り回って何度もこれにあたる機会を持つことになる。

男性しかできないとされているわけでもなく、男性なら必ずするといえるわけでもないが、男性がすることが多い（多かった）実践として、ある世代（現在の30代後半以上）までの学校教育を修めることをあげることができる。現在でも高等教育に関しては、この傾向はある程度継続していると見られる。

ジェンダー中立的実践に移ろう。伝統的な村の世帯の生計維持活動において、農作業等の「外」の仕事は基本的に肉体的にきつい重労働であるが、女性・男性どちらの仕事というわけではなく、両方のジェンダーによって担われてきた。ただし、上に見た男性にのみ許された実践との競合も背景にあって、どちらかといえば女性のほうにより大きな負担がかかっている。複数世帯持ち回りでの共同農作業にむしろ女性が出てくる傾向があるのも、この点に関連しよう。村全体で行う共同作業では、ジェンダーによるこれといった偏りは感知されない。仏教的実践においては、その専門家（ラマ）としての実践からは女性は明確に排除されているが、平信徒としての仏教実践においては男・女の別はなかった。仏教的祭礼を含む村の大きな行事においても、飲食物を振る舞われ、歌い踊る会衆としては、男女間に基本的に序列化はなかった。ヨルモの家屋内空間において男女の空間的分離は基本であるが、そこで摂取される飲食物の内実においても男女の

別はなかった。また空間の分離によって男女間の言語的コミュニケーション（会話）が分断されることはなく、男・女ともに共通のコミュニケーション過程への活発な参入が期待されていた。海外への出稼ぎも、機会をつかめば男女いずれもが従事する活動となっている。学校教育も中等教育までは、今日ではほぼジェンダー差はなくなっていると見られる。

　最後に、女性的実践である。女性のみに許される実践、すなわち女性の「特権」というべき実践は、実は何も挙げることができない（逆にいえば、女性的実践はすべて男性によっても、必要に応じて行われうる）。あるのは、女性なら基本的に誰でもすることが期待され、そして実際に誰もが行っている実践である。世帯の生計維持活動のうち、いわゆる家事に相当する「うち」の仕事は、それを遂行するのが物理的に不可能な状況にならない限り、基本的に女性の仕事となる。ただしそうした「物理的に不可能な状況」の定義は比較的緩く、この仕事を男性が（一時的に）肩代わりすることは散見される。相対的に「下」の席を占めることは、これが不可能になることは定義上考えられず、例外なく女性達が実践している。大きな行事（祭礼など）の際の飲み物の用意と皿洗いは、若年の、特に行事のスポンサーに近しい女性達の仕事になっている。世帯の「外」仕事と共同農作業はどちらかといえば女性がすることが多いと見えるが、これは、ジェンダー中立的実践のほうに既に組み入れておいた。

　この整理から見えてくることを幾つか指摘しておこう。上の整理を男性的実践から始めた（これを「上」にして表を作成した）のは、偶然ではない。これはヨルモ社会における男性的実践と女性的実践の、従ってヨルモ社会における男性と女性の、相対的ステータス構造をなぞったものである。男性と女性の相対的な席関係が象徴的に示すこの地位関係は、実は今俯瞰した諸実践の全体的配置自体からも見てとることができる。すなわち、男性的実践の多く——ラマとしての実践、寺院のマネジメント、政治・社会活動、「上」に座ること、丁寧にサービスされること、そしてかつての学校教育——は、社会的威信を／威信に伴う諸実践である一方、女性的実践

にそうしたものはない。日々歳々繰り返される諸実践の布置が全体として構築しているのは、端的にいって、女性に対する男性の優位なのである。

　にもかかわらず、ジェンダー中立的実践も少なくないことに私達は留意しよう。ジェンダーを階層化する実践は、こうした中立的実践との斑模様をなしながら遂行されており、そうした全体的文脈のなかで少なからず効果を薄められ、部分的には無効化されもするのである。また比較的近年導入され、さらに普及しつつある威信を伴う実践領域——学校教育と海外出稼ぎ——の機会は、両性に開かれたものとなっていることも特筆すべきである。従前からある中立的諸実践とともにこれらが不均衡なジェンダーのありようが変化するとば口となっていくのかどうか。今後の動向が注目される。

　さて次章以下、私達は本書のプロジェクトの中核に入っていく。ここまで跡づけてきたような日々歳々の実践を積み重ねつつ生きてきた／生きているヨルモの女性達の、彼女達自身による語りを通して浮かび上がってくるところの生のかたちを明らかにするという、プロジェクトである。

第 2 章

「私は行かないといった」
女性達の結婚をめぐる語りにみるエイジェンシー

1. はじめに

「私は（嫁に）行かないといったのよ！」——ヨルモの女性達に自らが結婚に至った経緯について尋ねると、少なからぬ場合、このフレーズが飛びだしてくる。本章は、端的にいえば、いかにして彼女達が（例えば）こうしたかたちで自らの結婚の経緯について語ることになるのかを理解しようとする企てである。より一般的にいえば、ヨルモにおける結婚なるものの制度構造を明らかにしつつ、そのなかでヨルモの女性達一人一人が自らの結婚というライフ・イヴェントの展開をいかに生きたのか、またそれを現在においていかに物語るのか、そうした彼女達の行為とはいかなるエイジェンシーの行使であったのか、結局のところ、その二重の行為を彼女達が実際行ったようなかたちで行うことになったのはいかにしてなのか——これらの問いを探究するものである。さらにより抽象的な社会・歴史観と交わる次元でいうなら、「伝統／近代」という二項対立を前提し前者から後者への移行すなわち「近代化」として社会変容を捉えるという、極めて雑駁な図式に過ぎないことは広く認知されながらも私達の世界認識がなおそこから完全には自由になっていない枠組みを、改めて検討し解きほぐすという作業に繋がっている探究でもある。

いわゆる「近代化」[1]とそのなかの「女性」という問題系は、フェミニズムやそれと連携しあるいはそれに触発された学問的関心の中核の一つをなしてきた。西欧近代の落とし子たるフェミニズムは、当然のことながら近代資本主義社会における女性の抑圧を抉りだし変革することをめざしたが、この問題関心が西欧「外部」への関心と接続したとき、「女性を抑圧する近代社会」という問題機制は微妙な変転を遂げることになる。Mohanty

---

[1] 「近代」あるいは「近代化」という概念にまつわる曖昧さ、複雑性そして異論の多さに注意を喚起するために、これらをカッコ付きで示したいところだが、以下では煩雑を避けるためカッコはつけない。

(2003［1986］）が鋭く指摘したように、「近代（西欧）／伝統（非-西欧）」という出来合いの自／他対立に乗りこれを無批判に受け入れることで、近代批判として出発したフェミニズムもまた、「変革に向かい抑圧から自由になりつつある私達」対「伝統（因習）にいまだ閉じ込められている可哀想な非-西欧社会（発展途上国、アジア・アフリカetc.）の女性」という固定的二項対立に自ら囚われ、あるいはこれを他者に押しつけてしまうという事態を招いてきた。すなわち、非-西欧諸社会の近代化過程で女性が経験する変化とは、「伝統社会における抑圧から個人の自由の拡大へ」と向かうそれであると想定され、近代批判という契機とすら無縁に消費生活の豊かさを享受する西欧中流階級的自意識とも馴れあいつつ、非-西欧社会の女性達をそのコロニアルな眼差しのなかに囲い込むことになったのである[2]。

この「女性の自由の拡大としての近代化」というマスター・ナラティヴのもと、非-西欧社会の女性をめぐる、様々な社会領域にまたがる一連の進展——経済的自立の促進、行動範囲の拡大、家族やコミュニティ内の発言権拡大etc.——が想定されることになる。ここでの議論のテーマである結婚成立の手続きに関していえば、「伝統的な（親の）取り決めによる結婚から恋愛結婚へ」という変化が大筋で想定されることになる（cf. 竹中2002）。女性自身の意思／自由／主体性を否定する結婚形態から、女性が自己決定する結婚形態へ、というわけである。

非-西欧諸社会に格段の関心を寄せる人類学やその隣接分野にあっても、「近代化と女性」という問題系は既によく認知され、それなりの成果が蓄積されてきた[3]。しかし、現地に赴き彼女達の生きる現実に親しく接するこ

2　アハメド（2000［1992］）、岡（2000）、堀田（2001）、コーネル（2004）等参照。

3　人類学分野の日本人論者による文献としては窪田・八木（1999）、中谷（2003）、Hayami et al. eds.（2003）、喜多村（2004）、窪田（2005）、速水（2009）、常田（2011）等。

とを謳うこの分野にあっても、その大勢はコロニアルな視線をなお陰に陽に含み、硬直した近代化図式から決して自由なわけではない（川橋 2003）。確かに、非‐西欧女性を「他者／犠牲者」として一方的に表象することへの批判が行われ、そうした批判を踏まえて、彼女達がいかに社会的抑圧に「抵抗」し「主体的」に生きつつあるかに焦点をあてる議論も展開されてきている。しかし、このようなアプローチはしばしば女性の抵抗や主体性を「ロマン化」（Abu-Lughod 1990）してしまい、逆に彼女達の生きる困難な状況や権力関係を不当に軽視するという危険も孕む[4]。「従属した女性」像から「主体的な女性」像への単純な反転、従属的ポジションにおかれた女性達が「語りうる（行動できる）」ことを無邪気に想定することが非‐西欧女性の他者化を乗りこえるオルタナティヴとなりえないことは、本書序章で議論してきたところからも既に明らかであろう[5]。

　もちろん単線的な近代化論は、人類学的議論からのみならず、近代化論一般からも、女性学・ジェンダー学陣営からも批判にさらされてきた。「貧困の女性化」、「グローバル資本主義の展開のなかでの女性労働力の搾取」、「女性への暴力の激化」、「女性の（国際）人身売買の活発化」等々の現代世界において噴出する女性をめぐる焦眉の課題群は、各地の女性達が徐々に伝統の桎梏を脱し近代化（民主化、経済発展 etc.）の果実を享受し

---

[4] なおこのロマン化に陥る危険は、その「自由闊達さ」が（極めて「従属的」にも見える周辺のヒンドゥー社会の女性のあり方との対比において）一人歩きする観の強い、ヨルモを含むチベット（・ビルマ）系諸社会の女性を描くときにはとりわけ留意すべき点である（そうした自由闊達さのバランスを欠く強調を含む例として、Watkins 1996）。なお、女性達の一方的な犠牲者化か無限定な主体化かという袋小路を回避し、社会的諸力の働きかけのもとで行使される女性達のエイジェンシーをその具体的様相において探究しようとする本書の企てには、既に先行事例があることにも言及しておこう（例えば、Maggi 2001; Ahearn 2001a; 常田 2011）。

[5] 「（ジェンダー化された）サバルタンは語ることはできない」という挑発的な言葉において、このことを鋭く提起したのはスピヴァク（1998［1988］）である。

ていく過程にあるのだろうという甘い夢から私達をとうの昔に揺り起こし、近代化なるものの深化が近代自身の喧伝する価値——自由や平等や豊かさなど——の実現と結びつくとは限らないことを改めて突きつけてきた。本書の民族誌的・テーマ的関心とも近しいところで一つだけ挙げておけば、インドのダウリー(持参金)殺人事件の近年の増加は、まさにそのよい例である(cf. Menski 1998)。

　私達は近代化の只中における「近代的ならざるもの」の噴出を確認し、近代化の駆動するプロセスの一筋縄ではいかない複雑さを既に学んだのではある。だが、近代化論批判は今思いつくままに列挙してみたような諸現象への着目によってのみ果たされるわけではないし、そこに留まるとすれば批判は実は底の浅いものに留まるだろう。一瞥した近代化論批判は、いわば近代化の副作用、つまり近代と接合することで／しつつも「伝統(因習)」が温存ないし強化されてしまうという逆説に着目した議論である。この種の論法自体が無効であるわけではないが、問題はこうした行き方では、近代化過程における逆説を仮に認めない場合、批判として機能しなくなることである。すなわち、近代化がもたらすと想定されている事態(例えば、物質的豊かさの享受)や価値観(例えば、個人の自由)が当然のごとく普及しつつあるように見える状況に接した場合には、そこに「近代化の進展」を再認して事足れりとすることになってしまう。けれども、近代化モデルに合致すると見える状況とは、本当に近代化論に合致したものなのかどうか。同語反復めく問いではあるが、実は、繰り返し問いかけるに値する。

　ある文脈において一般に近代化に伴うと想定される現象が観察されたとき、私達はともすると当該文脈において「それ以前＝伝統」とされる／見えるものを、近代的なるものの対立項として措定してしまう。そしてその「伝統」を、近代的ではないもの、近代的諸特性の欠如したもの、さらにはその反転したものとして「理解」する。私達に親しい近代的なるものを見出しその反転像として「伝統」を措定することで、そもそも私達には親

しくない当該「伝統」について何事かを知っているかのような錯覚が生じるわけである。そうやって伝統に一定の内容が充填されると、さらにこの「伝統／近代」の想像上の二項対立は遡って歴史的時間軸上に再配置される。伝統から近代へという推移が改めて描かれ、当初の近代化の認識が循環的に再強化される。近代化の副作用＝逆説が認められない状況においては、こうした倒立した認識作用がともすると作動し、この作動が個々の現場に即した綿密な検証を代替してしまうことで近代化論が温存され続ける——そういったことが、往々にして起こっているように思われる。

　一見滑らかに近代化が進行しているように見えるところでこそ、近代化論への批判的視線がなおのこと必要なのである。「近代化の副作用」論が既に議論の俎上に引き出した伝統／近代という二項対立批判を、一層注意深く徹底させていく姿勢が要請される。

　結婚の形態というテーマに戻るならば、「伝統的な取り決め婚から恋愛結婚へ」という常識的近代化言説が想定する変化がまさに起こりつつあると見える場合、この言説はなかなか相対化されにくいということである。例えば、取り決め婚が近年さらに一般化しつつあるとでもいうなら、近代化論批判に至るのは容易い。それに比して、私達に親しい恋愛結婚の再認から伝統的結婚の「理解」へと無批判に遡り、反転して件の近代化過程を再構成する誘惑はむしろ格段に強いのである。しかし、当該社会で恋愛結婚とされるものが仮に一般化しつつあるとしたところで、そのこと自体はその社会における婚姻形態の恋愛結婚以前について何も語るものではないし、起こりつつある変化の実態やさらにはローカルな文脈において（近代的）恋愛結婚と呼ばれているものの内実についてすら、何か具体的に教えてくれるわけではない[6]。

　近代化論の空虚さを批判することの難しさは、当該社会に生きる当事者

6　現代インド都市中流階級女性における、取り決め婚と恋愛結婚の単純には割り切り不可能な現状について、Puri（1999: chap.6）を参照。

達自身がこの近代化言説に組みしているのに出会うという、これまた現今では世界的にめずらしいともいえない状況下においては基本的に倍加するのでもある。実際近代化論と相同な言説は、本稿の対象とするヨルモの人々の間でも、しばしば遭遇されるのであった——いわく、「昔は恋愛結婚とかそういうものはなかった」、「昔は無理やり結婚させられたものだ」云々。しかしこうした言説に接して、私達は彼・彼女らの生きた現実が近代化論に即していることの裏づけを得たなどと信じるべきではない。自分でいうのだからそうなのだろうなどとは到底いえないし（近代化論は既に地球大のイデオロギー言説である）、また仮に「そう」だったところで、私達は彼・彼女らのいう恋愛結婚の何たるかを知らず、「そういうものはなかった」昔についてはさらに何もわかっていない。この言説がどんなローカルな現実と対応するのか、あるいはそもそも対応しているのか、ここで無理矢理させられた結婚とか恋愛結婚とかいわれているのはどんなものなのか、これらの範疇は相互にどう関係するのか、さらにはそもそもヨルモにおいて「結婚する」とは何をすることか——こういった数々の疑問点は、もとより検討を待つ課題なのであって、そこに近代化を見てとったと観察者が信じ／まさにそうだと当事者自身が請けあったところで、何も解決したことにはなっていないのである。

　従って、改めて私達が取り組むべきは、「伝統的取り決め婚／恋愛結婚」という二項及びその間の時間的推移の想定からなる婚姻形態の近代化言説との対照・対応（の欠如）を視野にいれつつ、ローカルな現実を仔細に検討していくという地道な作業である。その作業を通じて明らかになるローカルな現実は、通俗的近代化言説の想定からあるいは逸脱し、あるいはこれを揺るがせる契機を孕むでもあろう。20世紀後半から現在に至るヨルモ社会という地域・歴史的文脈における婚姻をめぐる実践を、とりわけ女性という立ち位置に光を当てつつ検討し、その作業を通して、結婚形態に関する近代化言説を支える「恋愛結婚／親の取り決め婚」という対立、端的にいって「女性の自由（主体性）／その欠如」という対立を脱構築しつ

つ、この対立のローカルな現実における重層的かつ複雑な現れを提示すること、これが本章の企てである[7]。

単線的な近代化言説を批判しつつヨルモの過去数十年にわたる婚姻実践に光をあてることをめざす本章で以下に行うのは、しかし、これら女性達の語りを通してこの期間・場所における婚姻形態の変遷を実証的に追尾し、「親の取り決め婚から恋愛結婚へ」という一般に流通する言説と「実態」のズレを明らかにしようということではない。ここまでの問題提起からも推察されるように、思うにそのような企ては少なくとも現時点では不可能であり、従って無意味である。

量的推移に言及する仮説の正否を明らかにするには当然量的調査が必要になるが、そのためにはまず、データをとり集計するのに用いられる適切な範疇が規定されていなければならない。しかるに、私達がまず探究すべき当の目標こそがこの範疇、出来合いの近代化言説から導出されたのではない、当該文脈において意味のある、どんな意味があるのか明らかになっている、範疇なのである。この作業をとばしてサーヴェイに飛びついたとして、せいぜい示せるのは近代化図式に対する「例外」を提示することであろう。万一「例外」が図式自体を揺るがすような規模で観察されたとしても、そこで得られる知見は「実は取り決め婚がなお多数を占めている」とか「実は昔から大方恋愛結婚だった」などというものに過ぎない（それすら果たせず、近代化論はやはり大筋で「正しかった」で終わる可能性も大）。外挿された範疇を使って描きだした「実態」からその範疇自体を批判するなど、所詮は不可能事である。要請されているのはまさに、この範

---

[7] 本書の民族誌的関心とも近いソル地域のシェルパを扱っている Ortner (1998) の議論は、その理論的アプローチ／関心においても本章と多分に並行性を持つ（彼女が脱構築しようとしているのは「関係的自己」と「個人主義的自己」という二項対立であり、その前者から後者への移行という言説である）。

疇自体の検討なのである。

　私達はマクロな結婚形態の推移の実態に迫るよりも、当該文脈において人々が結婚形態をどのように分節化して語っているかを明らかにすることに、まずは努力を傾けよう。人々がいかに語り、いかにしてそう語ることになっているのか、これを丹念に辿るべきである。そうしてこそ、多くの女性達が「(嫁に) 行かないといった (といったのに行かされた)」と語るところの (かつての) 結婚形態がいったいいかなるものであり、それがいかに近代化と切り結んでいるのかについて、私達は理解し始めることができるだろう。

2. 結婚をめぐる女性達の語り

2.1. 抵抗の語り

　どのようにして結婚することになったのかと尋ねると、まずほとんどの女性は、「(嫁にくださいと) 乞いに来た (Y. *lang hongyo*, N. *magna aeko*)」ので、それを受けて結婚したと答える。つまり親 (に準ずる者) 同士の交渉で決められた結婚だったという。さらにその時どう思ったか、自分自身は結婚したいと思ったかどうかと問うならば、ほとんどの女性はまた、自分に結婚への意思があったことを否定し、さらには結婚に同意すらしていなかったと語る。結婚への意思・同意の不在として語られるものには、結婚に対する単なる消極性にとどまるものから結婚拒否を徹底的に行動で示したものまで、様々なヴァリエーションがある。ここでは前者の極に近いものを「忍従の語り」、後者の極に近いものを「抵抗の語り」と便宜的に分けて検討していこう。まずは抵抗の語りのほうから見る。

　「私は行かないといった (Y. *nga mhedoae makyo*)」——章の冒頭 (そして章題) にもあげたこのフレーズは、自分は結婚したいと思ったかという上の問いに対する答えとしてほとんど儀礼的相貌を帯びるまでに繰り返される代表的な紋切り型であり、結婚に対する女性の抵抗を徴づけるメルク

マールといえる。最もシンプルなかたちでは、このフレーズを何回か繰り返し[8]、2、3コメントを付け足して膨らませれば、それで件の問いへの応答はひとまず完了ということになる。例えば、次のようである。

> 筆者：---で、(嫁にくださいと) 乞いに来たわけですね、それで (嫁に) 行きたいと思いましたか？
> ニマ・ギャルム：(笑) 行かないといったわ、でも行かなけりゃならないというんだもの (笑)。私は行かないといったのよ。(でも) 行かなきゃならないらしい、どうしようもない。---今はまだ結婚するには早い、行かないといったのよ、私は。
> 筆者：そうですか---

　抵抗の理由、あるいは一般に結婚を女性が拒もうとする理由に挙げられるのは、上の例にもあるように結婚にはまだ年若いこととか、実家の父母と一緒にいたいことなどであるが[9]、とりたてて理由を挙げない場合もめずらしくはない。嫁に乞われても娘が行きたがらないのは、ヨルモではそれ自体説明を要しない、むしろごく当たり前のことと諒解されている[10]。語

---

[8] ヨルモでは、同じ人が続けて話すときにも、会話で相手の話を受ける場合でも、同じフレーズ、文を繰り返しながら語りを継いでいく語り方が非常に多く聞かれる。

[9] 花婿候補に対する好悪の情は、思うに少なからぬケースで重要な要素でありうるが、私とのインタビューにおいて実際これに言及する場合は稀であった。この稀な例として、第4章でとりあげているダワの語りを参照。

[10] 女性が結婚したがらないということ、さらにいえば結婚に際して「女性は悲しそうに見える (べき)」ことは、ヨルモに限らない南アジア的広がりを持つ (規範的) 現象であるようだ。イギリスのインド系移民社会を舞台にした映画『ベッカムに恋して (*Bend it Like Becham*)』(Gurinder Chadha監督、2002年イギリス) のなかで、このことに文字通り言及したセリフがあったことが記憶にのぼる。

りのヴァリエーションを構成するのは、女性自身が結婚を嫌がったかどうか、あるいはなぜ嫌がったかということより、嫌がった結果彼女がどうしたか、あるいはしなかったかということのほうである。上の例は「行かない」と拒否は口にしてみたものの、結局「行かなきゃならない」ものと思い定めて嫁に行ったという運びになっていた。他方で、単なる言葉での抵抗をこえ、行動で徹底した結婚拒否を遂行したとする語りもある。

　数人の女性が行ったと語っている抵抗の実力行使のかたちは、「家出」である。

> シッタル：- - -（嫁にくれと乞いに人が来た）そのとき、私は行きたくなかった、行かないといった。行かない、行かないといって、インドに行くといって怒って（家を）出てきたの。それでその後、お母さんたちが連れ帰って- - -

インドの他、カトマンズに出奔し（ようとし）たという語りもある。また、近隣の村や村内の親戚の家などに身を寄せるといった、より「小規模な」家出もある（cf. Desjarlais 2003）。家出といえば、それほど過激な抵抗とは一見思われないかもしれないが、女性が家族とは切れて一人自活するというオプションがなお基本的には得難いヨルモ社会において、文字通り家（族）の庇護から外に出るというその行動の含意は、決して軽いものではない。

　さらに大胆とも見える抵抗として、娘を嫁にやることを受諾した徴として親が受けとった儀礼酒の瓶（Y. *shalgar*）を、娘本人が相手の家に「返しに行った」という語りもある。嫁を乞いに行く人々は、娘の親（保護者）に対する敬意と懇請の徴として、酒一瓶を差し出す。娘の親がこれを「飲む」ことは、要請の受諾を意味する。既に飲んでしまった儀礼酒を「返す」のは本来ありえないルール破りなのだが、そうであればあるだけ、彼女の拒否は真に徹底的なものと受けとめられることになったでもあろう。

次は、前にあげたシッタルが、自身の嫁乞いの際の話を語り直したものである。

> シッタル：父さんは - - -「ああ飲むとも！　自分の村（の人）に（娘を）やらないで誰にやるっていうんだ！　俺は *shalgar* を飲むとも！」といって、酒を飲んで（・・）母さんはやらないといって、母さんはやらないといって、父さんは「やるさ、私はやるさ、自分の村の娘を自分の村（の人）にやらないっていうのか？！」（といって。）　酒を飲んで、*shalgar chöpa*[11] をして、（私を嫁に）やったのよ。後で私は怒って *shalgar* を返しに行ったの。逆さまのことをしたのよ。その *shalgar* を持っていったの、その男の家に、私は行かないといってね。私らの父さんは誰が来ても（娘を）やるの（周り、笑う）。私が行くかどうか、喜んでいるのかどうか、行きたがっているかどうか、尋ねやしない！「やるよ、俺は」というのよ（笑）。

この例では、彼女の頑強な抵抗が結婚を結局流させることになった。他にも、結婚を受諾した親に対して後で女性が抗議し、親に *shalgar* を返しに行かせた（＝何らかの理由をつけて一旦与えた受諾を撤回しに行かせた）という例がある（第3章、サルキニのケースを参照）。もちろん *shalgar* を返しに行っても受けとってもらえるとは限らないわけだから、娘の親が *shalgar* を返せるかどうかは、仕切り直した交渉の行方による。いずれにせよ、娘がいわば捨て身の抵抗を試みた場合、それが親の妥協を引き出し、最終的に結婚のキャンセルに成功するケースも皆無ではないわけである[12]。

11　*Shalgar* を「飲む」前に、酒を神に奉納する儀礼。
12　結婚が最終的にキャンセルされたという例は、今回聞けたなかではこのシッ

2.2. 忍従の語り

　どちらかといえば、しかし、「行かないという」ことを超える激しい抵抗はむしろ少数派に属するようである。大多数を占めるのは、程度はともかく、とりあえず結婚に抵抗する身振りはしてみたという語りであり、あるいは次に見るように、結婚したくはなかったがはっきりと抵抗することはできなかったとする語りである。

　　　筆者：---で、(嫁に) 行きたいと思いましたか？
　　　ヤンジン：(小さく、笑) 行きたくはなかったわよ。父さん母さんが行けといって、叱って送りだしたのよ。---行かなきゃならないの、父さん母さんのいうことをきいてね。自分で行きたくて行ったんじゃないわ。---昔は (娘は) 行きたくとも行かないといったものよ、行かないといったものなのよ。無理やり行かなければならない場合もあったし。

　「行く気はなかった (Y. ngala doje sem mheba)」とか「行きたくて行ったんじゃない (Y. rang khushi gi galkyo mhimba)」といった、自分の思いを押し殺し「忍従」して嫁に行ったという事情を告げるフレーズも、よく聞かれる紋切り型となっている。たとえ明確に抵抗したとしても結局ほとんどのケースでは結婚させられてきたのであれば、この忍従の語りは、抵抗の語りを含み込むより包括的範疇を構成するものともいえる。実際、抵抗の語りと忍従の語りは並置されて語られもするのであり、両者を明確に分離するのは難しい。とはいえ、結婚話が来た際の初発の女性の対応 (あるいはその対応の語り方) がかなりの温度差を含むのも事実である。ここで捉えておきたいのは、そのそれほど「熱く」ない極近くの、一群の語りなのである。

　　　タルの一例のみである。

第2章 「私は行かないといった」　　103

嫁乞いの時のことを、より細部にわたって回想している語りを聴いてみよう。

　　　ツィリン：- - - どこかから家に帰ると、母さんがお茶をくれたの。そしてそんなふうに作ってあることなんてないのに、嫁乞いに人が来る用意だったのね、tongshi[13] を作ってあって私にくれた。「今日なんで tongshi を作ったの？」というと、「おまえをかわいいと思って、作って食べさせようと思ってさ」と、母さんは冗談をいった。少したって母さんが、「後で（おまえを）嫁に乞いに人が来る、行かないとは行うな、女は（嫁に）行かなければならないのだから」といった。後で父さんも、「（嫁に）行きなさい、行かなければならないんだよ、一度は行くのだから。後でおまえを嫁に乞いに来るけれど、将来おまえにつらいことがあれば、私が面倒をみてやるから」と、いったように思う - - - 嫁乞いに来たときには、私には何も尋ねなかった気がする。- - - そのとき私は怖くって。嫁乞いに人が来たときにはガクガク震えていた、すごく怖かった。どうしようって、まるで自分が何か悪いことをしたみたいにね。それで父さんは、予め私には言っておいたわけだし、shalgar を飲んだのよ。- - -
　　　筆者：なるほど（・・）嫌だといおうとは思わなかった？
　　　ツィリン：私は（・・）嫌だといおうとは思わなかった。- - - 父さんが（嫁に）やったのだから、いいわ、行かなければならないのだと思った。それで、行った。

13　Tongshi（Y.）は、ジャガイモあるいは豆類を炒め、塩、唐辛子、ニンニク、生姜その他の香辛料で味付けしたヨルモの代表的惣菜。軽食あるいは客に対する食前のアペタイザーとして供される。

彼女自身は結婚したかったわけではない。しかし彼女は口をさし挟むことはなく、ただ親に従うことでよしとしたのである。この例にあるように、「行きたくて行ったのではない」という語りの少なからぬものは、結婚に対する初発の拒否を経由することなく「何もいえず（いわず）」結婚に至ったという語りへと続く。

「何もいえず」というより、「何も知らず」結婚に至ったという語りもある。このツィリンの例でも、自分自身がどうしたいかについて彼女自身あたかも知らないかのようにも見えるが、さらに文字通り、女性本人の知らないところで結婚話が進められてしまっていたという話もあるのである。嫁乞いの際、娘の親が娘の意思を確認するとは限らないが、その場に娘自身がいれば彼女が自分の意思を表明する可能性も（実際表明する／できるかどうか、またしたところでそれが効力を発揮するかどうかはさておき）一応はあるというものである。しかしそもそもその機会すら与えられることなく、結婚が決められてしまっていたというのである。

> パサン：- - - 村で結婚式をするといって、相手方が村で嫁乞いに来てから（カトマンズに）私を迎えにきたのよ[14]。何も知らせないで（私を）連れていったわ。私は何も知らなかった、*lho sar*に、*lho sar*を食べに行くといって[15]、私に何も知らせずに連れていったわけ。

14　この女性は、当時の少なからぬ若いヨルモ女性がそうしていたといわれるように、カトマンズのラナ家の「王宮」（N. *darbar* ／ Y. *gyalkhang*、ラナ家は1950年までシャハ王家に代わりネパールの国家権力を握っていた一族）に住み込みで働いていた。

15　*Lho sar*（Y.）は、ヨルモで家族・親族・近隣が集まって盛大に祝われる新年のこと。「*Lho sar*を食べる」は、新年の機会に人が集まってお祝いし、楽しく飲み食いするというほどの意味。

実際に語られた具体的経緯をつぶさに辿れば、女性本人に結婚話が持ちかけられ、従って女性の意思も当然確かめられ、曲がりなりにも女性自身が同意して結婚の運びとなったと理解されるにもかかわらず、興味深いことに、女性本人は「何もわからず」結婚することになったと語っているケースもある。下の例は、正式の親同士の取り決め婚ではなく、女性を見初めた男性側の働きかけにより女性側の親戚が仲介して二人をいわば「お見合い」させ、結婚に至ったケースである。正式の取り決め婚に比べれば女性自身の意思もよほど尊重されたものかとも推測されるのだが、しかし、本人がむしろ強調するのは、親戚のお膳立てによってあれよあれよという間に結婚が決まってしまったという、彼女自身の意思を置き去りにしたことの推移なのである。絨毯の織り子をしにカトマンズに出てきてわずか「三日後」、彼女はカトマンズ在住の叔母（＝母の妹）の手引きで、叔母の連れ合いと同村出身のカトマンズ在住男性に引き会わせられ、結婚を強く勧められることになる[16]。

> ペンバ：私の母さんの妹が、彼と結婚しなくても、後でどんな男と結婚するはめになるかもしれない、（そうなれば）苦労する、彼と結婚すればとても楽をできるといって[17]。その頃の私はほんの子どもで、どうしよう、どうしよう、何ていえばいい、何ていえばいいと、全く途方に暮れてしまって。---
>
> 筆者：なるほど。
>
> ペンバ：それで私は、「何が何だか」といいながら、結婚したの（笑、周囲も爆笑）。---だって考えてみて！　絨毯工場に帰ろう

---

[16] なお、この「見合い」自体が女性自身に予め知らされていたかどうかについてははっきりと語られていない。

[17] この「彼」は当時、カトマンズで煉瓦売買のビジネスを手掛けており、羽振りはよかった。

と思っても、来たばっかりで、（帰るのは）どの道なんだかわからない。逃げて行きたくても、その時はカトマンズに来て三日しかたってない。前どこから来たんだか、今どこから来たんだか、わけがわからない。私は逃げたい気持ちにはなったわよ、絨毯を織るところに。でも道がわからなかったんですもの！

自らの主体的決断によるものではなく、周囲の誘導に従った、従わざるをえない状況に追い込まれての結婚だったと、彼女は語るのである。

2.3. 同意の語り

　結局は結婚を回避できなかったにせよ、嫁に「行かないといった」、「行きたくはなかった」のだと、大多数の女性達は自らの結婚の経緯を振り返る。こうした語り方がヨルモ女性の結婚をめぐる語りの主流をなすことには疑問の余地がない。しかしまたその一方で、結婚を決めるにあたり「自分で行きたくて」行ったことを認める女性達の語りも、実は少数ながら存在する。「自分達で好きあって結婚した」とか、「私ら（＝夫と自分）が（結婚）したくてした――父さんが（嫁に）やったのでもない、母さんがやったのでもない、自分たちの意思で（した）」というように、率直に結婚に向けた自らの主体的関わりを認める場合もなくはないのである。

　そこまでざっくばらんにではないが、婉曲に認めている語りもある。

　　　　筆者：- - - で、どういうふうにＡ村に（結婚して嫁として）来ることになったんですか？
　　　　ツィリン：お互い好きあって結婚したのか、それとも嫁乞いに来て（結婚したかを訊いているのよ）…
　　　　ミンマール：（言い終わるのを待たずに引きとって、笑いつつ）まあそういう話なのね！？（さらに笑）　相手方が嫁乞いに来

　　　　　て、それで（自分も）どこかには行かなければならない娘なのだから、そういって結婚したのよ。
筆者：前から相手のことは知っていた？
ミンマール：知っていた。---（村の寺院の）祭礼で、T村、K村、A村とかでは、あちらはT村の祭礼に来るし、私らはA村の祭礼に行くでしょ。前々から見たことがあった、知っていたわ。
筆者：じゃあ、それで（そういう機会に）相手が好きになったのかしら？
ミンマール：（一同笑い）好きになったんでしょうよ、それでもらうといって嫁乞いにきたんだわ、それで父さん母さんが嫁にやって、それで行ったのよ。
筆者：嫁に乞いに来た時、行きたいと思いました？
ミンマール：（笑）思ったんでしょうね。相手方はもらいたいと思ったんでしょうし、だから乞いに来て、それで父さん母さんが嫁にやって。それで行きたいと思ったんでしょうよ、行ったわ、うんといって、それで結婚したのよ。（笑）

　控えめな表現ながら、彼女が予め相手を見知っており、その人と結婚する意思もあったことははっきり汲みとれる。大規模な村の寺院の祭礼や婚礼は、近隣数ヶ村から招待客を集めて長時間にわたり飲み食い歌い踊る機会であり、普段それほど顔をあわせることのない村外の男女の出会いの場ともなっているのである[18]。

18　もっとも「出会い」といっても、基本的に多くの人が集まる祭礼などの場で結婚可能な男女が親しく会話を交わしたりすることは難しく、現実的に期待できたことは、せいぜい刹那的邂逅か、shabru での男女グループ間の掛け合い歌のなかで相手にほのめかしを送る程度であったと、現在のヨルモの大

3. 結婚をめぐる語りに見る女性のエイジェンシー

以上の概観から、ヨルモ女性による自らの結婚の経緯についてのマスター・ナラティヴを、「私は行かないといった／行きたくはなかった（が、結局は結婚せざるをえなかった）」とまとめられよう。婚姻の経緯における自らの主体的関与の端的な不在を語る（＝「行きたくはなかった」）か、主体性は結婚への抵抗という否定的なかたちでのみ発揮されたと語る（＝「行かないといった」）かという違いはあれ、いずれにせよ婚姻成立過程をめぐる女性達の語りが織りなす言説空間の中核を占めるのは、彼女達が自分でしたくて結婚したのではないという語り、結婚成立に向けた女性自身の積極的欲望・意思の存在を否定する語りなのである。そのパターンから外れる少数の語りもあるものの (2.3.)、結婚成立に向けた女性本人の積極的関与を否定するナラティヴの支配性は、揺るぎないといってよい[19]。

では、彼女達はいかにしてこのようなかたちで語ることになるのであろうか？　自分の意思で結婚したのではないと語るこうした女性達の語り、それが語るところとは結局何なのだろう？　まず私達は、事実確認的＝コンスタティヴな次元において彼女達の語りを検討し、彼女達の結婚が決まってゆくプロセスで実際に起きていたことは何か、彼女達は自らの結婚に際してどう行動していたのか、いかなるエイジェンシーを発揮していたかを探索する。個々のケースで何が起こった／行われたかを確定することは最終的に不可能でも、現在における語りをつぶさに観察することで、それが過去の事実と齟齬を孕んでいた可能性（＝結婚に向けた女性自身の積

人達は一様に振り返る。

[19] なお、このようなマスター・ナラティヴに支配された婚姻をめぐる女性のありように関する語り方がヨルモに限られるのでないことは、例えば、ヨルモに隣接するタマン社会を舞台とした女性ライフヒストリー研究（March 2002: 特に chap.5）からも、うかがわれるところである。上の注 10 も参照。

極性は存在していた可能性）が析出されることになるだろう（3.1.）。次に、そうした事実との齟齬をもときに孕む語りを産出する母胎であるヨルモの婚姻の「言語」＝制度構造を明らかにし、言語・構造レベルで女性本人の主体性に与えられた位置を確認する（3.2.）。そして最後に、この構造を経由し過去の経験を踏まえつつ現在において語りを紡ぎだす行為において、彼女達が何をパフォーマティヴに遂行しているかについて考察し、この遂行において作動しているヨルモ女性のエイジェンシーのかたちを照らしだす（3.3.）。

3.1. 結婚に向けた女性の積極性：不在なのか？

　女性達の語りの大勢ではなかったことにされている彼女達自身の結婚成立に向けた積極的意思・欲望であるが、さて、このように語る女性達が結婚に対して積極的であったことは本当になかったのだろうか。女性本人が望まない結婚は無論ときに（あるいは、しばしば）起こったとして、果たしてこのマスター・ナラティヴが印象づけるほどの規模においてであったのだろうか。

　結論からいえば、女性達の語りが事実とはズレている、すなわち当時の彼女達が抱いていた結婚に向けた積極的意思が語りのなかで過小にしか提示されていない可能性が大いにある。なぜ、そういえるのか？　それは、結婚話に際して女性が積極性を示さない／抵抗するというのは、大方の女性に実際起こる反応であるというより、むしろ女性が示すべき反応＝規範なのだと考えるべき理由があるからである。規範はもちろん、結婚話が来た当時の彼女達にも、その当時のことを語ろうとする現在の彼女達にも、力を及ぼしている。当時においてか語りの現在においてなのかはともかく、彼女達の結婚に向けた積極的主体性はその消去を命じる規範のもとで、なかったことにされる傾向を帯びるのである。

　丁寧に論証してみよう。彼女達の語りと事実のズレの存在を推測させる

幾つかの「状況証拠」として、彼女達の結婚年齢が比較的高いこと[20]、婚姻は村内あるいは隣村間の既に顔見知り同士で結ばれる場合が少なくないこと、特に村内では若い男女が潜在的結婚相手と顔を合わせる様々な機会（寺院の祭礼、葬礼、婚礼、新年等の宴会、労働力交換等）が存在すること[21]、さらにいえば若年女性も畑や森での「外」の作業に従事しており、秘かに「情を通じる」機会もなくはないこと等を挙げることもできる。実際、大っぴらな「恋人」関係はなお基本的に容認されないヨルモの村社会にあっても、誰と誰は・で・き・て・い・る・といった噂話が聞かれることはときとしてある[22]。

　さらに注目したいのは、そうは語られていなくとも女性が実は結婚を望んでいた（場合がある）ことを推論させる兆候が、彼女達の語りのなかに幾つも認められることである。

　まずは、少数ながら結婚に際する自らの積極性をフランクに認めた女性達の語りの存在である。自ら望んで結婚したという彼女達の語りを踏まえれば、ヨルモ女性一・般・がそもそも結婚への意思とか欲求とかを持ちえないなどということができないのは明らかである。すべてのヨルモ女性が結婚に向けた積極性を持ちあわせていた（いわんやそれに従って行動した）はずだなどといいたいのではない。しかし、そうした語りの存在が改めて確認させてくれるのは、ヨルモの女性は結婚に関する欲求を持ちう・る・し、ま

20　被インタビュー者のうち結婚経験者（23人中21人）の結婚年齢は15〜30才、平均は約20才である。表1参照。

21　ただし、上の注18も参照。あわい恋心の交錯するような機会は少なからずあったといえるだろう。

22　逆に、そのように噂話にすぐなってしまうことが、そうした関係の成立／継続を難しくしているという側面もある。そうした話が知られれば、（特に）娘の親は娘を厳しく叱り、娘の行動への管理を強めることになるという。ヨルモにおいて（も）婚前の男女関係が「傷」になるのは、女性にとってのみであった。

た彼女達はそれをそうと表明しうるという、自らにとっては自明であって
も私達がときに他者（例えば「非‐西欧社会の女性」）からやすやすと消
し去って疑いもしなかったりする、ごく単純な可能性の存在なのである。
他方、こうした語りが実際例外的にしか聞かれないという事実は、結婚実
現に向けた自らの積極性を率直に語ることが、彼女達にとってはある種の
条件のもとでのみ開かれるいわば間隙においてはじめて、可能となる行為
であることを暗示するだろう[23]。

　第二に、同じく結婚に向けた自身の意思を認めているケースにおいて、
曖昧さのないその引き受けをなお回避しようとするような「控えめな」語
り口が聞かれることである。上にあげた最後の例、ミンマール（p.107〜
8）の「行きたいと思ったんでしょうよ」という、断言を避けた言い方は
その例である。ぼかされているのは女性自身の結婚成就に向けた積極性で
あり、ここで働いているのは自らの結婚への意思を留保なしに認知するの
を避けようとする語りの力学である。こうした語りの力学が、この種の控
えめな語りのケースとしか関係がないと考えるべき理由は存在しない。そ
れは、自らの結婚に向けた主体性を曖昧なかたちですら認めない婚姻の語
り口の主流においてこそ、さらに徹底したかたちで作動し、それを全面的
に伏流させることになっているものかもしれない。語る本人が認めない積
極的意思が常に存在したとは無論いえないにしても、本人が認めない意思
が存在した可能性は常にあることが示唆される。

　第三に、まさにこの「行きたくないといった／行きたくはなかった」と
いう積極性否定の主流ナラティヴ自体と表面上滑らかに連結している語り
の内部において、否定されたはずの主体性の「影」が浮上してくる場合が
ある。上のヤンジン（p.103）の「昔は（娘は）行きたくとも行かないと
いったものよ」というセリフはまさにこの例である。往々にして自分の場

---

[23]　こうした例外的な語りを可能にする「間隙」を開く条件については、以下の
　　　議論（3.3.2.）を参照。

合は本当に結婚したくなかったのだが、と言い添えつつ、一般に女性は結婚したくともしたくないというものだ、あるいは結婚したいとはいうべきでないことを指摘する語りはしばしば聞かれる。これらの語りが明かすのは、女性が「行きたくない」という（少なくとも「行きたい」といわない）のは、女性自身の真情はさておき、まずは女性に要請される規範的行動なのだということなのである。結婚への意思を表明しない／否定する娘は、実は結婚したかったかもしれず、したくなかったかもしれない。個々のケースの女性の意思の在処を再構成することは難しいが、いずれにせよ、こうした態度が規範性を帯びているという事実は、女性自身の否定にもかかわらず結婚に向けた女性の積極的意思が常に潜在する可能性を、一般論として開示しているのである。

　最後に、女性達が結婚の経緯を問われたときに見せる、その表情に注目しておこう。端的にいって彼女らは笑う。自分で結婚したくて結婚したのかと問うと、誰もがあるいは小さく、あるいは大きく、あるいはやや恥ずかしげに、あるいは豪快に、笑うのである。笑いの注釈が野暮なのは百も承知で、それでも、彼女達の笑いがある身体化された「感情の構造」（cf. Bourdieu 1977; Williams 1977）を通して生起してくるものであること、さらにいえば、その構造において抑圧されているものの兆候と見られることを指摘したい。

　「笑い」とは、ある種の場違いさやそぐわなさ、端的にいって「おかしさ」の感知とそれに対する反応・評価の一体となったものと、とりあえずいえよう。彼女達に何が「おかしく」感じられたかといえば、まずは結婚の経緯における女性本人の意思を当の本人に問うた筆者の質問、親密な姉妹でも友人でもない相手が投げかける質問としてはやや唐突な、この質問である。とはいえ彼女達の反応は攻撃的（または強く自己防御的）ニュアンスを帯びたものではなく、嘲笑、高笑い、失笑 etc. というよりクスクス笑い、照れ笑い、茶目っ気たっぷりの笑い、屈託ない爆笑 etc. と表現すべき範囲に収まるものであった。このことは、彼女達が笑ったのは質問し

た相手の私であるより（それもあろうが）、私の「おかしな」質問によって彼女達自身がその質問に何らかの応答をせざるえない立場に追い込まれ、実際ともあれ応答しつつあるという、この事態のほうであったことを暗示する。すなわち、多少なりとも性的事柄に関わる自らの意思や欲望について、多かれ少なかれ距離感のある相手に対し、改めて表明（たとえその否定であろうと）するはめに陥っているという事態は、彼女達の身体化している性的慎みや羞恥心という感情の構造[24]と噛み合わない。この齟齬の感知が、彼女達をまず笑わせるのである。

　さらに、この構造を生きていれば女性達は、結局自らの（過去の）欲望をストレートに表明することは大方ないと見られるわけだが、あった欲望を表明せずにいれば、自らの応答とそれが対応すべき過去の経験の間にもズレが生じることになる。そしてこのズレの認知がまた、さらなる笑いに連鎖していくでもあろう。彼女達の笑いは、自らの性的主体性について言明するはめに陥ってしまった自らの「間の悪い」立場の、あるいはまた、語る行為において過去に存した自らの性的積極性を抑圧していることの、兆候と見なしうる。

　以上の議論から、ヨルモ女性による自らの婚姻締結過程をめぐるマスター・ナラティヴのありようにもかかわらず、全般的に見て、この過程において女性の結婚成立に向けた積極的な意思や行動、すなわち結婚へと向かう主体性が不在だったと想定することはできないといえる。それはほとんどの場合不在であると語られつつも、語る行為自体の端々に回帰してくる。逆にいえば、結婚に向けた女性の主体性は「不在であるべし」というこの規範の桎梏のもとでのみ、密やかに作動しているものなのであった。

---

[24]　この感情の構造はもちろん社会的に構築されているものだが、この構造がヨルモという枠をこえ広く共有されている部分を持つことも疑いえない。エジプト・ベドウィンにおける女性の「慎み」を扱った鮮やかな議論として、Abu-Lughod (1999[1986])。

3.2. ヨルモにおける婚姻の制度構造：女性の主体性という空白

それでは、結婚成立に向けた女性本人の積極的関与の不在を命ずる規範をその一部とするようなヨルモにおける婚姻制度とは、そもそもいかなるものだったのだろうか。ヨルモの結婚（をめぐる語り）においてなぜ、女性達は結婚を願った自らの思いや欲望を、自ら沈黙の闇に沈み込ませることになるのか。こうした女性達の語りをもその一部とする婚姻をめぐる諸実践を生み出す母胎であり、そうした諸実践の反復によって再生産されてもいる、ヨルモ社会における婚姻制度の構造＝「言語」を明らかにしてみよう。

3.2.1. ヨルモにおける「結婚」の語彙

今まで「結婚」と訳してきたヨルモ語の語彙は "*bhama*" である。この語がそもそも意味するところとは何か。ヨルモの女性達に対する一連のインタビューのとりわけ初期、筆者はほぼ例外なく「あなたはどのようにして結婚（＝ *bhama*）したのか」という質問を発していた。意図したところは、彼女達の結婚がいわゆる恋愛結婚か親同士の取り決めによるものか、つまり結婚に際して女性本人の意思がどの程度反映されていたかを明らかにすることであった。しかしこの意図は、女性達にとってすんなり汲み取れるものではなかったようである。私は徐々に、これをより直接的に女性の意思を問う質問（例えば「結婚したいと思いましたか？」等）にいいかえ、あるいはそうした質問と並置することで、目的とする答えを引き出すようになっていった。

質問の通りが悪かった理由は、ヨルモ語にいう *bhama* が二重の意義を帯びており、またこの二重性とも関連しつつ、*bhama* 範疇内部の差異化軸が私の関心を規定していた（近代的結婚観にのっとった）差異とは微妙にズレていたためである。*Bhama* とは、いわゆる「結婚式」、すなわち結婚という社会的移行にまつわる一連の儀礼的イヴェントを指す[25]とともに

---

[25] なおこの一連の儀礼の中心をなす、招待客を招いての宴会を含む儀礼のみを

に、通常その「式」によって画され実現されるところの社会的移行それ自体をも指し示す概念であった。それゆえ「どのように *bhama* したか」という問いは、どんな式を挙げたか／どのような経緯で結婚に至ったかという二重の意味を必然的に帯び、そう訊いただけでは何を問うているのかが十分明確ではない。さらにこの点を特定したとしても、結婚の経緯について（とりわけ女性自身の意思の在処に照準しつつ）正面から問われるという事態自体が、彼女達にとっては多かれ少なかれ戸惑わせられる事態であった（3.1. 参照）——彼女らの応答自体が証拠だてているように、このように問いかけられることが彼女達にとって全く意味をなさないわけではなかったにしろ、である。

では、結婚に至るプロセスを差異化するヨルモ語の語彙とはどういうものか。基本的に三系列が識別されるが、ここではそのうちの二系列について見ておく[26]。花婿候補の親（あるいはそれに準じる者）が嫁に乞いに来て、それに花嫁候補の親（またはそれに準じる者）が応じて結婚が成立するという方式は、*lang honge*（嫁乞いに来る）、*paba amagi terke*（父母がくれてやる）、*paba amagi tange*（父母がおくる）、*paba amagi beti bhama be terke*（父母が結婚させてやる）等と表現される。これらの語彙によって示されるヨルモの婚姻のタイプを以下、「嫁やり婚」と呼ぼう。私達の結婚形態の語彙でいえば「（親による）取り決め婚」に相当するとひとまず見える方式である。これに対し、親の意思によらず本人同士の合意（のみ）に基づいて行われる方式があり、これは *rang doae*（自分で行く）、*rang khushi gi doae*（自分の希望で行く）、*rang zumge*（自分達で一緒になる）などと表現される。以下、これらの語彙が表現するヨルモの婚姻方式を「嫁行き婚」と呼んでおく。私達の語彙に訳すとすれば、とり

指して *bhama* という用法もある。

26 もう一つの系列とは（現在では過去のものとなりつつあるといわれる）いわゆる「略奪婚＝嫁盗り婚」である。これに関しては、第3章及び補論を参照。

あえず「恋愛結婚」の語をあてがうことになろう。さて、このヨルモ的婚姻分類（とその翻訳）に関しては、次の二点の注釈をすぐさま加えなければならない。

第一に、この嫁やり婚と嫁行き婚を差異化するのは、結婚成立が親の意向によるのか本人の意向なのか、つまり結婚に先行する恋愛（的感情／関係）があったかなかったかという、私達に馴染み深い基準では、実はないことである。例えば、本人同士が既に好きあっており、それを受けて男性側が正式に嫁に乞い女性側がこれを承諾して結婚に至るといったケースは、ヨルモでもときに（近年はむしろよく）あるといわれる。女性自身がそう認める場合も少数ながらあるし、第三者についてそうした話が出ることはしばしばある。そうしたケースはいわば同時に嫁やり婚でもあり嫁行き婚でもあるということに一見なりそうなものだが、ヨルモの人が（いわんや女性本人が）これをそのように語ることはまずない。間違いなくそれは、嫁やり婚系列の言葉で語られるだろう。

そもそも結婚の経緯を語るヨルモの言語からすれば、定義上嫁やり婚であると同時に嫁行き婚であるようなやり方で結婚するのは実は不可能である[27]。なぜなら、ある結婚が「嫁やり婚」なのか「嫁行き婚」なのかは、本人同士の恋愛的関係に先行されていたかどうかではなく、結婚という社会的移行を構成する儀礼的手続き（すなわちまさにヨルモ語にいう *bhama* ＝結婚式）において成立したかどうかによって判定されるのだからである。ポイントは本人同士の感情や関係の如何ではなく、儀礼的フォーマリティの有無、あるいはそうした儀礼挙行のために必然的に要求されまたその挙行において表象されるところの双方の親（保護者）の主体的参画の有無である。後者がある限り嫁やり婚なのであり、本人同士の事情は基本的に関連性がない。翻ってみれば、私達が想定するところの恋愛

27　ただし、「嫁行き婚」とも「嫁やり婚」とも表現することが可能な結婚のケースもある。以下の議論を参照。

結婚なるものは、儀礼的フォーマリティではなく恋愛感情の有無にポイントをおいた概念構成であった——古式床しく「伝統」的な式次第で挙行したところで、本人同士の恋愛関係に先行されていればそれは私達にとって紛れもなく恋愛結婚である。しかるにヨルモ的視点からいえばそれは嫁やり婚であり、嫁行き婚ではない。逆にヨルモ的視点からして嫁行き婚とまさしく呼ばれるべきは、この一連の儀礼的フォーマリティなしに（すなわち、親の裁可なしに）社会的移行が遂げられてしまった場合に限られる。嫁行き婚は、従って、ニュアンス的には「駆け落ち」に近い[28]。

　こうしてみると、女性達の多くが結婚成立の経緯における自らの意思やら相手への思いやらにほとんど言及しないのは、彼女達がそのなかで自らの結婚を語っているヨルモ的婚姻語彙の構造によってまずは規定されたことなのであった。彼女達の意思や感情は、少なくとも嫁やり婚か嫁行き婚かというレベルでいかに結婚したかを語るにあたっては関連性のない情報なのである。彼女達にとって、「嫁乞い→受諾→結婚式」という形式化された手続きを踏んだ結婚は「自分で行った」のでは断じてなく、親によって「嫁にやられた」以外ではない。私達はともすれば、彼女達の語りに自らが関心を寄せるもの（＝女性自身の結婚に向けた積極性）の欠如を見出し、その欠如に注意を固着してしまいがちになる。だがそのとき、彼女達の語りには実は何も欠如していない——嫁乞いとその受諾をへて成立した結婚を、自分の意思によるものとしてではなく嫁やり婚の語彙で語ることは、彼女達にとっては単に文字通りを語っているに過ぎないという可能性を、私達は重々念頭におくべきである。女性本人の心情への言及の欠如をことさらに感知するのは、結婚の前段における恋愛の有無をもって結婚を分類することを自然化している、我々の分類格子のなせるわざなのである。

　ヨルモにおける結婚の仕方の分類に関する注釈の第二は、嫁やり婚と嫁

28　ヨルモの人が、この系列の結婚の経緯をネパール語の"*bhagne*"（「逃げる」の意）を用いて表現することもある。

行き婚が単なる差異化ではなく、価値づけにおける階層化を含むということである。男女問わずヨルモ社会一般において望ましい、あるべき道とされるのは前者であり、後者はそこからの逸脱、いわばルール破りである。端的に「自分は『よいやり方で（Y. yhabu beti）』結婚した」という表現が存在するが、その意味するところは嫁やり婚によって結婚したということ以外ではない（cf. Desjarlais 2003）。

　この明白な階層性は、別の点からも確認できる。例えば、嫁行き婚をした後、条件の整った折を見て改めて「嫁乞い」から始まる一連の儀礼を挙行する（＝まさに改めて「bhama し直す」）ことがある[29]。いわば「嫁にやり」直すことで、結婚の種類を「上書きする」のである。達成されるべき社会的移行は達成されてしまっているのに、わざわざこうした実践が行われるのは、ヨルモにおいて結婚するということが、本来的に親が娘を他の男性（の親）に引き渡すという、嫁やり婚に具象化された手続きとして捉えられていることの証左に他ならない。嫁やり婚はヨルモにおける婚姻方式の規範であり、ヨルモの婚姻をめぐる言語はこの方式のヘゲモニーのもとに編制されているのである。

3.2.2. 規範的「嫁やり婚」とその外部

　婚姻をめぐる個々の実践や語りはもちろん、この制度構造から自動的に導きだされるのではなく、規範に必ずしも従うものでないこともちろんである。それでも、すべての婚姻をめぐる実践／語りは確かにこの婚姻の言語を経由し、嫁やり婚規範との関係において産出されている（「逸脱」することすら、言語を経由し規範と切り結ぶことを通してしか可能ではない）。婚姻をめぐる女性達の語りをより細やかに読み込むために、私達はこの規範的嫁やり婚の構造をさらに仔細に観察してみよう。ここでは婚姻締結過程における女性の行為（可能性）に注目する視点から、この過程に

29　こうした場合、花嫁は一旦親の家に戻って、改めて「嫁入り」するという。

参画しあるいは巻き込まれる諸当事者が、その過程の各契機において各々どんな権能を付与され（あるいはされず）、そうした権能にはいかなる実際的限界があるかを見定めたい。

　嫁やり婚に関わる当事者として、女性本人、彼女の親（に準じる者）、男性本人、彼の親（に準じる者）の四者を認めることができる[30]。また嫁やり婚成立（または不成立）に至る過程においては、次の二つの契機——結婚の提起（＝「嫁乞い」）とその受諾／拒否——を認めることができる。各々の契機において、誰に対しどんな権能が付与されているのだろうか[31]。

　まずヨルモで結婚の正式な提起ができるのは、（嫁乞いという言葉からも既に明らかなように）男性側のみである。乞いに行くのは本人ではなくその親（に準ずる者）であるが、男性本人が誰それをと意向を示して、乞いに行ってもらうこともめずらしくない（しかしまた、本人の意向を無視して親が嫁乞いに行くこともまた、ままある）という。女性の親側が、インフォーマルなチャンネルを使って嫁乞いに来るよう相手方を仕向けるということも確かにありうる。受諾の見通しを斟酌しつつ嫁乞いに行くかどうかを決める男性側としても、相手方が乗り気であるとわかれば当然行きやすいのである。またもし既に本人同士が恋人的関係にあったとすれば、女性本人が男性に示唆して嫁乞いに来てもらうことも不可能ではない。とはいえ、こうした水面下での動きは別として、最終的に結婚の提起は嫁乞いというかたちでしか遂行されえない。それは例外の認められないルールとなっているのである。

　男性方が提起するのがルールとすれば、それへの応答責任は当然女性側

30　ヒマラヤ諸社会においてしばしば報告される婚姻の仲介者の働き（cf. Ahearn 2001a）は、ヨルモにおいては基本的に見られない。

31　婚姻の受諾後に始動する制度的プロセス、すなわち儀礼的フォーマリティの中味も「嫁やり婚」という制度を考察するためには重要な分析対象となりうるが、本書では扱うことはできない。

に存するところとなる。もちろんここでも、男性側はなすこともなくただ諾否の回答を待つのではなく、言葉を尽くして相手の説得に努めるでもあろう。他方最終的諾否の権限を持つ女性側といえども、拒否するとなれば（大抵は同村か近隣村の人であり、ほとんどの場合既に何らかの親戚関係を辿れる）相手方との軋轢は避けられず、その決断には相当のプレッシャーがかかる。とはいえ、諾否権がルールとして女性側に帰属することは明白であり、その正式な意思表示なしに結婚の如何が決することはない。

　嫁乞い交渉の場につくのは親達（親がいなければそれに準ずる保護者的立場の人）であり、本人達が直接この交渉に参加することは基本的にない。それでも男性側では、そもそもの結婚提起に本人が比較的容易に自分の意思を反映させることができた。では女性本人の意思は、どうなのだろうか。

　ここで、交渉が親同士の間で行われるという事実を、息子の親が息子の、娘の親が娘の代理として交渉にあたっているととるべきではない。厳密にいって本人達は交渉の場から除外されているのではない——交渉自体が、そもそも親同士の間のものなのである。とりわけ女性の側において、親が交渉の主体であることは極めて明白である。娘を「下さい」と懇請に来たからには、懇請の相手は定義からして娘本人ではなく（それはもらいたいモノ自体である）、娘を「持つ」はずの人、つまり娘の親ということになる。結婚提起の諾否権を持つのは、あくまで女性本人ではなくその親である。女性本人に諾否権がないのであれば、彼女が「結婚したいかどうか」自体は、所詮「嫁やり婚」の制度的プロセスのなかで究極的には決定的な意味は持たない「瑣末事」となる。嫁やり婚と嫁行き婚の間を、後者を周縁化しつつ分割する婚姻の言語において、女性（あるいは本人達）の意思は究極的には分節化を根拠づける場所とはなっていなかった。規範的な嫁やり婚締結過程の内部においてもまた、女性（そして男性）本人の意思に決定的な場所は与えられていなかったのである。というより、嫁やり婚／嫁行き婚の分割と嫁やり婚成立過程における女性の主体性の周縁化は、結局は同じ事態の裏表と見ることもできる。つまり、ヨルモの婚姻の言語が

第2章　「私は行かないといった」　　121

「女性の意思」に制度的な場所を認めていない（女性本人に何ら正式の権能を与えていない）という、事態である。

　嫁やり婚のヘゲモニーのもとで遂行されている女性達の発話において、彼女達自身の積極的な結婚への意思（ましてや行動）がなかなか見えてこないのは、正式な婚姻締結に至るどの段階においても女性本人には権能が付与されず、従って彼女たちの意思や行為が結婚成立の可否に効果を及ぼすべきことが本来的には想定されていない、この婚姻制度の構造の帰結でもあったのである。結婚を決めるに際して女性自身は何もいわなくてよい、いうべきでない、あるいは何をいおうが結果は（おそらく）変わらない。女性達が繰り返し語るように、「行きたくなく」とも「行かないといって」も、大方親が行けといえば行くことになるわけである。当然、親が娘の意向を斟酌することはある（実際少なからぬ親はそれなりに斟酌するでもあろう）が、それは親の義務ではなく、一旦親が嫁にやると心を決めれば、女性自身の同意の不在も拒否の表明も本質的にはその障害にはなるべきものではない。規範的嫁やり婚において、女性本人の意思に究極的には効力は付与されていないのだから。

　そうはいっても、とここで私達は立ちどまるだろう——婚姻の諾否について女性本人の意思には何の効力もないならば、実際少なからぬ女性達がそうしたと証言しているように、なぜそもそも彼女達は結婚の取り決めにあえて抵抗したりするのか？　結婚したくてもしたくなくても、それを表明することが何の違いももたらさないとわかっているなら、それは徒労に過ぎないではないか（忍従という対応は、まさにそうした徒労の回避ともいえるが）。一応「行かない」といってみる程度ならまだしも——確かにそういういわば儀礼的ともいうべき抵抗も少なくない[32]——まさにリスクを冒した真剣抵抗、「捨て身」とすらいうべき抵抗が行われることは、実

---

[32]　もっともそうした「儀礼的抵抗」がなぜ行われるかについても、別の説明は必要である。以下を参照。

際にある[33]。たとえ心から「行きたくなかった」のだとしても、いかにうら若くて世間知らずで向こう見ずであっても、その挫折が100％見えているのであれば、人がそれにどこまで真剣に賭けられるものか、大いに疑問が残るのである[34]。

　おそらく、彼女達自身の意思に効力が与えられていないという言い方は、強すぎるのかもしれない。実際、比較的数少ないと思われる真剣抵抗のなかでもさらに稀なただ一例では、その結果、一旦決まった結婚が流れることになった（シッタルの語り、p.101, 102）。女性本人の抵抗は、極めて徹底的なかたちで行われればその徹底性によって親の翻意を引きだす可能性はある。そして翻意した親が結婚の受諾撤回を相手方に認めさせることができれば、それは確かに結果的に効力を持つ。彼女達には、極めて大きな限定付きでではあるが、最後の一線で結婚の受諾に抵抗する方途[35]は残されているというべきだろう。そうであればこそ、少なからぬ娘の親達が嫁乞いの諾否を決めるに際して「行くか行かないか」と娘の意向を確かめることにもなるのである。娘をやるやらないは明白に親の権限に属するとしても、親は娘のこの「最後の抵抗」を阻むことはできない。娘の意思は本来問題にならなくとも、彼女は感情の通わぬモノではなく、心底嫌であれ

33　端的な例として、第4章のダワの例を参照。
34　なおここでは結婚を受諾した親に対する娘の抵抗を中心にして考えているが、結婚を受諾しない親に対する娘の抵抗についても、ここでの議論は基本的にあてはまるだろう。親による結婚受諾拒否への真剣抵抗とは、親が許さない相手のところに自分で行って結婚する（＝嫁行き婚の実践）ということである。ただし、この種の真剣抵抗を含む具体的ケースの例は直接話を聞くことができていないので、一応「親の結婚受諾に対する娘の抵抗」に即して議論を進める。なお、話を聞いた嫁行き婚といえるケース（2例）は、いずれも親元を物理的に離れインドに出稼ぎに出ているという状況下で実現されたもので、親との真っ向からの対決を含んだものではなかったと語られている。
35　結婚を拒否する親に対してであれば、女性本人が結婚を強行する、すなわち親許を去って嫁に「自分で行く」という方途。

ば親の「娘を与える」約束履行を物理的に不能にする（＝例えば家から逃げる）破壊的行動に出ることもできる。それを親は恐れるのである。だとすれば、娘の親が、娘がそうした破壊的行動には出ないとの心証を得たうえで答えをだそうとするのは、自分の体面も守りつつ娘も失いたくない親自身にとって、理に適ったことである。

　いわば通常時は使用不可だが「非常用」として行使しうる、女性本人の結婚に対する拒否権[36]。いやそれは、そもそも権利などと名指すべき、ある社会的制度、つまりこの場合でいえば嫁やり婚制度内部に位置するものというより、それを行使すれば行使した主体が定義上この制度（が構成する社会）の外部へと放擲されてしまうことになる緊急レバーのごときものである。それは、娘の親への帰属／恭順というヨルモの社会制度の根幹の一部に違背するルール破り行為であり、そうしたルール破りとしてしか行使できないものなのである。彼女は、ヘゲモニックな嫁やり婚制度自体（そしてそれを支える娘の親への帰属という論理）を否定することなしに、つまり社会的規範に徹底的に抗うことなしに自らの意思に従った選択を貫徹することができない。

　社会的規範への反逆という性格を帯びるこの拒否権の行使は、彼女の親にとってのみならず彼女自身にとって極めて破壊的でありうる。それは、彼女がそのなかで育くまれてきた重要な関係性（通常その最たるものが親子関係であるが）から自らを切断する行為、そうした関係性とともに己のものともしてきた社会的規範／価値観（嫁やり婚規範を含む）から自己を逸脱させる行為である。それを行使するハードルは極めて高い——それは、失うものの極めて大きな賭けなのである。

　さて残る一つの疑問は、先に儀礼的抵抗と呼んだ、むしろ紋切り型に見える、実質的に有効たることを意図しているとは考えにくい種類の結婚拒

36　親の結婚の拒否決定に対する拒否であれば、いわば強行権＝「自分で行く」権。

否発言が、なぜわざわざ（またしばしば）行われているのかという問題である。嫁に行けといわれて（たとえ行きたくとも）行かないというのは、皆が皆そうするわけではないにせよ、これ自体ほぼ規範的といえるほどに一般的な態度となっている。女性本人に諾否の権能を付与せず、彼女が思うこと言うことに基本的に効力を認めないヨルモのヘゲモニックな婚姻制度の内部で、なぜあえてこの儀礼的抵抗が行われるのか。

　もちろん人は常に効果を見込んで行為するわけではなかろう——嫁乞いが、先行する恋愛的関係を受けて提起される事態がそれほど一般的ではないと見られる状況において、多くの女性達はただただ本当に行きたくなくてそう言ったのだ、そう考えられなくもない。しかし逆にいえば、同じ状況は恋愛的関係が結婚に繋がる期待自体がそれほど一般的ではないことを示してもいる。女性自身が、遅かれ早かれ親が決めた相手に嫁ぐことに納得づくである可能性は高いのである。とすれば、この儀礼的抵抗を、婚姻の言語を踏まえて別の角度から読み込むこともできよう。すなわち、嫁やり婚制度のなかで女性がおかれた位置からすれば、この必ずや「失敗」すべき言説実践は、その失敗＝結婚の成立においてこそ、ある効果を実現する、そしてしばしばその効果をこそ見込んで行われているものではないだろうか。

　まず女性は、結婚への拒否をはっきり表明する（より弱くは同意を示さない）ことで、その結婚が規範的嫁やり婚であり、それ以外ではないことを明確にすることができる。つまり彼女が嫁に行くのは規範にのっとり親の意に従ってのことであり、自分個人の意思や欲望によってではないということである。嫁やり婚の枠組みにおいては無効たることを定められた女性の意思／主体性を、一旦演じ、しかる後に甘んじて否定し去られることで、彼女は規範的婚姻締結方式において女性が占めるべき位置を、より正確には主体としては占めるべき位置のないことを、改めて認め、受け入れる。そもそも、あるいは単に意思を持たなかったのではなく、持っていてもあえてそれを殺して社会の規範に従うという所作を通じて、彼女は紛れ

もなく自らの「分を知る」女性、よきヨルモ女性として、より完璧に主体化＝従属化を遂げるのである。

　彼女が自らの意思を殺すということは、この場合親に恭順し、親子の絆を（その不均衡性もひっくるめ）再確認することに他ならない。ヨルモの親子関係は、情緒的な相互への愛着関係であるとともに、前者の後者に優越する明らかな権力関係でもある。ただしこの権力関係は、権力を持つ者へのそうでない者の従属とともに前者の後者に対する庇護を命じるものでもある。ツィリンの語り（p.104）で嫁に行けと命令しつつ「将来おまえにつらいことがあれば、私が面倒をみてやるから」と父親が語ったくだりは、この点を端的に示している。女性の側からすれば、彼女が親に従うことは、親とは別様の自らの意思を押し殺してならなおのこと、彼女の親への深い愛着と恭順をアピールし将来にわたる親からの庇護を確保する行為でもありうる。嫁にやった娘の将来に対して親はできる限りのサポートをする義務を負うが、一般にヨルモの女性にとって必要なときに親の援助をあてにできることは、大きな意義を持つ。逆に実家の後ろ盾のない女性は、嫁入り先で何があろうと帰るところ、守ってくれる人を持たないという大きなハンディを背負うことになるのである。

　要は、女性に諾否の権能を付与しない「嫁やり婚」制度は、女性が自分の結婚に関する意思を押し殺す（＝結婚したくともしたくないという、結婚したくなくとも結婚する）ことに対し、彼女に報償を与えるものなのであった。場合によって女性は、自己の欲望を表明する労をとることなく（さらにはそれを否定すらしながら）、望んだ結婚を手に入れることも可能になる。例えば秘かに望んでいた相手からの申し込みが来てこれを親が受諾すると見込める場合、女性はそれを自ら望んだ素振りすら見せずに、従順なる「よきヨルモ女性」であることによって望みうる名誉や親のサポートを確保しつつ、その結婚を遂げることができる（そんなややこしい位置におかれることが「利点」だとは到底思われないけれども）。女性は、結婚に向けた主体性を消去するというエイジェンシーの発揮を通してこそ、

社会的に女性が女性として望みうる評価と立場を十全に獲得できるという逆説的位置におかれているのである。

3.3. 語る行為におけるエイジェンシー

　婚姻締結に向けた自らの積極的意思の不在を語る、大方の女性達の語り。私達は、語りからそれが直接には「語らない」ものを析出する努力を通じて、彼女達自身がそれを否定する場合でも、相手への感情やら結婚への意思やらが決して文字通り不在だったとは必ずしもいえないことを確認し（＝コンスタティヴの位相からの考察）、またそれではなぜ、彼女達がそれをなかったことにするのかについて、嫁やり婚を規範として編制され婚姻締結に向けた女性本人の主体性を徹底的に周縁化するヨルモにおける婚姻の言語構造という観点から考察してきた。この節では、さらにパフォーマティヴの視点から、ヨルモ女性達の語りを観察していきたい。とりわけ、筆者＝私という人間を一契機として構成されたある社会的場において遂行されつつある実践として、彼女達の語る行為とは何の遂行であったのか、そこにいかなるエイジェンシーの発現を見てとることができるのかを考えてみたい。

　何かを語る行為は、たとえそれが「（過去の）自己の主体性を否定」する語りであろうとも、多かれ少なかれ「主体的」であり、ある種のエイジェンシーの行使となっている。語る行為におけるエイジェンシーのかたちは、一方では語られるもの（＝過去の「事実」）との、他方では語りの経由する言語構造（規範）との関係を通して現れてくる。すなわち、一方では語りと語り自体の外部にあって語りが指し向けられる対象との関係をどう構築するかという問題があり、他方では言語とそれが含む規範との関係において語りをどう位置どりするかという問題がある。この二重の関係性において、そのときどきの発話の場に即して暫定的に遂行されていく選択行為の集積として、個々の語りは構築されていく。であるなら、私達が行うべきはこの二重の関係性のなかに、語る実践を明示的に位置づけてい

くことである。

3.3.1. 「結婚に向けた積極的意思の否認」を語る行為

　彼女達の語りを、そこにおいて語られた内容から二つに分けて考えてみる。自らの過去における「結婚に向けた積極的意思の否認」を語る行為と、同じく「積極的意思の肯定」を語る行為である。

　結婚に向けた積極性の否認、すなわち「私は行かないといった／行きたくなかった」という語りは、潜在的には存していた結婚の過程における女性本人の結婚に向けた意思を否定する、あるいは不可視化するという行為を遂行するものと考えられる。あったとはされない／なかったことにされる女性の欲望や積極性が、どれだけはっきりしたかたちで存在していたのかは無論個々のケースにおいて様々であろう。また遂行される主体性の不可視化が、どのような徹底性／モードで行われるか（例えば明確に結婚への抵抗を表明するのか、積極的意思の不在のみを示すのか）も、見てきた通りヴァリエーションを含む。語りと語られるものの対応／距離関係により、語る行為の遂行は相当の「作為」を含む場合からほぼ「ありのまま」の陳述といってよいものまで、幅広いスペクトラムを描くことになる。

　語りと語られることの距離がいかほどのものであれ、いずれにせよこの結婚への積極性を否認する発話全般に通底するのは、そのヨルモの婚姻規範との整合性である。この範疇の語りにおいて共通しているのは、規範的婚姻制度における女性の主体性の位置指定（より正確にはその占める位置のないこと）を女性達自らが遂行的に承認し、その空白の位置に自らを（再）定位するという行為なのである。過去の事実との距離がどれほどのものであろうと、「語られない」でおかれたことがどれほどあろうと、いやむしろそれがあればあるほど、語る行為を通じた語り手自身の規範内部における（再）承認／構築は、確たる強度をもって行われていることになる。過去にあった事実を取捨選択し場合によってはたわめつつ再構成することをも含むだろう語りの実践は、婚姻の言語を必然的に経由し、また言

語において立ち現れる規範との適合の要請という契機から一般に自由には行われえない。そうであればこそ、規範に適合したこの種の語りは婚姻の語りの主流を構成もし、またそうした集合的実践の累積的効果においてこの言語自体の構造を再生産もしていく。

　自らの結婚に向けた意思を否認する語りの実践において彼女達は（自らの結婚への意思を否認した／肯定などしなかったあのときと同様）、自らの積極性を正しくも消去する「よきヨルモ女性」として、逆説的に主体化を遂げる。この主体化がどれほどの自己否認を、彼女達の生きる社会において「女性」であることの要請から逸脱するような自己の抑圧を、すなわち「語られない」ものの領分への彼女自身の意思と欲望の棄却を伴うとしても、そこで遂行されつつあるのはまさに「よき女性」として自己を語り直し（再）構築し提示するという、ある積極性を帯びた行為ではあったのである。

3.3.2.　「結婚に向けた積極的意思の肯定」を語る行為

　それでは、結婚に向けた自らの積極的意思を肯定する語りとは、一体何をしている行為なのだろうか？

　この種の語りに関していえば、語られるもの＝事実との対応に関しては基本的に滑らかな接続を認めてよい。つまり、女性達が結婚に向けた自らの意思、主体性を肯定して語るとすれば、その時確かに、彼女らのそうした主体性は作動していたのだろうと想定できる。このごく単純な想定が可能と考えられる理由は、既に確認してきたヨルモの婚姻をめぐる言語／規範のあり方とこの種の語りの緊張関係にある。こうした主体性の肯定は、ヨルモの婚姻の規範において指定される女性の位置と基本的に「順接」していない。支配的規範から見れば、彼女達の語った結婚成立過程における自らの積極性は逸脱的なものであり、このテーマをめぐる言説空間において見れば、そうした逸脱性を認めた彼女達の語りは例外的なもの、結婚成立過程をめぐる女性の語りの傍流に留まるものとなる。過去の行為同様、

現在におけるこの種の語りは、ヨルモ的婚姻規範が女性に課する狭いリミットを払いのけそれを越えてつつ、あえて行われているというべきである。だとすれば、その語りの内容は少なくとも過去の経験にその対応物を持つはずである——そうですらないなら、こうした例外的・逸脱的な語りが行われる理由は考えにくいのである（彼女達が徹底的に筆者をかつごうとしていたと信ずべき理由でもあれば、話はまた別であるが）。彼女達が「（嫁に）行きたかった」と語るとすれば、ひとまず、彼女達は確かに「行きたかった」のだろう、そう認めてよいだろう。

　しかしまた逆に、女性の結婚に向けた主体性（の表出）を否定する婚姻制度のありようを踏まえればこそ、事実その時主体的に行動したから、したと語ったのだなどと単純に「理解」することはできない。過去にそういう事実があったとしても、女性の積極性を消去すべしという規範の力のもとで、結婚に向けた積極性を語らない、言説的に消去するということは十分起こりえた（そして多くの場合実際に起こってきた）はずだからである。とすれば、この少数の女性達がなぜあえてこの「逸脱」を犯したのか、犯しえたのかが説明されなければならない。彼女達だけが、ヨルモの婚姻規範の磁場から自由であったと考える理由はないのだから。

　一つに考えられることは、この彼女達の現在立っている社会的位置との関係である。屈託なく（あるいは控えめに）自分の結婚への積極的意思を認めた女性達（3人）はいずれも、「恋愛結婚」を昨今の現象とする（私達／ヨルモに跨る）「常套」的語りの存在にもかかわらず、皆50〜70代の比較的高年齢層に属する。彼女達は既に子どもも成人させ、社会的にも安定し、また既に性的に活発な年齢を過ぎたことを想定されその意味で評判を落とす懸念のないライフ・ステージに到達した、いわば自らが「よきヨルモ女性」でありまたそうあり続けることに十分自信を深めた地点にいる女性達だといえる。彼女達が既に安定した社会的地位を築いているとすれば、ヨルモの女性としてあるべき姿から逸脱した自らの遠い過去を今になって語ったとしても、それによって彼女の体面や評判が損なわれる恐れ

は少ない。これがより若い女性であれば、彼女の評判は相対的に脆弱であり、規範からの逸脱をフランクに認めることへの抵抗感は遥かに乗りこえにくいだろう。「女性として」受ける規範の圧力は、若い世代ほど重くのしかかっているものと考えられる。

　もう一つには、今述べた点とも関わるが、筆者とのインタビューという社会的文脈の性格である。インタビューの多く（そしてこの種の例外的な語りを聞けたそれのすべて）は、私とインタビュー相手となる女性（達）のみの少人数が参加する場として設定された。彼女達にとっての「私」という人間とは、同村／隣村の一家族に受け入れられてかれこれ10年近くの月日を過ごしてきた、かなり年下の、「同じ女性」の外国人であり、また随分と「教育がある」とは聞いているが、ネパール語とあまり巧くないヨルモ語をまぜこぜにしてときに突拍子もないことを質問してくる相手、概略そんなところであろうか。こうした文脈はヨルモの人々にとって当然日常的ではないが、かといってとりたてて畏まるべき場と受けとられていたふうはなく（もちろん私自身も打ち解けた場の雰囲気作りを心がけ）、年長の彼女達にとってはどちらかといえば気楽な、冗談の一つも飛ばせる場と捉えられていたと想定される。規範的婚姻制度のなかにはなかるべき女性の結婚に向けた積極性がざっくばらんに認められたのは、こうした場自体の性格にも関係すると考えられる。つまり規範への恭順がより強い圧力として働く「普段」はいわないこと、いえないことを「放談」してもよい場として、彼女達はライフ・ストーリーを語る現場を認知していたと推定されるのである。逆にいえば、文脈が違えばこの彼女達にしたところで、あのように屈託ない自らの積極性の肯定はせず、より規範に叶った語り方をすることも十分ありえる。さらにいえば、より若く社会的地位の脆弱な女性達からも、例えば気心の知れた同年代の女性だけが集まるような場であれば、こうした「放談」が飛びでることも大いにありえたことではなかったろうか。

　このように、結婚への意思を大らかに肯定する女性達の語りもまた、実

はその語りの社会的文脈における適切性を配慮して調整されたものとすれば、それはあるレベルでは確かに支配的規範を攪乱する行為であるとともに、別のレベルではこの攪乱の収束を折り込み済みの行為だともいえる。いわば許容される範囲内であることを見込んだ「ガス抜き」行為なのであり、そうしたものとしてヨルモの既成の支配的婚姻制度のありようを覆すような効果は持たないものと、ひとまず診断せざるをえない。彼女達の闊達な結婚への意思・欲望の表出は、支配的な規範の指定する女性のありようへの抵抗では確かにあるが、それを行っても大過ない時と場所を十分にわきまえた上での抵抗＝闊達さにすぎないのでもある。この意味において、規範に逆接するエイジェンシーは規範に順接するエイジェンシーと表裏一体なのでもあった。

4. 結論

以上、ヨルモの女性達による自らの結婚の経緯についての語りを、語られる内容＝事実確認的次元及び語る行為＝パフォーマティヴの次元という二重性に留意しつつ、またヨルモの婚姻の言語の構造との関係において位置づけつつ、観察してきた。主流をなす規範的語り口は結婚成立に向けた自らの積極的な姿勢を否定するものであったが、そこから額面通り、女性の積極性が婚姻締結に至るプロセスにおいて不在であったと受けとることはできないことを私達はまず確認し、であるならばなぜ、ほとんどの女性達がそのようなかたちで自らの積極的意思を否定しつつ語る（そしてまたごく少数の女性達はそれを大らかに認めて語る）ことになるのかについて、考察を進めた。

問いに答えるための一つのポイントは、婚姻をめぐる語りと実践を産出する言語構造／規範との接続関係にあった。ヨルモの婚姻の言語における結婚当事者女性の主体性とは、端的にいって不在であるべき、あるいは消されるべきものとしてのみマークされた位置であり、この言語に組み込ま

れた規範から逸脱するというリスキーな選択をしない限り発動されえないものであった。リスキーな選択をする者はもちろん、少数に留まることになるわけである。もう一つのポイントは、婚姻について語る実践の行われる社会的文脈の問題であった。自らの結婚に向けた積極性を語らないという女性達の行為において遂行されていたのは、大方では規範的な「よきヨルモ女性」としての自己の（再）構築である。この種の行為は、幅広い層の女性に対して様々な社会的文脈を通じて一般に要請されているものと考えられる。他方、結婚への意思を率直に認めるより例外的な語りは、規範から逸脱した行為（語り）をしても構わないという、誰にもいつでも開かれるわけではないより稀な発話の社会的文脈を踏まえた上で遂行されていた。それは確かに規範からの逸脱／それへの抵抗でもあるが、一瞬の逸脱として撹乱を収束させることを折り込み済みである点で、結局のところ規範的言語への恭順を大きく踏み越えるものではなかったといえる。

最後に、章の初めに提起しておいた単線的近代化言説批判に立ち戻っておこう。「近代／恋愛結婚」対「伝統／親の取り決め婚」という二項対立、すなわち「結婚における女性の主体的決定」対「その欠如」という対立と前者から後者への時間的移行を想定する雑駁な近代化言説が、ここ約半世紀のヨルモ社会というローカルな文脈においていかに脱構築されるかについて簡潔にまとめよう。

近代化論の想定する二項対立のヨルモにおける相当物ととりあえず見えていたのは、嫁やり婚／嫁行き婚とここでは呼び分けておいた異なる結婚実践の二系列であった。しかし系列間の対立軸を検討してみれば、この系列の分岐が婚姻成立過程における女性本人の主体性の発動の有無によってではなく、同じく結婚当事者男女の親の主体性の発動（そしてそれを前提／象徴する一連の儀礼的手続き）の有無によってマークされていたことが明らかである。近代化論における「伝統／近代」対立のメルクマールと目された「女性本人の主体性」は、ここではそもそも問題とされていなかった。本人の主体性が婚姻方式を差異化する対立軸とならないということは、

「伝統」的嫁やり婚においても、女性本人の結婚への積極的意思や関与が欠如していたとは限らないということでもある。一見相同関係にあるかに見えた各々の対は、実は互いとズレていたのである。

　各々の対の間の時間的推移関係における並行性を想定する根拠も存在しない。「取り決め婚」から「恋愛結婚」への不可逆の移行を想定する近代化論に対し、ヨルモにおける嫁やり婚から嫁行き婚へという移行は、少なくとも本書で議論の対象とした言説から見る限り大雑把な傾向としてすら認められないものである。近代化論では「恋愛結婚」が徐々に支配的になっていくとされるわけだが、見てきたようにヨルモにおける嫁やり婚の規範性は現在に至るまで基本的に揺らいでいない。その一方で嫁行き婚がそもそも近年の現象だと想定すべき理由はなく、ヨルモにおいて周縁的＝非-規範的実践として以前から存続してきたものと想定できる。結局のところ、ヨルモの婚姻形態の分岐を常識的近代化図式にあてはめて理解することは、むしろ人を誤らせる。ローカルな現実のありようは、安易に外挿された認識枠組みに沿って記述されれば、ねじ曲げられてしまうのである。

　しかし、と、私達はここでもう一度立ち止まるだろう――しかし、この近代化言説自体が実は既にローカルな現実の一部に組み込まれていたのではなかったか、他ならぬ当の人々自身がこの言説枠組みを使って語っていたことを私達は目撃してはいなかっただろうか、と。現在のヨルモの人々は確かに、折に触れ「昔は恋愛結婚（*lav marej*）なんてなかった」という。結婚を決めるに際し、女性を含めた本人同士の好悪に相応の重みが与えられ、またいわゆる恋愛的関係に先行されることも確かに増えてきたといわれる昨今でもある。しかし今や確信を持てることは、この語りが、あるいは私達に一見親しいこの「恋愛」なり「恋愛結婚」という言葉が、ヨルモ的文脈にあって何を意味しているのか、私達には正確にはわかっていないということである。それらと嫁行き婚、嫁やり婚の関係はどうなっているのか？　今普及しつつあるという「恋愛結婚」とはいったいどのような実践なのだろうか？　これらの問いは今後の課題として残し、本書ではひと

まずもう一つのヨルモの「伝統」的結婚実践系列——「嫁盗り婚」——のほうへと、議論を展開していく。

第 3 章

嫁盗り婚の抹消

女性達の「語らない」エイジェンシー

1. はじめに：「語られない経験」としての嫁盗り婚

> ダミニ：（嫁に）乞いに来て、あちらの父親が乞いに来て、それで自分のここ（手で額を指す[1]）に書いてあったんでしょうよ、否とはいえなくて、で父さん母さんも *shalgar* を飲んで、*shalgar* をおいて、あちらがね、それで父さん母さんも飲んで、それで私は何もいわなくて、で、あとで私も姉さんのように、父さん母さんが結婚（式）をして---
>
> 筆者：なるほどなるほど、ではまず、お名前から。

　上の一コマは、ヨルモの女性達に結婚の経緯を聴いていたなかでも、大変印象的だった場面の一つである。この女性の姉のインタビューを一通り終え、では――と同席していた妹のほうに向き直り、彼女のインタビューを始めようとしたその時、まだ何も尋ねていないのに彼女が畳みかけるような早口で喋りだした。基本的に誕生から現在に至る時間軸に沿って聴かせていただいていたライフ・ストーリーのなかで触れられることになる話題のなかで、結婚の経緯についての質問は尋ねられる側にとってセンシティヴでありうる、またそれだけに、上の引用が端的に示すように少なからぬ女性達にとってはできればさっさとやり過ごしてしまいたいトピックだったようである。なぜセンシティヴかといえば、一つには、ヨルモの結婚締結過程において、女性本人の意思・主体性というものは規範的には存在しないはずの／すべきでないものであったということがある（第2章）。従って、そもそもその有無を正面切って尋ねられるということ自体に、女性達はある種の居心地の悪さを感じることになる。仮にもし自分も望んで

---

[1] 額にその人の「運命」が書いてあるという言い回しは、ヨルモを含む広汎なインド世界において聞かれるものである。ネパール・ヒマラヤからのケースに関しては、Desjarlais（1992）、Ahearn（2001a）、March（2002）等を参照。

した結婚だったとしても、それをストレートに語るのは一般にハードルが高く、かといってそれを「なかった」ことにする（＝「嘘をつく」）のもためらわれる――そうしたダブルバインド状況に導かれることになりかねない、それが結婚の経緯についてきかれるという経験なのだった。

　女性が自らの結婚の経緯についての話題をさっさとやり過ごしたくなるのには、実はこれとは別の理由が（も）ある場合がある。ヨルモには、前章で見た規範的「嫁やり婚」によるのでも、（それから逸脱する）「嫁行き婚」によるのでもない、男性側が花嫁候補の女性を「略奪」して結婚に至るという、第三の結婚パターンがある、というより、かつてあった。ヨルモ語で *tödi kerke*（ひっぱって連れていく）、*zungdi kerke*（掴まえて連れていく）等と表現されるこの種の結婚を、以下「嫁盗り婚」と呼ぼう。現在のヨルモの女性達にあって（そして、実は男性達においても）、この嫁盗り婚は自らの経験としても（そしてある程度は一般的事実としても）なかなか語られにくい、できることなら語らないで済ませられようとするものとなっている。冒頭に語りを挙げた女性の結婚は、実はこの嫁盗り婚によるケースだったのである。

　本章は、現在のヨルモの人々、特に女性達が、自らの嫁盗り婚の過去をなぜあえて語らずに済ませようとするのか、ヨルモにおいて嫁盗り婚をいわば言説上「抹消」しようとする強い傾向はなぜ、いかにして生じるのか――これを検討しようとするものである。それによって、前章では触れることのできなかったヨルモの婚姻制度構造を構成してきたもう一つの側面を明らかにするとともに、この特異な（と見える）婚姻形態を生き／語る――というより語らない、いや、心ならずも語りだす、というべきか――ヨルモ女性の経験に迫りたい。

　問題は一見、些末にも見えるかもしれない。というのも、かなりエキゾチックかつややグロテスクなイメージを喚起する略奪婚＝嫁盗り婚なる結婚形態は、「近代」諸社会に生きる私達にとって当然未知の対象であるとはいえ、そこにおそらく私達は、ある予断を持ち込むだろうからである。

それは昔々あったという、女性の尊厳を踏みにじる「奇習／因習」であって、外部から孤立した「秘境」のような場所に今なお遺っているとしても、人々の生活や考え方の「近代化」に伴ってもはや消え去りつつあるのに違いない——そういった予断である。そうしてこの予断は、（比較的最近まで）実際嫁盗り婚を行ってきた人々自身がそれについて語りたがらない、さらにいえば隠したがっているらしいという事実に接したとき、これを全くありうべき、理解可能な事態としてそこに自らの推測の傍証をすら認めるだろう——それは彼（女）ら自身も、その「野蛮性」を理解し恥じるようになったからであり、遅ればせながら嫁盗り婚が彼の地においても過去のものとなりつつある兆候なのだろう、と。一見すべては透明であるかのようだ。なぜ語りたがらないのか、語ることが忌避されようとするのか——それは、改めて問うに値しない自明性を帯びているかのごとくである。

　確かに、ヨルモにおいて近年嫁盗り婚が衰退してきたのは概略事実と見える[2]。が、だとしたところで、よくよく翻ってみれば、どうしてそうなっているのか、私達に何かわかっているわけではない。それを「抹消」しようとする態度の存在自体はこの衰退過程の一つの要因ではあろうが、彼の人々自身がどんな理由でそれを消そうとするのか、いやそもそも、嫁盗り婚とはどんな慣行だったのか、私達には実はそれもわかっていない。嫁盗り婚とともに消滅しつつあるかに見えた他者はなお、そこにいる。というより、そもそも消えゆくものとして想定された他者の姿（＝「奇習を行う秘境の人々」）自体が、実のところ本来的な他者性を脱色された、私達の

---

[2]　本書で検討していくような、嫁盗り婚の事実を隠蔽しようとする言説編制が存在する状況下において、その発生件数の推移を実証するデータを集めるのは極めて困難であるが、筆者の主調査村において嫁盗り婚であったことが知られた最後のケースが1980年代に属し、私のフィールド調査中（1994年〜）に略奪婚の発生に接することがほぼなかった（主調査村内では皆無）ことから、嫁盗り婚衰退の推定はほぼ妥当なものと考えてよいだろう。

イマジネーションを投影した限りでのいかにもな他者像でしかなかったというべきだろう。問うべき対象としての他者は私達の眼前から消えつつあるどころか、むしろ私達はまだ他者と出会えてすらいない。本章は、嫁盗り婚を抹消しようとする現在のヨルモの（特に）女性達と、改めて出会う試みなのである。

　なぜ嫁盗り婚が抹消されるのか——問いは実は複合的である。「抹消」には少なくとも二つのレベルがあるからだ。まずは彼（女）らが自らの個人的経験としての嫁盗り婚を消そうとする＝語りたがらないというレベル、次に一般的社会的事実として嫁盗り婚を抹消＝否定する、すなわち、ヨルモ社会にそうした慣行のあったことをあえて自分から外部者の前で持ちだしたりせず、話に出てしまったら否定的評価のみを与え、そして何よりヨルモ社会にそうした慣行のあったのは既に過去のことだと断言するというレベルがある。本章が焦点を当てるのは第一のレベルである。個人に起こった出来事としての嫁盗り婚が消されようとする背景として、嫁盗り婚がヨルモ的婚姻制度の構造的配置において規範的・戦略的にどのような位置を占めてきたか、そしてそこで女性当事者はどのような立ち位置におかれてきたのかについて検討する。後者の嫁盗り婚の価値を切り下げる一般論は、経験としての嫁盗り婚について沈黙する傾向にも密に関与すると見られるが、ここでは経験としての嫁盗り婚の言説的抹消に焦点を絞る。というのも、ヨルモの女性達がこの一般論のレベルで語ろうとすることはほとんどなく、後者の議論はほとんどヨルモ男性の独断場となっているからである[3]。

　以下本章の論述は次のように進む。まず、ヨルモの現在における女性達による嫁盗り婚の経験についての語りを紹介する (2.)。その後、ヨルモにおいてそもそも嫁盗り婚はなぜ、どのように行われたのか、それはいか

---

[3] 嫁盗り婚への一般的評価言説と「近代化」言説の関係については、補論で論じている。

なる実践であったかについて先行研究とも対照しながら検討し (3.)、さらにそれがヨルモの婚姻制度において占める構造的位置づけを明らかにする (4.)。最後にそこまでの議論を踏まえて、嫁盗り婚が特に他ならぬ女性当事者達によって「語られない」で済ませられようとする理由について言及して、章を結ぼう。

2. 嫁盗り婚の経験をめぐる語り

冒頭の語りの続きを聞こう。

> 筆者：- - - それで、(嫁乞いに来たとき)行かないといおうとは思いませんでした？　父さん母さんをおいて行かないといって？
> ダミニ：(笑)私はそういった、行かない、父さん母さんをおいて行かないといった。(でも)そういっても(相手方は)ききいれないで、私が飼葉を取りに…　当時は水牛を飼っているでしょ、で水牛にやらなきゃいけないでしょ、雨季に飼葉を取りに行ったその道端から、ひっぱって連れていった (Y. *tödi kerkyo*) のよ。

この話題に関する彼女(そして同席している姉)の「居心地悪さ」は、語り進めるにつれ徐々にほぐれてはくるものの、それでも話の全体を通して明らかに見てとれるものである。

> ダミニ：- - - そうやって連れていって、でまた、母さんがやってきて、連れ戻して、そうやって(実家に)いて、そうやってもききいれないで、また、ここ(＝額)に書いてあったんでしょうよ、そうやってまた連れていって、それで、T村に

（嫁入りして）住むさだめなのだと、ここ（＝額）に書いてあるさだめなのだと思って---ここにいる姉さんは（妹である自分の嫁盗り婚の経緯を）全部話せたはずなのよ、なのに姉さんは黙っているじゃないの！（笑）

　初めは自らの結婚があたかも単なる嫁やり婚によるものであったかのように語ろうとした彼女であったが、話が細部に及ぶにつれてそれが実は嫁盗り婚であったことを、自ら（いわば）「暴露」するに至る。彼女は、現在の夫に「ひっぱら」れては親に連れ戻されるというプロセスを 2 回繰り返した挙句、3 度目に「ひっぱら」れるに及んで「父さん母さんも絶対娘はやらないといっても甲斐ないこと」と納得し、とうとう結婚することになったという。

　もう一つ、別の嫁盗り婚の経験の語りを見よう。ここにも今見たのと同様、この話題に触れることの居心地悪さ、嫁盗り婚という経験をできれば語らずに済ませようとする傾向をはっきりと見てとることができる。このインタビューは夫同席のもとで行われ、結局大部分は夫が引きとって話すことになったものだが、初めに妻が述べた結婚の経緯は、次のような極めて単純化されたものであった。

　　　サルキニ：---（カトマンズの絨毯工場で働いていて）新年（Y. lho sar）に帰省してみると結婚の話がでていて（笑）。彼は前にいたところで（一緒だったので）[4] 私のことを知っていたのね、私は彼のことは知らなかったけど。それで彼が（親に言って、親が）嫁乞いに来て、そうして結婚し

4　ヨルモ出身の人が絨毯工場と仏画（*thangka*、本章注 8 参照）工房を経営していて、彼女は絨毯工場の織り子として、彼は仏画師として働いていたという。

たのよ - - -

　これだけ聞けば、それがノーマルな手続きにのっとった嫁やり婚以外であったと想像する余地はどこにもない。しかし夫のほうが細部にわたって語り進めるに連れ浮かびあがってきたのは、紆余曲折を経て最終的には嫁盗りの実行によって実現することになった、結婚への道程なのであった[5]。

　　　サルキニの夫：- - - それで、自分も村に帰ると、父さん母さんが「家で仕事をする人がいない[6]、(おまえに) 嫁をとる」といって。私に「<u>嫁をとれ、結婚するならしろ、しないと──</u>」といって、<u>父さんが炭バサミを振り回すのさ</u>。(笑)

　親は嫁乞いに「行けとも行くなともいえない」でいる息子をおいて、同村のある女性を嫁に乞いに行き、その親も娘をくれることに同意したが、その娘本人は実は既に別の男性と意を通じていたらしく、その男性が「つかまえて連れていっ」てしまったという[7]。嫁をもらいそこねた親は意固地になり、何が何でも今度は嫁をもらうと方々で嫁探しを始めた。「その頃の慣わしはね、(親は) ともかく嫁を持ってきてやればいい、その女性を息子が好きかどうか、息子をその女性が好きかどうかなんて気にもとめない」ものだったと、彼はいう。ところで、その頃なぜか彼は、現在妻と

5　以下では、長い話を圧縮して提示するために地の文での説明を多用するが、地の文は基本的に夫の話の内容を整理しまとめているものである。

6　こんな表現からも、世帯の生計維持活動において女性に期待されているものの大きさがうかがわれる (第1章2.1.参照)。

7　これ自体も、嫁盗り婚のケースかと思われる (ただし、この語りの通りとすれば、女性本人の合意があったうえでの「演出された」嫁盗り婚ということになる)。様々な思惑／戦略から嫁盗り婚という形式が選択されうることについては次節の議論を参照。

なった人の写真を財布に入れて持っていたのである。

> サルキニの夫：(笑いつつ) 仏画 (*thangka*) を描く仕事をしていたときに[8]、彼女の写真をもってきて財布に入れておいてあったんだ - - - たった 17 歳の頃さ、幼な心でね。同村の友達がそれを見ていて - - - 父さん母さんの前でぽろっといっちゃったんだな。- - -「××おじさん (Y. *ashang*)[9] は○○村のサルキニのことを好きなんだ、信じないんなら訊いてみればいい、彼の財布のなかにはサルキニの写真が入れてあるんだから」とね。- - -

それを聞いた親は、親戚らとともに早速サルキニの家に嫁乞いに行った。まだ娘は幼いから（彼女は当時 16 歳）と父親は最初しぶったが、彼女の姉が、既に母親は亡くなっているし父親は商売をしていてよく家を空ける、そうすると妹は家で兄嫁といなければならない、むしろ早く嫁にやったほうがよいと説き伏せて、結局くれることに同意した。しかし、

> サルキニの夫：- - - (話が決まって父親が) *shalgar* を飲むと[10]、今度は彼女が「私は（嫁に）行かない」といって父親にくってかかった、彼女も子どもでね（サルキニ、笑う）。「おまえ

8 　*Thangka* とはチベット仏教徒が用いる、独特の技法で布に種々の仏や曼陀羅などを描いたもの。ヨルモ男性にはその製作に従事する者も少なくなかった。

9 　ヨルモでは、お互いを親族名称で呼ぶことが一般的である。「類別的」に限りなく親族関係を拡張可能なヨルモの親族名称体系では、10 代で誰かの「おじさん」となっていることもめずらしくない。

10 　ここまで父親は、娘に結婚の意思を確かめることはしなかったようである。

(Y. *khye*)[11] が私を養わなけりゃならないって！？　おまえは私にご飯をやらなきゃならない、養わなきゃならないといって（嫁に）くれてやろうとするんだろうが、養ってくれなくていい、ご飯もくれなくていい、私はどうやってでもカトマンズで、自分で暮らして食べる、私はカトマンズに行くから - - -」といって、父親と喧嘩したんだと。- - - それで、（父親が）*shalgar* を返しに来てね。

父親は年が合わない[12]のなんのと理由をつけて一旦決まった結婚を何とか破談にしようとしたが、また押し切られて結局それも果たせず、家に戻ってきた。*Shalgar* を返さなかったのを見た娘はさらに怒り、ともかく自分は結婚しないと言い放って、数日後には村の女友だちと一緒にカトマンズに行くつもりでいた。ところがその友だちが、サルキニの親戚にサルキニはこうこうする心積りでいると伝え、その親戚はサルキニをできれば止めるが止められないかもしれない、そうしたらどうしようとさらにサルキニの（現在の）夫の父親に伝えてきた。サルキニの夫の父親は親戚数人とともに、話を聞いたその夜○○村を訪ね、サルキニの父親らと相談し、一月以上も先の予定だった結婚式をとりあえず翌日簡単なかたちで執り行い、正式な結婚式はあとでするという段取りを決めた。つまり、何も知らない彼女を無理やり「ひっぱって連れてくる」ことにしたのである。

　　　サルキニの夫：（親達が相談した夜の）次の日、- - - 彼女を○○村

11　ヨルモ語の 2 人称 *khye* は、本来極めて親密な間柄かあるいは目下の者に対してしか使われず、この場合のように父親に対して使うことは通常の状況では考えられないことである。

12　ヨルモでは十二支によって人の年齢を数える。何年と何年同士は合うとか合わないといったこともいわなくないようだが、実際にはそれほど広く知られているわけでも絶対的なタブーであるわけでもない。

へと繋がる道（の脇の畑）にジャガイモを植えるといって呼び寄せておいてもらって - - - そこに村の人皆集まって、ひっぱって連れてきたのさ、彼女を（笑）。ひっぱって連れてきて、私らはそれで夫婦になった、結婚した。結婚したといっても、彼女が私を、または私が彼女を、すごく好きだといって - - - したわけじゃない、ほんの子どもだった。 - - - （ひっぱってきた）次の日には、彼女はまた逃げようとして、○○村のほうばかり見ていたさ（サルキニ、笑う）。 - - -

彼女の側から見て、事態はどのようであったのか。

　　筆者： - - - 無理やりひっぱっていかれたわけですよね、そのとき、どう思いました？
　　サルキニ：無理やり、私は（嫁に）行かないといっていたのに、後で畑にいったら、あの人達は話をつけ、しめしあわせていたんだわ。で畑仕事を終えて背に籠を担いで帰ろうとしたときに - - - ふと見ると - - 顔見知りの××おじさんがいて。「おじさん（Y. ashang）、何しているの？」というと、「ここで休もうと思ってさ」といって。「姪や（Y. tsamu）、（家に）行くのかい」というので、私が「行くわ、日も暮れたし…」といってさっさと行こうとすると、人がいーっぱいいて！
　　　それで、何が何だか（・・）気を失ったみたい、意識も薄れたみたいになって。 - - - 意識が戻ると、なんで連れていくのか、どこに連れていくのかと、そのときは（笑）。 - - - それで（夫の）家に連れていって、家には親戚がいっぱいいて。 - - - むこうの親戚たちが歌を歌って、スカーフをかけに来た[13]。私は（夫の家に）留まる気はなかった、今日（夫

13　結婚式にやってきた親戚や近隣の人々らは、花嫁・花婿それぞれに白い儀礼

> の家族らが）つかまえておいても、明日はどうにかして帰る気なのよ。---今日はこうやって結婚しておいても、ひっぱっておいても、明日は、いつかは絶対逃げるという気持ちでいるわけ。---（でも自分を）どこにも出さない、トイレに行く[14]のですら人を付き添わせる。---後になって、ずっと（夫の家で）過ごして、過ごして、父さんは（私を嫁に）やったのだし、母さんは（帰ったところでもう亡くなっていて）いないし、（このまま）いようか（・）という気になってきてね。皆が説いてきかせるの、こうやって（夫の家に）いるべきなんだよ、（夫は）同じ郷（Y. lungba）の人で、どこかよその人間ではない、（今この結婚に留まらなかったら）後のことはわかったものではない、どこに（嫁として）行き着くものか、どんな場所に行き着くものか---皆がいう。それで、そういうふうにして（夫の家に）いることになった、そういうふうにして---

彼女は結局、そのまま彼のもとに留まった。二人は現在40代前半、3児を儲け、ごく仲のよい夫婦であると見える。

3. なぜ、嫁盗り婚なのか？：嫁盗りに訴える理由

現在のヨルモにおいては沈黙の闇に沈みつつある嫁盗り婚ではあるが、実際にはかなり最近まで、慣行とすらいいうるスケールで実践されていた

　的スカーフ（Y. katha）をプレゼントして祝福する（花嫁にはそれを肩にかけてやり、花婿には頭にターバン状に巻きつける）。

[14] 「トイレに行く（Y. phila doae）」の文字通りの意味は「外に行く」。ヨルモの村では、ほとんどの家で小屋状のトイレが戸外に設けられている。

と推測される。嫁盗り婚はなぜ、語られにくいのか。この問いを考える前提としてまず考えておきたいのは、そもそもなぜ、人々は嫁盗り婚を行ったのだろうかという、この問いである。

　もちろん、ある社会にある慣行がなぜ存在するかという問いに答えるのは常に困難である——つまるところ人類学者も、(その慣行を実践する当の人々とともに)「それが慣行だから」と答えるほかないのかもしれない。ただし今ここで提起しようとしているのは、これとは位相の違う問いであることに注意しよう。人々が「昔は嫁盗りばかりだった」と時に語るとしても[15]、現在生存するヨルモの最高齢世代に属する人々のなかでも嫁やり婚の手続きによって結婚したと語る人は既に存在するのであり[16]、とすれば、ごく短めに見積もっても20世紀中盤〜1980年代にかけての数十年間にわたり、ヨルモ社会には嫁盗り婚と嫁やり婚(そして嫁行き婚)という結婚締結方式の複数のオプションが併存していたことになる(もちろん時間の経過に連れて、オプション間の比率や意味合いは徐々に変化してきたでもあろう)。ここで行いたいのは、いかにして嫁盗り婚というオプションがヨルモにもたらされたのかという起源論ではなく、複数の選択肢が人々の前に開かれている状況を前提として、人々が嫁盗り婚による結婚を選ぶとすればなぜ、他でもないこの選択肢を選ぶのかという問いの検討である。それは嫁盗り婚という行き方も現実的に採用可能であった時代を生きたヨルモ個々人自身が、程度の差はあれ直面してきたはずの問題なのであり、そうした場面で彼ら自身の選択を導いてきた条件を問うという、

15　自分から嫁盗り婚の話題を出すことはまずない今日のヨルモの人々だが、こちらが水を向ければ、その過去における存在自体はフランクに認め、その過去における頻発を(誇張と思われるまでに)強調することもある。

16　私のインタビューしたなかで最高齢の女性(80代前半)も、嫁やり婚によって結婚したとしている。もちろんこれよりさらに昔から嫁やり婚フォーマットが確立していて(条件が整った場合には)実践されていた可能性も大である。

極めて実際的問いかけなのである。

　少なからぬ諸社会において、結婚にまつわる正式の手続きは、豪奢な宴会や高価な贈り物の授受などを伴い（嫁方または婿方、はたまたその双方に）多大な金銭的負担を強いるものであってきた。嫁盗り婚はこの結婚手続きに関わる費用の節約という動機を持ち出すことで、現地の人々や（彼らの説明を受けた）学者によって説明されることが少なくなかった（例えば、棚瀬 2001）。この説明はヨルモのケースにあてはまるだろうか？

　ヨルモで正式とされる規範的な結婚手続き、つまり嫁やり婚方式による婚姻が、それなりの資源投入を必要とするのは事実である。その主なステップは、結婚式の前に婿方から嫁方に酒や米を贈与する *troljyang*、近隣数ヶ村から招待客を招いて行う結婚式（*bhama*）、及び結婚式の後再び婿方が嫁方を訪ねて一人一人に *derka*[17] を贈る *karma lhojyang* であり（すべてY.）、いずれも基本的に婿方が負担する[18]。インドへの出稼ぎによる収入が村を潤す以前、米も麦もとれないヨルモの村々において、こうした手続きが多くの村人にとってそれなりの経済的負担であったこと自体は間違いない[19]。しかしヨルモにおいて、この負担の軽減が嫁盗りに訴える動機

17　*Derka* とは、米粉を水に溶いて油で揚げた平たい餅（Y. *babar*）とジャガイモのカレー炒め（*tongshi*）やビスケット等の食べ物を盛り合わせた皿のことで、この時の他はチベット新年（*lho sar*）の際にのみ供される、ヨルモの特別料理である。口絵写真 6 参照。

18　ヨルモの婚姻手続きにおいては、全体として娘をもらったことに対して婿方が嫁方に感謝し「もてなす／喜んでもらう（Y. *kyongge*)」というテーマが一貫して流れている。

19　現在 30 〜 40 代の人でも、昔は米の飯が普段ほとんど食べられず、結婚式や祭礼で必ず出される米飯食べたさに、どんなに遠くても招かれれば嬉しくて出かけていったと語る人もいる。とはいえ、嫁方・婿方間における財・サービスの授受は決して甚大な負担というべきものではなく、婿方から嫁方に贈与されるのは、儀礼の場自体のなかでの下にもおかぬもてなし（飲食の供応）にほぼ局限される。加えて、結婚当初の数週間から数ヶ月、婿が花嫁

となるというのは考えにくい。嫁盗り婚の二つ目のケースの語りの続きを聴いてみよう。「ひっぱっ」て嫁を連れてきた、2、3ヶ月後の話である。

> サルキニの夫：- - - それで父さん母さんがいうには、「そろそろおまえの結婚式（*bhama*）をする頃だ - - - 結婚式をするには費用がかかる、費用を捻出しなけりゃならない —— 私の服も仕立てなけりゃならない、彼女にも仕立てなけりゃならないしね —— おまえは仏画を描く仕事をしてこい」と。そういって、下（＝カトマンズ）に送り出した。彼女のことは、父さん母さんが村に留めておいてね。それで後で、私はこちら（＝カトマンズ）で式の費用を作るために - - - 仏画を描いていた。1ヶ月だけ仕事して、1ヶ月仕事すると725ルピーの給料を稼いだ。- - - それで結婚式用の品物を（買って、それを）背負ってまた村に行った - - - 。彼女のほうはといえば、自分の結婚式のために酒を仕込んでいたんだ（笑）。

つまり、嫁を既に「盗って」おり実質的に結婚が完了しているのであっても、正式の婚姻手続きは省略するのでなく、後でやり直しているのである（こうした場合、花嫁は結婚式直前に一度実家に戻り、改めて慣習的手続きにのっとって連れて来られるという）。この手続きはもう一つの嫁盗り婚のケースでも同様だったことが語られており、また一般にそのようにする（べき）ものともいう[20]。従って結婚費用ということでいえば、嫁盗

の親のもとに留まって彼らに労働奉仕するという慣習がかつてはあったともいう。

[20] こうした「やり直し」は、本人同士の同意のみによって成立した嫁行き婚の場合にも、条件が整うのを待って行われるのが基本であることは、前章で見た（第2章 3.2.2.）。

り婚（そして嫁行き婚）は、むしろ余計な負担を負うものだとさえいえる。嫁盗り婚（や嫁行き婚）では、通常嫁を「ひっぱっ」てきた（または二人で駆け落ちした）直後に、略式で小規模ではあれ結婚式[21]をするので、後で正式の式を執り行えば実は結婚式を二重にすることになってしまうからである[22]。

　嫁盗り婚はしばしば、当該社会で結婚相手に恵まれにくい条件（貧しい、醜い、老いている、「もてない」etc.）に該当することで、結婚相手を他の方法では獲得できない男性が仕方なく訴える手段なのだと説明されることもある（cf. Ahearn 2001a）。80年代まではほとんどが嫁盗り婚だったというほどヨルモのなかでもとりわけ嫁盗りが頻発していたヨルモ西側地域のM村を調査したBishopも、この理由がかなりの程度あてはまるものと推測している。M村では、ヨルモ東側地域の村々（筆者の主調査村A村を含み、インタビュー対象者も基本的にこちら側の出身である）に比べ村の社会生活から普段は孤立して高地の移牧に従事する人々の割合が高く、人々は一般にとても「シャイ」で、結婚に至るような関係を成熟させる社会的スキルに通じていないという（1998: 103）。だが実際にはヨルモ東側の村々でも、男女が実質的な交際をして互いへの愛情を育み、相互の意思を確かめあって結婚に至るといったことは、仮にあったとしてもむしろごく例外的だったのである。本人の社会的スキルが問題になるのは、そうしたいわゆる恋愛的関係の成立を結婚の前提とすればこそだが、そうした前提自体がヨルモには存在していなかった。ヨルモにおける結婚のあるべきかたちは、あくまで嫁やり婚であり、親同士の合意を要件とする嫁やり婚

21　このようなとりあえずの式を「小さい結婚式（Y. *bhama chyeme*）」あるいは単に「祝福（Y. *tremdel*）」ともいう。

22　ただし長い目で見れば余計な出費となっても、正式の結婚式を引き延ばすことで当座の金の節約になることには注意が必要。従って、出費自体というより当座の出費を抑えるためにとりあえず嫁盗り（嫁行き）婚に訴えるという対応はありえる。

の成立にとって、本人同士の相思相愛云々は核心ではなかったことを思い起こそう（第2章）。

　さらに、この説明がヨルモにはあてはまらないと考えるべき別の理由もある。すなわち、ヨルモ的嫁盗り慣行においては、女性を略奪してもそれで結婚が成立するとは限らないことである。女性が一端狙いをつけられ「ひっぱら」れてしまえば、一般にその場から逃れることは物理的にはまず困難である。しかし既に見た語りからも明らかなように、それによって彼女が何が何でも「ひっぱっ」た男性の許に留まることを余儀なくされるわけではない。第一の経験談にあったように、「ひっぱら」れた女性がその親によって取り返されることもあれば、第二のケースのように女性自身が夫の家から逃げようとすることもめずらしくなかった（そして実際逃げおおすケースもなくはなかったともいう）。嫁盗り婚が大半だったというM村では、「ひっぱられ」た女性のどっちつかずの状態はいわば制度化されてすらいた。M村では「略奪」した後一旦女性を実家に帰し、最終的に結婚するかどうか、彼女に決断させるために1～3年の猶予期間を与える慣行があったという（Bishop 1998: 101）[23]。ヨルモ東側の村々にそうした慣行が存在した形跡は見あたらないが、女性が略奪された相手に絶対的に縛りつけられるわけでないことは同様であった。男性の側からいえば、嫁盗りは失敗するリスクを常に抱えているということであり、失敗すれば後に残るのは当該女性／その家族との気まずい関係だけということにもなりかねない。

　この状況は、Ahearn（2001a）描くマガール・コミュニティ[24]に存在して

23　Schuler（1987:chap.7）の報告するチベット系社会（Chumikwa）の例でも、最終的な結婚諾否の判断を女性本人に行わせる手続きが制度化されていた（ただしそこで与えられる判断のための猶予は三日間のみである）。

24　中部・西部丘陵地帯を伝統的な居住地とする、ネパールのチベット・ビルマ語系の少数（先住）民族のなかでも最大の集団の一つ。

きた嫁盗り婚のありようとは全く異なる。そこでは嫁盗りは絶対失敗しな・い企てなのであった。彼らにおいても女性を「盗っ」てくるとすぐさま結婚式が執り行われるが、式が執り行われてしまう（より正確には、「略奪」された女性の髪の分け目に新郎が赤い粉を塗るという「象徴的破瓜」が行われてしまう）と、女性がその結婚を回避するのは絶望的となる。「象徴的破瓜」によって女性がそれを行った男性のモノとなることは、男性・女性を選ばない社会的共通理解なのだといい、そうであればこそ彼女の親も彼女が実家に戻ることを許容しないし、彼女がその結婚から逃げても別によりよい縁談を得られる可能性も閉ざされる。女性にはその男性の許に留まる以外、実質的に選択肢が残されないのである[25]。女性を外せない足枷にはめ込むこのルール構成に比べれば、ヨルモの嫁盗り婚は（それが女性に対する暴力の行使であることは変わらないとしても）相対的に見て女性（側）により大きな自由、エイジェンシーを行使する余地を許すものとなっている。そして女性（側）にとっての自由すなわち、男性側にとってのリスクに他ならない。

　もちろん、女性の身を物理的に確保してしまうことは女性本人／あるいは女性の親に対する結婚受諾への大きな圧力にはなる。女性を拉致しさえすれば我がものとできるわけではなくとも、あくまで彼女を手離さないという強硬な姿勢を示すことで、彼女／その親を最終的にあきらめさせることができるかもしれない（始めに見たダミニのケースのように）。しかし、あくまで妥協を拒み男性を婿／夫として受け入れないこともルール上は可能であり、実際女性（側）が最後まで妥協しないこともありうる。そもそ

---

[25] Ahearn 自身は、このような状況においても女性が単なる受け身の被害者ではなく、積極的抵抗を行う行為者である（として自分を提示する）ことを強調する（2001a: 101）。しかしその抵抗とは、結局のところ「手足をバタバタさせる」だけの、極めて限定的効果しか持ちえないことを社会的に定められたものなのである。

も比較的容易に妥協可能な条件を備えた男性であれば、むしろ略奪などという手段に訴えたりせず初めからちゃんと「嫁乞い」すればよかったのでは、という疑問も残る。礼を尽くして嫁に乞われればすんなり娘を与えた親も、いきなり略奪されることで感情的になり態度を硬化させるという逆効果もありえよう。「嫁を他のやり方では獲得できない場合の最終手段」という嫁盗り婚観もまた、単純に過ぎるようである。

　現在のヨルモ自身による説明に、嫁盗り婚とは「恋愛」がおおっぴらにできなかった時代の（仕方のない）オルターナティヴだというものがある[26]。嫁盗り（の少なくとも一部）とは、仄かな好意を抱いていてもそれを確かめあい成熟させる十分な機会が許されていなかった社会環境において、やむをえず実行されたものだというのである。もちろんそれは男性側の一方的な思い入れに過ぎなかったかもしれず、また一方的に過ぎないという疑いを払拭できないのは、相互性を確認するプロセス、すなわち恋愛的関係の形成の条件が基本的に欠如していた以上原理的に不可避でもある。女性自身の意向は結局のところ、嫁盗り決行後の彼女の最終的決断自体からそれとなく推し測られるほかないでもあろう。それでも、嫁盗り婚が女性自身の（暗黙の）同意を見込んでこそ企てられるということ自体はありうべきことである。ただしそれはどんな場合でも、というのではなく、ある状況の下でのみ賭けるに値する選択となると考えられる。

　繰り返しているように、恋愛（的関係）を基本的に結婚の前提としてこなかったヨルモでは、女性本人の結婚への積極的意思が推定可能であることが、その結婚の成立を直接的に保証することはない。男性（側）が仮に気に入った女性本人と意を通じた（と思った）として、まず模索されるのは嫁やり婚への道、女性の親の意思確認となる。嫁乞いに行って女性の親が承諾すれば、何の問題もない。問題は嫁乞いに行って断られた場合、または何らかの理由で乞うても受諾されるのは絶望的と見込まれる場合であ

---

[26]　補論の引用③を参照。

る。このような状況下で浮上してくるのが、嫁盗り婚という選択肢だと考えられる。確かに、結婚に反対する娘の親は娘を奪い返そうとするかもしれない。が、男性側による女性の一時的・物理的確保によって作りだされた、女性を間において二つの集団が綱引きするこうした状況下においては、結婚について本来は決定権を与えられていない女性本人の意向がキャスティングボートを握ることになりうる。彼女はモノのごとく奪われ、また奪い返されようともするだろうが、つまるところ単なるモノではない。拮抗するパワー・ゲームのなかで、自身は相対的に非力であれ、正式の決定権は与えられていないのであれ、女性本人の（暗黙の）意思が彼女の最終的居場所を決することになりうるのである——自分の意思の在処を表明する労をついにあえてとらない（とれない）にせよ、いずれに転んでもその意向をサポートする力が得られる状況下で、彼女をその意に反したところに留めおき続けることは困難となるはずだからだ。

　女性本人の同意によって親の不同意が最終的に陵駕されることを見込んだ嫁盗りは、しばしば指摘されてきた「演出された略奪婚」という概念系譜に連なる[27]。厳密な意味で「演出された」嫁盗り婚、すなわち予め女性の明確な同意があった上でのそれは、ヨルモではむしろ稀ではなかったかと思われるが（指摘している通りそもそも男女が明確に互いの意思を確認する機会自体が一般に乏しかったわけだから）、男性側が女性の同意を見込んだ／同意に賭けた嫁盗りがヨルモでもしばしば企てられていたことは十分想定できる。

　女性本人の観点からしても、彼女が親の意に反する相手との結婚を望んでいた場合（すなわち嫁やり婚によっては結婚が難しい場合）、嫁盗り婚

---

[27] 女性の暗黙の同意を（現地男性インフォーマント／彼らの情報に依拠して既述する男性人類学者が）安易に想定してしまう傾向は、人類学文献において広汎に認められるものであった。ヒマラヤ地域の民族誌学における例として、Jones (1973)、Kawakita (1974)、McDougal (1979) 等を参照。

は嫁行き婚よりはむしろ望ましい選択肢だといえる。なぜなら、「ひっぱら」れて結婚にやむなく至ったこと（にすること）で、彼女は親に背く自らの意思をあからさまにせずして望んだ結婚を実現しつつ、婚後の親との関係を良好に保つことができるからである。婚後も折にふれ実家からのサポートを期待もし必要ともせざるをえないヨルモ女性の立場からすれば、嫁行き婚は、実は最も避けたい事態だともいえる（第2章 3.2.2.）。

　以上の議論はもちろん、ヨルモにおける嫁盗り婚がときに女性本人の意思を踏みにじる真正の暴力として実行されうる、されている（上に見た嫁盗り婚の二つ目のケースは、その端的な一例といえよう）ことを何ら否定しない。しかしまたこのサルキニのケースで注目されるのは、それが厳密な意味での略奪では、実はないことである。既に女性の親は娘をやることに同意し、娘の強硬な拒否を前にして彼女を略奪させることに同意していた。女性本人の親が演出した嫁盗り劇とでもいおうか。今見たように常に失敗のリスクを抱えるヨルモの嫁盗りにおいて、リスクをおしてその決行に向かわせる一つの要因は女性本人の同意（の見込み）だったわけだが、逆にそれが全く見込めない場合に決行に向かわせる強力な決め手となるのが、この女性の親の同意（＝略奪の教唆）なのであった。これさえあれば、親が後に娘を取り返す懸念はなく、女性本人が結婚を拒んでも彼女には戻るべき場所＝実家がない。どこかに（誰かと）宛もなく無鉄砲に飛びだしていくのでもない限り、結婚は否応なく成立となる。このように、女性の親がいうことをきかない娘を「ひっぱら」せることは往々にしてあったともいう。嫁盗りそれ自体というより、この親の共謀による嫁盗りこそが、結婚を望まない女性にとってはいわば、絶体絶命の事態となる――「女にとっては、何とも最悪よ！　いたくなくとも無理やりそこ（＝夫の家）にいなければならないんですもの！」とサルキニは語っていたが、ここで「最悪」と名指しされているのはまさにこの、自らの親の共謀によって略奪が実行されるという、女性にとって八方塞がりの事態のことなのであった。

このようにして、親の同意はあるが女性本人が強硬に拒否している場合あるいは女性本人の結婚への同意は見込めるが親の許可を得られない場合、嫁盗り婚に訴えることは成功の見込みの十分高い、従って十分に企てる価値のある、いわば「合理的」選択となるわけである（もちろん女性本人／その親いずれの同意も（見込め）ないのに無鉄砲に決行される嫁盗りというのも、全くなくはなかったであろうが）。嫁やり婚方式ではことがうまく運ばないこうしたケースで、嫁盗り婚はいわば次善の選択肢として浮上してくるのである。

　この他に、嫁盗りが合理的選択となるケースとしては次のような場合も考えられる。すなわち、親が娘をくれることに同意しており、また必ずしも女性自身が強硬にこれを拒むことは予想されていなくとも（あるいは実際嫁に来たがってすらいると見られても）、その親が表立っては娘をくれたことにしたくない／できない場合である。次のヨルモ男性の指摘を聴こう[28]。

> - - - 場合によってあるのは、私らでは交叉イトコ同士（Y. *ashang ani bu bumo*）の結婚というのだ、これがあるので、交叉イトコではない同士の結婚というときには、やや難しいことになる。- - -（交叉イトコの男性には交叉イトコの女性をもらう）権利があるという話にもなるから。権利とはいっても、タマンとかグルン[29]らのようにではない。彼らの場合には *mama*[30] の息子に（娘を）やらなけ

---

[28] インタビュー当時40代後半、既婚。
[29] タマン、グルンは、マガール同様代表的なネパールのチベット・ビルマ系少数（先住）民族集団である。
[30] *Mama* とはネパール語で母方オジのことだが、ここではヨルモ語でいう *ashang*、すなわち交叉オジ（＝母の「兄弟」または父の「姉妹」の夫、「」付きの部分はいわゆる類別的分類による）に相当する語彙として用いられていると考えられる。

ればならない。私らはそれほど厳密ではないのだけれど、それでも *mama* の息子がいれば、後で怒らないとも限らない、（と、娘の）父母は恐れるわけだ。そうなると、別の男性が嫁乞いに来ても（娘を）くれないことになる。くれなければ後はどういう方法があるかといえば、ひっぱって連れていくこと。---

　交叉イトコ婚は、ここでも触れられている通り、ヨルモを含めネパールではチベット・ビルマ系諸集団において広く実践されている縁組み様式である。とはいえ、その選好／規範化の度合いは集団により地域により様々であり、またヨルモに関していえば、もともとそれほど強力ではなかったこの選好／規範化の度合いは近年さらに後退してきているようにも見える[31]。この語りは、交叉イトコ婚がデフォルト設定としてそれなりに有効な状況下で、この設定とは異なる選択が模索される場合、嫁盗り婚形態を採ることが一種の方便として機能することを指摘したものである。定義上男性側の一方的企てであるところの嫁盗りによって結婚が（嫁側にとってはやむなく）成立したことにする、つまり結婚成立の経緯における女性側の積極的同意を否認することで、女性側は潜在的な権利保持者＝交叉オジ・オバの息子側の真っ向からの抗議にさらされないで娘の結婚を実現することができるというわけである。

　以上の検討から浮かび上がってきたのは、ヨルモにおいて人々が嫁盗り婚に訴えてきたのは、（一見そう見えかねないように）しゃにむに力づくに訴えたのだとは限らないということである。あるいは女性本人の強硬な拒否により、あるいは女性の親の反対により、あるいは慣行の規定する潜在的権利関係との摩擦により、結婚を嫁やり婚というかたちでは実現させられない／させてしまうと具合が悪い場合、嫁盗り婚は一つの合理的選択

---

[31] このことは、この規範との関係から嫁盗り婚が選択される必然性も乏しくなることを意味する。

たりえた。その暴力的見かけにもかかわらず、またそれが実際女性に対する暴力を含むとしても、嫁盗り婚はヨルモの婚姻制度を構成する伝統的マトリクスにおいて、状況次第で採用可能な一つの戦略として確たる位置を占めていたものと見られる。現在においてそれがともすれば単に否定的にのみ語られ、あるいは語られずに済ませられようとすらする何ものかであるとしても、それは決して単なる規範からの逸脱などではなかったのである。私達はヨルモの婚姻実践における嫁盗り婚のこの位置づけを再確認しておこう。

4. なぜ、語られないのか？：嫁盗り婚の制度的位置づけ

前節で見てきたように、嫁盗り婚に訴えることが合理的であるような状況はヨルモにおいて往々にして生起していたものであり、そうした状況において実際それは往々にして採用されてきた戦略だと考えられる。このことの確認は、しかし、始めに提起しておいた問い、すなわちなぜ嫁盗り婚の経験があえて「なかったこと」にされようとするのかという問いを、一層大きな疑問符とともに私達の前に回帰させることになる。多くの嫁盗り実践はそれなりに筋の通った理由をもって選択された合理的行為だったとするなら、疑問はむしろ深まるのである——単なる逸脱でも激情の上で及んだ暴力でもなかったそれが、なぜそれほどまでに語られにくいのか？ヨルモの伝統的婚姻制度構造における嫁盗り婚の位置づけという側面から考察しよう[32]。

ヨルモの婚姻制度の配置において、親同士の合意による取り決めを前提とした嫁やり婚が規範的地位を占めることは既に説明した。嫁やり婚はヨ

---

[32] この「語られにくさ」を構成するもう一つの背景は、比較的近年導入された「近代化／開発」言説に触発された、ヨルモにおける嫁盗り婚の（さらなる）価値凋落である。補論を参照。

ルモにおける婚姻の構造を定義づけるものであり、それ以外の結婚締結方式——嫁盗り婚及び嫁行き婚——は、それからいかに外れているかによってその構造上の位置、価値を定められるといってもよい。従って、嫁盗り婚の制度的地位は、とりもなおさずそれが嫁やり婚とどれほど離れているのか、どこがどう違うのかによって計測されることとなる[33]。

　まず気づかれることは、嫁やり婚と嫁盗り婚の境界が実はそれほどはっきりしたものではない、あるいはこれら二方式間のスイッチはちょっとした状況の変化に応じて切り替え可能なものだということである。サルキニのケースが実は嫁やりの話でもあることは既に指摘した。それは、嫁やり婚のフォーマットにのっとって完結されようとしていた婚姻締結プロセスが女性本人の強硬な拒否にあって、娘の親の同意のもと嫁盗りに切り替えられたものであり、ほとんど「嫁にやら」れようとしていた女性が最終段階で一転、「ひっぱら」れることになったものである。

　もっと前の段階、女性の親に娘を乞いにいって断られた段階で嫁盗りにスイッチすることもある。この場合は文字通りの略奪といってもかまわないわけだが、それにしてもこの切り替えが状況に応じてときに極めて迅速に行われる、あるいはそうした切り替え可能性すら考慮に入れて、男性側から嫁乞いのアプローチが行われていると見られる場合もある。Desjarlaisがそのライフ・ストーリーを詳しく紹介したヨルモ女性の最初の結婚は、その一例である（2003: 117-126）。自らの初婚が嫁盗りではなく正式の嫁やり婚であったことを強調する彼女自身の言葉にもかかわらず、その語りの細部から浮かび上がってくるのは、嫁やり婚としては変則的といわざるをえないことの運びであった。嫁乞いにはせいぜい2、3人で訪れ、話がまとまったら婿方は一端引き返してから日を改めて出直し、そこで嫁を迎える日取りを決めた上で、その期日を待って嫁迎え行列をしたてて来るのが、嫁やり婚の通常の手続きである。しかしこのケースでは、婿

---

[33]　嫁やり婚と嫁行き婚の関係については、第2章3.2.2.を参照。

方はいきなり大人数の行列をなして女性の村を訪れ、その大部分を近くの別の場所に待機させておいてそのうちの二人が女性の親の家を訪れ嫁乞いした。そして承諾を得るや、そのまま次の日には彼女を行列とともに嫁として夫の村へと連れて帰ってしまったのである。この変則性は、婿方が一応は正式の手続きを踏みつつも、万一それで承諾が得られなければ力づくでも嫁を連れ帰る（＝嫁盗りも辞さない）という構えを見せたもの、嫁乞いへの同意を引き出すべくそうした構えによって女性側に強い圧力をかけたものと解釈できる。嫁やり婚と嫁盗り婚の臨機応変な切り替え可能性を示す一例である。

　嫁やり婚と嫁盗り婚の境目の流動性は、また別の側面からも示される。前節でも触れたが、結婚が嫁盗りを経て成立した場合でも、基本的に正式のフォーマリティにのっとった結婚手続きは後で改めて遂行され、それにより嫁盗り婚は嫁やり婚としていわば定義し直されるという点である（嫁行き婚の場合も基本的に同様だった）。なぜそんなことをするかといえば、その理由はひとまず、女性を「ひっぱっ」てくる（あるいはただ女性が「行く」）だけでは結婚成立の完了を実は画せないというところに求められる。ヨルモにはそれによって有無をいわせず不可逆的に女性を特定の男との配偶関係に縛りつける「一撃」、Ahearn の報告する「象徴的破瓜」のような制度的暴力は用意されていなかった。従って、「ひっぱられ」て始まった同居生活下での結婚は、むしろ緩やかに、また曖昧なかたちで、女性が「夫」やその家族と一つ屋根の下で過ごす時間が流れてゆき、ある種の共同性・親密性が育まれてくるのに連れて徐々に固まってくるというべきものとなる。そうした漸進的な結婚成立は、目に見える明白な「区切り」がないゆえにどこか宙ぶらりんなものに留まらざるをえない。それゆえ、いわば屋上屋をかけるような営みではありつつも、今一度改めて社会的移行を画する所作が要請されることになるのである。そして、ヨルモにおいて結婚成立の形式を提供してくれるものすなわち、嫁やり婚として様式化された一連の儀礼的フォーマット以外にはない。嫁盗り婚は嫁やり婚

の手続きをへて十全に社会的に認知される輪郭を獲得することになる。

　嫁やり婚というものが親同士の取り決めを前提としそれを象徴する儀礼的手続きの遂行において成立するものの謂ならば、翻ってみれば、この正式の手続きを経た結婚を嫁やり婚の語彙でもって語るのはごく当然の語り方でもある。嫁やり婚の手続きを経たからには、それを嫁やり婚の語彙で語るのは実はただ文字通り語っているに過ぎないともいえる。正式の結婚手続きによっていわば上書きされた嫁盗りの履歴は、その時点でまさに正式の結婚の「裏話」となった。何らかの、普段はあまりありそうにない事情で（例えば人類学者のインタビューを受けるといった！）よほど詳細に婚姻の経緯を語らざるをえない状況にでも陥らない限り、当事者・関係者がその履歴にあえて言及しないとしても、それはとりたてて嫁盗りという過去の「抹消」と言い立てるべきことでは実はないともいえなくない。

　とはいえ、この嫁盗り／嫁やり婚の境界の曖昧さという事実をもって、その間の差異は相対的なものに過ぎず、容易に乗り越え可能なものだと捉えるとすれば、それはその位置関係を大きく見誤っている。嫁盗り婚が嫁やり婚として上書きされることが基本的に要請される（また上書きされた嫁盗りの履歴が言及されることなく通常の嫁やり婚であったかのように語って済ませられる強い傾向を帯びる）とすれば、そのこと自体がやはり、嫁やり婚のヘゲモニー、その制度的中心性に対する嫁盗り婚の周縁性、非-正当性を強く示唆しているのである。人々が可能な限り嫁やり婚でことを運ぶ努力を行い、やむなく嫁盗りに訴えることになっても常に後で嫁やり婚としてやり直そうとすることは、嫁やり婚が嫁盗り婚に対して確保している規範的優位性を曖昧にするどころか、むしろそれを証するものなのである。

　では、嫁やり婚の嫁盗り婚に対する中心性、正当性を担保しているヨルモの婚姻制度の構造とは、改めていったいいかなるものだったのだろうか。嫁盗り婚と嫁やり婚の落差とは結局、何に由来するのか。

　嫁やり婚（不）成立のプロセスにおいては、男性側による結婚の提起

（＝「嫁乞い」）と、女性側によるその提起の受諾（拒否）という二つの契機があった。嫁盗り婚においても、そのプロセスには大きく二つの契機を認めることができる。一つは「略奪の実施」であり、二つ目に「最終的／正式な結婚の受諾（拒否）」である。前者は男性本人が中心になって行うことも、男性本人はさておいて親など周囲が音頭をとることもあるが、いずれにせよ定義上男性側が行うことである。もちろんこれは、略奪が男性側の一方的暴力として常に実際に行われていることを意味しない。前節で見た通り、実は女性の親または女性本人が「ひっぱらせ」ているケースもありえ、その実質は、前者ならカモフラージュされた嫁やり婚、後者ならばカモフラージュされた嫁行き婚とでもいうべきものとなる。嫁盗りの過程における諸アクターの実際の動きは錯綜したものでありうるが、そうした動きは、定義上略奪とは男性側による行為であることを前提とした上での諸戦略として現象してくる。

　第二の契機、正式な結婚諾否は、嫁やり婚同様女性本人の親（に準ずる人）が行うことである。既述のごとくヨルモにおいて女性の物理的略奪自体はその婚姻締結を自動的にもたらさず、女性自身が逃げることも親が娘を取り返すこともありうる。ただし女性本人には結婚諾否の正式な権限はいずれにせよ与えられていないので、女性が逃げたとしても親が娘を受け入れず結婚の受諾を決めれば結婚は基本的に決まることになるし、女性に留まる気があったとしても親があくまで認めなければ結婚は宙に浮いたままになる。正式に結婚成立を画するためには嫁やり婚の手続きを踏むことが要請されるわけだが、その手続き履行に入る大前提となるのが、この女性の親の同意であった。諾否決定に至るまでには様々な思惑をもった当事者・関係者の働きかけが交錯するでもあろうが、最終的諾否の権能自体は定義上女性本人の親のみに与えられているのである。

　こうして見てくると、嫁盗り婚はその構造において嫁やり婚と基本的に相同であることが明らかである。略奪の契機を嫁乞いの契機に読みかえれば、結婚成立プロセスにおける当事者への権能の配分関係はぴったり対応

しており、また水面下における諸行為体の働きかけ可能性もパラレルだといえるだろう。女性の「権利」（あるいは意思、主体性、尊厳、何といってもよいが）を暴力的に蹂躙するものという（私達が抱きがちな）嫁盗り婚の印象にもかかわらず、嫁やり婚において嫁盗り婚における以上の権能が、自由が、女性本人に付与されているということはない。言い換えれば、嫁やり婚の制度的正当性は女性本人にしかるべき権能を認めているというところには存していない[34]。とすれば改めて問わねばならない——嫁やり婚の正当性／嫁盗り婚の非-正当性がそれに由来するところの両者間の差異とは、いったい何だったのか？

　ヨルモにおける婚姻とは、観察可能な現象としてみれば、親側から夫側への女性の物理的移動を伴い、定義からいえば親側から夫側への女性の帰属移転、すなわち親側から夫側への娘の「贈与」を伴う。要するに違いは、前者が後者を踏まえて行われるのか、あるいは前者を実行してしまってから後者の「贈与」が事後的にとりつけられ（ようとす）るのか、である。ヨルモにおいて（私達におけるのと同様）他人の所有物を許可なく確保することは「ルール破り」とされている。嫁やり婚が嫁盗り婚に対して有する正当性・規範性は、まさにこの基本的「所有権移転の原則」に前者がのっとっていることに基盤を有する。後者はこの原則に反するがゆえに「暴力」であり、大手を振っていつ誰に明かしても恥じない正当性に悖るのである。個々の状況において嫁盗りに訴えることの十分な戦略性・合理性がたとえあろうとも、それが後の「是正」（＝嫁やり婚フォーマットによる上書き）を要請するアノマリーであることは、それが他人のモノの贈与なき奪取である限り変わりない[35]。

---

[34]　もちろん、女性を与える／与えられるモノと位置づけ、女性本人に何の主体性の発揮の余地も定義上認めていないという、第2章における嫁やり婚構造の分析からも、既にこのことは予想できたことであった。

[35]　嫁盗り婚を「（他人の娘の）泥棒」だとする語りは現在のヨルモ自身からも

第3章　嫁盗り婚の抹消

この意味において嫁盗り婚は、嫁やり婚が具現化する婚姻締結の「正道」に対して、いわば後ろ暗さを帯びざるをえないものなのであった。そしてそれが起こったということ、それが行われたという経験がなかなか語りに持たらされることがなかったのは、この後ろ暗さによるところが大きいと思われる。嫁盗りの履歴は、正式に成立を遂げた結婚の「裏話」に過ぎないからこそ持ち出されることもあまりないと同時に、それは結婚締結プロセスの「裏道」に留まるがゆえに、あえて持ち出されたくはないものなのであった。

5．結論：女性が「語らない」理由

　ヨルモの人々がなぜ嫁盗り婚の経験を語りたがらないのか——この問いに答えるべく、ヨルモの婚姻締結実践におけるその戦略的位置づけ及びその制度的・規範的位置づけを検討してきた。そこで明らかになったのは、ヨルモにおける嫁盗り婚とは、正式の手続きからの単なる逸脱とかそれを無視した暴走ではなく、望まれる婚姻締結達成のために有効な方策としてある種の状況下において合理的に採られうる（そして実際かなりの頻度において採られてきたらしい）選択肢であったこと、またそうでありつつも、女性なるモノの贈与なき奪取として所有移転の社会的ルールに違背しており常に非-正式の／非-正当的な手段であらざるをえないことで、また（そうであればこそ）嫁やり婚として後に実際改めてやり直されるもすることで、それが起こったという事実が常にかき消されようとされがちな何ものかであったということである。要するに嫁盗り婚は、単なる乱暴狼藉では必ずしもないが、それが頻繁に行われていた頃のヨルモ的意識からしてもそれを「よいやり方」として擁護しきれないものであり、それゆえなかな

　　時折聞くことができるものであり、そのことは、現在のヨルモ達自身が嫁盗り婚を否定的に評価する根拠の一つともなっている（補論参照）。

か自らの結婚において起こったこととしては語られにくいと同時に、後に嫁やり婚手続きを踏んだからにはもはやひっぱりだして語るに及ばない過去として、ともすれば沈黙に埋没させられることになるものなのであった。自らの結婚過程におけるルール違反をあえて言いたくはない気分、修正手続きを施したからにはあえて言う必要もないという理解、それらが、嫁盗り婚の経験が「語られない」という現象の背景にあったのである。

　しかし、話はこれでは終わらない。以上の説明ではなお、嫁盗り婚で「盗られた」当事者である女性が——女性も——その経験について語りたがらないことに対する満足のいく説明には、実はなっていないのである。繰り返し見てきたように、ヨルモの婚姻制度において、結婚する女性本人には何らの権能／主体性も制度的には認められていない。嫁盗りの主体＝「泥棒」となる男性側に対し、嫁盗りの対象＝奪われるモノとなる女性本人には定義上何ら責任はないはずなのである。略奪対象の女性は、略奪という違反行為に加担する主体ではありえず、従って嫁盗りが行われたからといって彼女本人は何のルール破りをしたわけでもない。彼女に咎められるべきところ、後ろ暗いところは少しもないのである。それでも、女性達が自らの結婚が嫁盗りを含む経過を経て成立したことを語りたがらないことは、男性達が嫁盗りという過去の行為に言及したがらないのと基本的に同様であるように見える。なぜ彼女達も、いいたくないのか？　ここまでの議論では、嫁盗り婚の経験の女性自身による抹消という問題はなお取りこぼされたままなのであった。

　略奪された経験の記憶がトラウマとなっているのではないかというのは、まず思いつく女性本人に特有の事情ではある。しかし、私が聞いた女性達の語りについていえば、それらは彼女らの現在まで平穏無事に続いている（と少なくとも見える）結婚生活の端緒となった嫁盗りについてのものである。その場面を思い出す／口にだすことすらが、彼女達にとって苦痛となるのだともしいうならば、その結婚生活自体がとっくの昔に破綻してしまっていたはずではあるまいか。

むしろここで考慮されるべきは、嫁盗りという違反を過去になした行為者達と彼女達の現在における関係性、嫁盗りが行われた当時から時を経て変容し、成熟してきたでもあろう関係性の重みである。彼女の親から彼女を強奪するという侵犯を犯したのは、今は彼女の夫であり彼女自身の息子や娘の父親となっている人（を含む人々）である。この人（々）は、嫁盗り遂行の局面において彼女や彼女の親に対して暴力的に対決したかもしれないが、そうした経緯を通り抜けて、今では彼女との浅からぬ関係にある、彼女の生活において決して軽からぬ位置を占めるようになっているはずの人物（達）である。

このことを考えるなら、彼女達が私という外部者に向けて、どう控えめに見積もっても私よりはずっと親密な（あるいはずっと重要な）他者であるはずの彼女自身の夫（達）の印象を貶めるようなことをあえて語ろうとしないのは、理解可能なことである。自分個人が何ら責められるべき行為をしたわけではなくとも、過去の夫の違背行為は、あたかも長らく連れそってきた彼女自身の瑕瑾でもあるかのごとく、今となっては思いなされるということもあろう。端的にいって、彼女達にとって自分の夫（あるいは親密な／重要な他者一般というべきか）に不利な何事かを語るのは、時と場合にもよるだろうが、一般に難しい、あるいは彼女達はそのような行為を自ずと避けようとする態勢を身につけているということではなかろうか。ここで彼女の行為に働きかけてそれを形成しているのは、抽象的な社会構造とか規範とかであるよりも、彼女がそのなかで生きてきた具体的な社会関係性であり、それを常に気づかい守ろうとする身についたハビトゥスであったのである。

自らの痛みを語るより親密な他者に痛みを与えないよう沈黙すること、端的にいって自分の痛みより他者のそれへの配慮を優先させること、さらにいえば自らにとって大事な他者の犯した暴力の咎を（その暴力が過去の自分に向けられてあった場合においてすら）自らもシェアし背負うこと──嫁盗りされた過去について沈黙を守ろうとする彼女達が行っていたの

は、この行為なのである。第1章で見たように、ヨルモにおいても「うち」の仕事、すなわち世帯成員のケアに直接に関わる仕事は、すぐれて女性の肩にかかるものであった。その達成が特段の評価に恵まれることはなくとも、家族の生存を維持するために必要不可欠な「うち」の仕事のほとんどを日々たゆまず担って倦まないヨルモ女性のエイジェンシーは、多くの場面ですぐれて具体的な他者との親密な関係性に、あるいはそうした関係性において結ばれた他者への配慮に駆動されているものだともいえよう。嫁盗り婚の経験をめぐる彼女達の語り口とは、そうした彼女達の日々のありようの、より非日常的な場面における発露でもあったのである。

　次章以下（第4～6章）では、それぞれ一人ずつのヨルモ女性の語りに焦点を絞り、ヨルモで女性は何をし、欲し、思い、乗りこえ、喜び、苦しんでいるのか、彼女達にとってヨルモで女性として生きるとはどのようなことかという問いを、より具体的個人に密着したかたちで追究していく。

第 4 章

「女に生まれて厭じゃない」
女としての受難、女としての自己肯定
——— ダワのストーリー

1. はじめに：なぜ「女で満足」なのか

> なぜ、女に生まれることになったのか、なぜ男に生まれることになったのか、今の今まで、そんなことを考えてみたこともなかった。私は今の私で、満足。

　世の中では一般に女性のほうが男性よりいろいろと大変なのではないか、ヨルモではそれは前世の行いの因果だという物言いがあるけれどもそれを信じるか、と筆者が質問を投げかけると、30代半ばのヨルモ女性ダワ（*Dawa*）は、こう応えた。仏教（そしてヒンドゥー）的な輪廻転生の教説に基づくこの物言いは、今日のヨルモの人々の間で広く知られたものであり、仏教的実践への序列化された参画を含むヨルモ的なジェンダー秩序の正当化として機能しているものである（第1章 2.3.1.）。「私も人がそういうのは、何回も聞いたことがある（けれども）」と、上の語りに続けてダワ自身も付け加えたことだった。

　この物言いがヨルモで広く流通しているものだとすれば、他方でダワのこの反応も、ヨルモ女性として実は一般的なものである。各女性のライフ・ストーリーを聴きとっていくなかで筆者は、この教説にも言及しつつ、自らが女と生まれたことに対してどう思うか、男に生まれたかったと思ったことはないかという趣旨の問いを折を見て投げかけてみていたものだが[1]、それに対する応えは一例を除いて[2]すべて、彼女達が自らのジェンダー・アイデンティティを肯定的に受けとめていることを示すものだった

1　この問いかけがネパール的文脈で（も）かなり唐突なものではないかという疑いはなしとしないが、「女に生まれたこと」を恨むような語りはネパールにおいて確かにときに耳にされることがある。例えばネパール語文学の著名な作家の一人 Parijat のエッセイにおける引用を参照（1997: 48）。

2　この一例については、第5章でとりあげる。

――「女で満足」、あるいは少なくとも「女に生まれて厭じゃない」というのである。ヨルモの女性達は、この教説を聞き知っておりそれに対してあえて異を唱えようとはしない一方で、自らが女性として生まれたことを迷いなく肯定するという、すんなりと接続するとはにわかに納得できない行為を、同時にさらりとやってのけているわけである。

　上に挙げた会話の断片から感知されるのは、ヨルモで女性として生まれ、生きてきたことを通して女性達個々人のなかに沈殿してきたはずの、互いに齟齬を含み素直には繋がらない経験の諸層の存在である。イデオロギー・レベルでは、女性は男性より「低い」生まれであり男性に劣るといわれる。そして女性達自身もこの言説を特段否定しようとするではなく、従ってこれを受容しているようにも見える。その一方で、改めて尋ねてみれば彼女達のジェンダー的自己肯定感は揺るぎなく、この言説の示唆する（というよりこの言説自体がその一部を構成している）ような「女性への抑圧」を女性達が切実に感じているわけでも、女性であることに不満を抱いているわけでもないようである。ましてや、「男に生まれたかった」などとは思っていない。実際、ヨルモの女性達に出会った人々は、彼女達が「抑圧された」存在だという印象をまず受けないだろう――彼女らは一般に働き者で活動的であるとともに、ほぼ一様に社交的でホスピタリティに溢れ、誰に対しても言いたいことを言って物怖じするところがないように見える。おしゃべりで闊達で、そして何よりよく――大きな声で、頻繁に――笑う。彼女達のこうした態度に触れた外部者は、ヨルモにおける女性の地位はきっと高い、男性のそれにも実質的に劣るものではないのだろうと推測しもしよう。

　しかし、既に第1章でも見たように、ヨルモ社会において繰り返される日常・非日常の様々な実践を通して、ジェンダー間不平等は確かに構築され続けている。またヨルモ男女のライフコースにおけるキー・イベント、例えば婚姻においては、ジェンダーにより全く異なる――女性に自己決定する権利を与えず、女性がその意思を実現する行動をとることを幾重にも

困難にするような——構造上の位置づけが用意されていたことも、私達は既に見た（第2、第3章）[3]。こうした現実は、まさにこの輪廻の教えが説くところの女性の男性に対する「劣位」を具現化しているものでもあり、またヨルモ社会において女性として生きることの痛みや困難を構築しているものと考えざるをえない。

　輪廻のイデオロギーとそれを／が下支えするような現実を、女性であるからこそ舐めざるをえなかったはずの痛みや苦しみを生きてきて、ヨルモの女性達の女性としての自己肯定はなぜ、なお、揺るがないのだろうか。本章が取りくむ問いは、これである。本章ではこの問いを、あるヨルモ女性の語り、特に彼女が自身の結婚生活への定着——長く、激しい抵抗の末の——の経緯をめぐって展開した語りを通して検討していく。ストーリーは、冒頭にその「自己肯定」の言葉を引用したヨルモ女性、ダワのものである。

　女性が結局はそこに落ち着くことになる結婚に当初「否」をつきつけ、結婚への何らかの抵抗を試みること、試みたと語ること（＝「私は（嫁に）行かないといった」）はむしろヨルモで一般的なことである（第2章）。ダワの語る彼女の結婚定着に至る経緯を「行かないといったのに……（最終的には）行った（＝結婚生活に定着した）」と要約するならば、それは大枠としてはヨルモ女性のたどる経験の典型的パターンともいえなくはない。ただし、ここで他ならぬ彼女の語りを取りあげるのは、彼女の語りが典型的であるから（だけ）ではなく、むしろそれが極めて例外的というべき特徴を備えていることによる。すなわち、ダワの結婚への拒否と抵抗は、ヨルモ女性においてしばしば見られるような（ときに単なるポーズとすら見られるものも含む）抵抗の強度を遥かに上回る、桁外れの持続と苛烈さを、つまりは切実さを伴うものであった。彼女の通り抜けてきた経験は、ヨルモ女性のそれとして大枠では一般的な型に収まっているとともに、そ

3　もう一つのキーポイントは、相続である。第5章2.2.参照。

の抵抗の強度において他に類を見ないもの、あるいはこの結婚の拒否からその受容へという一般的な推移のパターンをその最も過酷な振幅において具現化したものといえる。ヨルモの女性達が結婚という、女性にとって幾重にも不利なかたちでジェンダー化された制度を自分の人生において引き受けるにあたって蒙りうる痛み、不如意を、極限的なかたちで経験し、そしてその結婚の軛から何度も逃れようとして最終的には自分のほうが破れる／変容する（＝結婚を受け入れる）という経験をしたのが、このダワなのである。

「ヨルモで女であること」の過酷さを生き抜いた彼女の具体的経験はもちろん、彼女個人のものであり、他の誰のものでもない――ヨルモの各々の女性達（あるいは男性達、あるいは私達の誰であっても）が抱える苦しみや悲しみはもちろん、個人によって異なり、各々が特異な相貌を持つ。しかしここで私達は、このダワの語りをつぶさに聴いていくことを通して、ダワ一個人についてを超え、ヨルモで女性であることについて多くのことを学ぶことができるだろう。彼女が女性として味わった受難と彼女の女性としての自己肯定の対照が鮮やかであればあるだけ、それらの間の「矛盾」が鋭ければ鋭いだけ、もし彼女の自己肯定を私達が了解できるようになるならば、それを通してヨルモ女性の自己肯定一般も自ずと了解できるはずだからである。例外的なまでに深いその痛みを潜り抜けてきてなお、ダワが「女である」ことに対して怨嗟を抱くことなく肯定できるのはいかにしてか。このことが明らかになったとき、他の女性達の自己肯定についてさらに説明すべきことは、もはや残っていないはずなのである。

2．ある類いまれな抵抗：ダワのストーリー

ダワはインタビュー当時36歳、17歳と13歳の2児の母で、カトマンズに部屋を借りて住む弟家族のところに身を寄せていた。彼女はヨルモA村で生まれたが、当時（そして現在もなお）多くのヨルモの村人達が

していたように出稼ぎに行く両親に連れられてインド（北東辺境州）に移住し、そこで成長した。インフォーマルに習い覚えてネパール語・ヒンディー語の簡単な読み書きはできるようになっていたが、「学校というものは、扉も見たことがない」。ある程度成長してからは、彼女も道路工事等の現場に出ていたという。16歳頃に両親とともに帰村し、親は出稼ぎで蓄えたお金で家を建てかえ、村に再定着した[4]。彼女に結婚話が来たのは、その家の建て替えが終わってまだ間もない頃だったという。

2.1. 結婚がきまる

　家の建て替え作業の手伝いにしばしば来ていた同村の男性が彼女に思いを寄せ、親・親戚にその意向を伝えて彼女を「(嫁に) 乞う (Y. *langje*, N. *magnu*)」という挙に出たとき、彼女は（はっきり何歳とは覚えていないものの）まだ17か18だった。彼女は当時、結婚自体したいと思っていなかったし、さらにいえばこの男性と結婚することなど考えることもできなかったという。「私は当時、彼のことを気に入ってもいなかったし、そもそも誰とも結婚する気がなかった」。彼女が当時希望していたのは、少なくとも数年の間は結婚せずに親許にいて、その間に絨毯織りを習って、もしかしたらインドあるいはカトマンズに行って働いて、自分でお金を稼ぐことだった。しかし、彼女の親の考えは違った。結婚を申し込んだ男性は同村の、しかも彼女の母の氏族の彼女と同世代の成員、つまり彼女の類別的交叉イトコであった。これらの条件は彼女の親が娘を「やる」決断をするのに既に十分なものであった。それでも親は、そう決断する前に一応ダワ本人の同意を得ようとは確かにしたのである。

---

[4] 両親がインドから持ち帰った金は、長年の稼ぎとしては、当時としても素晴らしく多いとはいえない金額であったようである。それでもそのお金は、村の家を建てかえ、それから何年にもわたって家族の現金ニーズを満たすのに足るものではあった。

> （親は）私に訊いた、「（嫁に）行くかい、行かないかい？」と。そう訊かれると私は、何というか（‥）私が本当に激しく泣けば、父さんと母さんは私のことを可哀そうだ（Y. *ningcho*）と思って、私を（嫁に）やらないだろうと思って。それで、親が訊けば訊くほど、私はもっと激しく泣いた。訊かれれば訊かれるほど、ますます泣いた… 私の口から「行かない」という言葉は出てこなかった。で、父さんと母さんは思ったわけ、「ふむ、娘はこの話が気に入っているんだな、だから何もいわず黙っているんだ、泣いてはいるけど… わかった、娘よ、それなら *shalgar* を飲むから」、そうして父さんは *shalgar* を実際飲んでしまったわけよ。

誤解、である。しかしこうして、彼女の結婚話はあっけなく決まってしまった——彼女自身はそうならないことを切に望んでいたにもかかわらず。とはいえ、そうなってしまったからといって彼女が大人しく結婚する気になったわけでは、なかったのである。

2.2. 結婚式からの逃走

結婚式の日取りも決まり、それに向けた準備も着々と進んでいった。しかしことがその段階に進んでもなお、ダワはこの結婚を受け入れようとはさらさら思っていなかった。彼女は語る、

> あさってが私の結婚式という日、別の△△の結婚式があった。その日、私は水浴びをして、自分の衣服を洗ってそれを畳んで、父さんの枕の下から100Rsの紙幣を抜いて、カバンを取りだして、それにそれらを詰めて、自分のベッドの下においておいた。それでその結婚式に行った。宴では皆が私に言う、「食べな！結婚式を食べな！[5] さあおまえの（結婚式）も、私らはあさって食べるから

---

[5] 結婚式・祭礼・新年その他の行事に参加することを、ヨルモでは「食べる

な！」と、からかってね---「私の結婚式を食べるですって？！ 私の結婚式は食べられないよ！ どうやって食べるっていうの？ 私は式にはいないんだから！」と、私も冗談めかしていった。「逃げでもする気なのかい、一体どこに逃げるっていうんだい、結婚式はあさってさ、もうどうやって逃げられるのさ！」、そういう。「結婚式の日に私がどこにいるものか、まあ見てなさいよ」、私はそう応えた。

　それで、（自分の）結婚式の前日、朝とても早く私は起きだして---私は、5時、6時に籠2杯分の薪を集めに行くことにしていた、森に行って2杯分の薪をね。なぜ薪を集めてきていたかといえば、私は、「ふり」をしていたの、「ふり」をして（結婚式から）逃げるための方便を用意していたわけ。---結婚話が来てからずっと、そうしていた、逃げるために役立つと思って。---私は籠2杯分の薪を集めた、1時間か2時間、ときには3時間もかけて。薪はもっと早く集め終わっていたけれど、そうすれば、母さんと父さんも後で私が逃げたときにも薪を集めていると思うと思って、ふりをしていた。そしてその私が逃げた日も、母さん父さんは、「ダワは薪を集めに行った、あの子は薪を集めるのに相当時間がかかることもある」、そう考えて、私が家を出てから3、4時間も、私を探したりしなかった。3、4時間が経つ間には、私はもうメラムチ・プル[6]も越していた。1分も休まずに、私は村から走りだして、メラムチ・プルに着くまで走った。

メラムチ・プルを過ぎて、そこから1時間ほど歩いたところにある、当

　　　(Y. *sae*)」ともいう。
6　ヘランブー地域の入り口に位置する、メラムチ川にかかる大きな橋、またその周囲にできたバザール。「プル（N. *pul*）」は橋の意。

時はそこまでしかバスが来ていなかったバザールからカブレ郡バネパ行きのバスにのり、バネパからカトマンズ中心部のラトナ・パークへ、さらにラトナ・パークからバスを乗り継いで、ヨルモ出身者の移民コミュニティが形成されつつあったカトマンズ市内東部のボーダ地域に彼女は辿りついた。そこには彼女の同世代の「姉妹」(この場合、母方の平行イトコ)で仲の良い友達だった同村出身のペマが、絨毯織りをしながら兄弟とともに暮らしていたのである。ダワは彼女のところに転がりこみ、その夜は二人で語り明かしたという。「私達、絨毯を織って、二人で絨毯を織って、いっぱいお金を稼いで、いっぱいお金を稼いで（絨毯）工場を建てよう、そう語り合った[7]」。

　しかし、その彼女達の夢が実現することはなかった。「その次の日には、父さんがやってきて、私を連れて帰った」。父親が到着してからの顛末は、次のようなものであった。

> （父親が到着した）その時、私は扉を開けなかった。「もし無理やり扉を開けようとするなら」、私はその時４階の窓の傍に座っていたのだけれど、「もし本当に無理やりにしようとするなら、私は窓から身を投げて死ぬから！」、そういった。父さんは、「そんなふうにいってくれるな。上（の村）では、母さんは気を失って倒れてしまっているし、（結婚の相手方は、お前の）代わりにお前の妹を連れて行くともいっている[8]」と。扉の外から父さんが話して、内側から私が話をした。扉には鍵をかけていた。で、父さんがいった、

---

[7] 当時のネパールは絨毯産業が興隆していた時期にあたり、絨毯織りの仕事はヨルモの若い女性達にとって主たる賃労働のオプションとなっていた。

[8] このような話が出てくること自体が、ヨルモにおける結婚の伝統的性格をよく示している。それは結婚する男女個人同士の関係締結であるより、彼らの所属する世帯間における、女性の受け渡しなのである。

「結婚するかどうかは、お前の好きにすればいいから。上（の村）に着いたら、相手方が式のために用意した品物や、もう作っておいた酒の分のお金は私が払うから。好きにすればいい、帰ったら結婚しなくてもいいから、一月かそこら村にいて、それからまた絨毯を織りにここに来てもいい。」 そういって、父さんは私をなだめすかし（N. *phakaunu*）て、連れて帰った。

　そうやって連れていかれて家に着いてみたら、父さんはそのまま酒を飲みだすし、母さんだって元気だったのよ。- - - 母さんが私にいった、「なぜ、こんなことをしてくれたんだい？ お前が始めに行かないといっていれば、父さんも *shalgar* をあの時飲まなかったのに。お前がただ黙っているから、おまえには気があるもんだと思って *shalgar* を飲んだんだよ。もうこうなったからにはね、娘や、こんなことをするんじゃないよ。相手方はもう結婚式への招待を全部出してあるし、すべて品物の用意も整えてある。結婚するほかないんだよ」と。それで私も思った、「私は結婚しよう、さしあたり父さん母さんの面子を潰さないためにも、しないわけにいかない」とね。父さんと母さんが（自分が逃げれば）あとでどんな立場に陥るか、どんなことを人に言われることになるかなんて、考えていなかったわけ。「わかった、行こう。今は、私は行く。（でも、その夫との結婚に）長く留まりやしない。二日三日いて、すぐ逃げ出すんだから」、心のなかではそう思っていた。

そして、あとで逃げるときのバス賃のためにと、再び父から失敬した100Rsを隠し持って、彼女は実家をあとにしたのである。

2.3. 逃走から定着へ

　しかし、逃げる機会はなかなか訪れなかった。彼女が逃げるのではないかと夫方の家族も警戒して、彼女を「24時間」見張る見張り役の女性を

つけていたからである。見張りは彼女がトイレに行くのにさえ、ついてきたという[9]。夫とその家族は彼女につらくあたったわけではない——むしろ反対であった。彼女自身がそう語っているのであるが、彼らは彼女をほとんど甘やかさんばかりに大切に扱い、姑も「嫁ではなく実の娘であるかのように」彼女に優しかったという[10]。

　それでも、彼女にこの生活に安住する気は全くなかった。逃げ出すチャンスが見つけられない一方で、夫（の家族）とともに同じ家のなかにいる気にもなれない彼女は、何かにつけて実家に戻っていたが、彼女の安住の地は既に実家にもなくなっていた。彼女があまりしばしば戻ると、母親は彼女を叱り、もう帰ってくるなとすらいったという。「嫁にだした娘が実家に長くいると、人がよくいわない」からである。ここで問題となっているのも、彼女の親の面子、娘を嫁にだした親としての面子である。しかしそうした親の面子は当時の彼女にとって問題ではない、あるいは彼女自身の望みをあきらめさせるほどの重みは持ちえないものだった。「その頃は、母さん父さんの面子のことなんて気にしなかった……全く子どもだったのね」。

　そうこうするうち、彼女は妊娠する。結婚以来夫とは会話すら拒否していたという彼女だが、彼と一緒に寝ることは拒みきれなかった。「彼と同じベッドで眠りたくなかったけれど、でも（同じベッドに寝ていて）眠りに落ちて（・）そして眠っている間に、子どもができてしまった。」彼女は「言葉すら交わさずに」子どもができたことを「恥ずべき話」と回顧す

9　第3章注14参照。

10　ヨルモにおいても、一般には嫁と姑の関係は緊張と衝突を孕みがちなものと考えられているのに、である。なおこの姑自身も、ダワが彼女自身から聞いた話として語るところによれば、嫁盗り婚により全く気に染まない結婚を強いられ、結局はその結婚に定着したという経験を持つ。姑は、明らかに結婚に馴染んでいない・馴染もうとしない嫁に、自らの経験も語りながら説いてきかせたという。

る。

　妊娠するに及んでも、しかし、彼女の態度や気持ちが変わることはなかった。それ以前と同じく、彼女はぜったい逃げようと心に決めていた。そして、子どもができて母親になるからにはもう逃げはしないだろうと監視を緩めた夫家族の隙を見計らって、この第1子妊娠中に、逃走の企てを実行に移したのである。このときはすぐに連れ戻されてしまったが、それでも彼女はあきらめていなかった。彼女の2回目の逃走は、この第1子が生まれて5ヵ月後に企てられた。次に挙げるのは、この企ての顛末、そしてさらにそれに続く逃走の試み（そのいずれもが結局は失敗に終わった）についての、彼女の語りである。

　　---私は、5ヵ月の〈赤ん坊〉を残して逃げた、まだ授乳しているときに。その時よ、ダンダコーラ[11]から、探しに来た〈夫と〉弟二人が私をうまくなだめすかして、連れ戻したのは。---そこでノルキの父さん[12]は、「わかったから、ともかく今は家に帰ろう。上〈の村〉に二人で帰ったら、皆で相談して、二人でカトマンズに行って絨毯を織って暮らそう」といった。〈でも〉上に帰った後は、絨毯を織りに行く話なんて話はどこへやら。元の生活にすっかり逆戻り。その後、また運悪く、次の子どもを妊娠してしまった。その子がお腹にいるときも、私は逃げた。その後、その子が生まれた。この2番目の子どもが生まれてからも、私は逃げた、〈今度は〉その子を一緒に連れてね。その子を捨ててやるとまで言ったこともあったけれど。

11　メラムチ・プル（本章注6参照）からさらに南に下った川沿いのバザール。
12　つまり「夫」。テクノニミー的用法である。ノルキは彼女の第1子（長女）の名前。

何回もの失敗した結婚からの逃走の試みを経て、ついに彼女は心変わりを迎える。それは彼女の第3子ノノが生まれてからのことであった[13]。彼女の語りは続く、

> （前の引用の続き）そうやって暮らしていって、そうしてノノが生まれた。ノノが生まれてからは、私は逃げていない。その時点で、私の額にはそうやって、私は（今の夫と）結婚すると書いてあったんだと、こうなったからには逃げだしてもしょうがない、結婚すると書いてあったわけだから、家から逃げ出している場合じゃないと、そう、わかり始めたのよ[14]。そうわかってくると、私は思った、「そう、子ども達には明るい将来を歩んでほしい。彼のことを好きじゃないとしても、子ども達の将来のためにも、私は考えなくてはならないんだ」と。それから、私は留まっている。それからは、私は逃げていない。

　彼女の結婚への長い抵抗のストーリーは、結婚して何年もたち、第3子まで出産するに至って、ようやく終結を迎えたのである。
　彼女と夫はその後、幼い子ども達を連れてインドに出稼ぎに出かけ、彼の地で10年近く働いていたが、彼女は先ごろ一人で帰国し、今度は外国（イスラエル）に家事／介護労働者として渡航するチャンスを掴もうとカトマンズで待機している状態である。現在の彼女は、夫に対しても「とても愛情はある」という。

13　なお彼女の第2子は、2ヵ月で夭折したという。
14　第3章注1参照。

3. 考察

　彼女の語りが鮮やかに再現する、彼女の若い日の打ち砕かれた希望、慰めようもない痛み、不如意。以下では、彼女が「女として」経験したそうした深い苦痛にもかかわらず、「女として」なぜ自己肯定をすることができているのかについて、考察していく。まずその前段として、彼女の受難がいかにして彼女が女性であることと結びついているのか、その受難を彼女が女性として被ったといかなる意味で言いうるのかについて確認する (3.1.)。次にその確認を踏まえて、そうした「女として」経験せざるをえなかった深い痛みと不如意にもかかわらず、彼女にとってジェンダー的自己肯定が留保なく可能であることの背景に迫るという問題の核心に、論を進めていこう (3.2.)。

3.1. ダワの受難：いかに「女として」なのか

　彼女の受難が全体として、望まない結婚をさせられた（そして、それから逃げられなかった）ことに起因することは明らかである。ところで彼女はなぜ、その結婚が厭だったのか、これを拒んだ（拒みたかった）のか。彼女自身の語るところによれば、それには二重の理由がある。一つに、彼女はその時、まだ結婚したくなかったのであり、二つに、彼女はその男性と結婚したくなかったのである。

　なぜ彼女がその時まだ結婚したくなかったのかは、上に既に引いた語りのなかからもはっきりとうかがわれる。彼女はまだ、実家での娘としての身分に留まったまま、カトマンズに出ていくなどして自分でお金を稼ぎたかったのである。ヨルモ的文脈において、未婚の女性は（男性も）実際にはどこに住んでいようが、親世帯のメンバーであり続ける。そのことは裏返せば、未婚の間に娘（息子）に稼ぎがあった場合、親世帯の経済に貢献することが強く期待されている、というより当然視されるということでもある。それでも、経済的貢献の期待／圧力はともかくとして、娘として親

の世帯に留まっていることは一般に、女性が実の親の庇護のもと、世帯責任の重圧に押さえつけられることなく、相対的に「気楽」、「気まま」な立場で生活できることを意味する。従って若い女性にとって、未婚の娘時代というのは一般には望ましい——できれば長く続いてほしい——ライフ・ステージだといえる（かといって、その状態にずっと留まり続けることができない／留まるべきではないこともまた、彼女達自身よく理解しているものであるが[15]）。従って、結婚をまだしたくないというダワの反応は、その結婚話が来た当時の彼女のまだ17や8という年齢から考えても、ヨルモ女性としてめずらしいものでは全くない。もちろん「行く」意思を示さなくとも実は「行きたい」という場合もありうることは既に見た通りだが（第2章）、上に説明したようなヨルモ社会における娘時代の位置づけに照らせば、彼女のように本当に行きたくないケースも当然少なからずあるのである。

「いっぱいお金を稼ぐ」という希望のほうは、これに比べて、ヨルモ女性（特に彼女ぐらいの世代までの）として特異とまではいえないまでも、必ずしも一般的とはいえないものである（ヨルモ男性にとっては、出家して仏教の道を進むというのでない限り、当然のごとく期待されてきた／されていることであるが）。そうする希望を持ち、さらには実際にそれを追求することになるかどうかは、各々の女性の志向・選好と彼女の属する世帯のおかれた経済状況に大きく依存するといえよう[16]。結婚話が来た当時のダワには、実家世帯に他に稼ぎ手がいないなど、とりたてて娘に稼ぐことを期待されていた事情があったわけではなく（それは、結婚話が来るや

---

15 「女は（嫁に）行かねばならない」という、ヨルモ社会でなお強力なこの規範に対する恭順／抵抗の実践については、第5章で検討する。

16 このことは、外で稼いでいないヨルモ女性が、世帯経済に貢献していないということを全く意味しない。第1章2.1.で見たように、村の世帯の生計維持活動の大きな部分は、ほぼ例外なく、女性の労働によって賄われている。

彼女を嫁にやることを決めた親の態度からも明らかである)、従ってそれは、彼女のむしろ個人的志向に由来するものといえる。個人的志向といってしまえばそれ以上に説明することは難しくなるわけだが、この志向が彼女の人生において後々に至るまで、すなわち彼女が結婚生活自体には落ち着くことに納得した後までも、なお強固に把持され続けていることは、ここで付け加えておこう（以下の 4. 参照）。

　第二のポイント、ダワが結局は夫になったこの男性と結婚したくなかった理由については、インタビューの別の箇所での彼女の次のような語りがある。

> （世の中には）ハンサムな男の人がいっぱいいるじゃない？　私は思った、「なんてこと！　彼みたいな男とどうして結婚できる？　私が（嫁に）行くならハンサムな人のところに行くわ！」ってね（笑）。友だちも言った、「どうして行くの？ - - - 顔もよくないし、どうしてそんな男のところに？」とね。その他にも、彼は猿みたいだとか何とか、そんなことを言う人もいた。で私は思った、「そうだわよ、なんであんな男のところに私が行くの？　私が行くなら、素敵な、ハンサムな男性のところに行く、顔のいい男性のところに。」（でも、そうなる）自分のさだめ (N. bhagya) になっていなければ（そうは）ならないわけよ。自分の思っていたのは、そうする（＝ハンサムな男性と結婚する）ことだったけど（・）私の（思い）はね…。

彼女の（そして少なくとも他の何人かの）目には、夫（となる男性）の「顔がよくなか」ったので、彼と結婚したくはなかったというのである。顔の良し悪しというのは個人的な好みの問題であり、ここで実のところ問題なのは夫の顔の造作自体ではない。要は彼女の目にはよく見えなかった、彼女の好みでなかった、つまり彼女には彼が魅力的ではなかった、つまる

ところ彼女が彼を好きだと思えなかったということが問題なのである。ここから覗いて見えるのは、彼女の「恋愛」的なるものへの志向、さらには結婚するなら自分の好きな相手と結婚したいという志向であろう。少なくとも結婚話が来た当時、彼女には特定の意中の人／恋人がいたわけではなく、この志向性は漠然たる憧れ以上ではなかったと思われる。そうした漠然とした憧れのような感情が、彼女が実際行ったと語る激しい、しかも何度にもわたる不屈の抵抗の背景となったと語られることに私達は、ある種の驚きを覚えるでもあろう。繰り返し言及しているように、そもそも恋愛的感情／関係が結婚の前提として決して一般的ではなかった（当時の）ヨルモ社会の状況を考慮するならば、なおのことである。彼女のように、「好きな人」との結婚を夢見て（夢見ることを少なくとも理由の一端として）親のすすめる結婚に抵抗するというケースは、少なくとも彼女の世代にあってはむしろ例外的なことだったと考えてよいだろう。ただしそれは、ただの孤立した例だったわけではない。本人同士の好き嫌いが結婚の決定に際し相応の重みを与えられるようになってきたといわれる昨今の社会的トレンドをみるとき、ダワは一つの先駆け的ケースであった——実際にそうしたかたちでの結婚実現に本人は至らなかったにせよ——と位置付けることもできる。

　さて、したくないタイミングで、したくない相手と結婚させられるという事態、要は意に染まない結婚をさせられるという事態は、いかに（ヨルモ）女性としての受難であるといえるのか。

　端的にいって、それはまず、ヨルモの女性達の実際多くが経験してきた、ヨルモ女性であれば経験しがちな事態であるからである。どうしてそうなるかといえば、ヨルモにおける伝統的な結婚締結の手続きには、本質的に女性本人の意向を汲み取ら・・ない構造がビルト・インされていたからである。見てきたように（第2章3.2.）、そもそも正式な手続きとして結婚話のオファーができるのは男性側のみで、女性側にはそれを受けるかどうかという選択権しかなかった。このことは、既に本人間で通じており水面下

で手をまわすというのでもない限り、女性本人の意向が配偶者選択に働く余地を構造的に大幅に制約する。また女性側にある諾否選択権というのも、基本的には女性本人に与えられたものではない。彼女は、定義上親（に準じる彼女の保護者）に対して「乞わ」れ、親によって与えるかどうかを決定されるところのモノなのである。ダワの場合まさに、この「正式」とされる手続きのモデル・ケースであった。婿（方）が気に入ってオファーをし、それを彼女の親が受け入れて結婚が決まる。彼女の「行きたくない」という思いは、親が与えた同意＝約束の履行という至上命題のもとで基本的に顧慮されることはない。彼女の希望は親の「面子」を救うために、最終的には犠牲にされることになる（その後最終的には、今度は自分の子どものために、彼女は自分の希望をあきらめることになる）。

確かに、彼女の親は申込みに答えるにあたって「行くのかい、行かないのかい」と訊いて、彼女本人の意向を確かめようとはしていた。そこでちゃんと自分の意思を伝えることができていれば、ダワのケースに関していえば、彼女は望まない結婚をそもそも回避できたのかもしれない[17]。しかし彼女は伝えられなかった、彼女の思いは伝わらなかった。なぜか。それは単なる偶発的誤解ではない——そうではなくて、それは、ヨルモにおけるジェンダー化された婚姻制度から発生してくる、むしろ構造的誤解である。

どういうことか？　彼女ははっきりと「否」とはいわず、いえず、ただただ激しく泣いた、という。「泣く」という行為は一般に（諸文化を超えて）「悲しみ」を表すはずであり、彼女がこの結婚話を喜んで、つまりは嫁に行きたくて泣いているとこれを受け取るという彼女の親の反応は、ヨルモ部外者から見るに、あまりに不可解である。しかし実際に、彼女の親

17　しかしヨルモにおいて、娘本人の意向を聞かないで親が決めてしまうケース、あるいは娘が「行かない」とはっきり意思表示しても親が結婚を決めてしまうケースも少なくないことは、既に見た通りである（第2、第3章）。

は彼女がただただ泣いている＝「何もいわないでいる」のはこの話を「気に入っている」のだと思って、話を受けてしまった。どうしてこんな取り違えが起こるのか、それが問題である。

　第2章で見た、結婚を決定するプロセスにおいて女性本人に働きかけ、その行為を縛り／構築する社会的諸力（＝彼女がそのなかで行為を組み立てざるをえない言語・制度構造、女性はこうあるべきという規範 etc.）を思い起こそう。そこでは、彼女達が「(嫁に) 行く」という方向ではエイジェンシーを発揮しないことが強く規範化されており、そして逆に「行かない」という方向で発揮されたエイジェンシーは基本的に効力を持たず否定しさられる（＝行かないといっても結局は行かされる）べきものであった。そうした諸力の配置において、一部の女性達は実際には「行く」気がある場合でも「行かない」と応えることもあることが想定される。つまり、行くのか行かないのかと訊かれたときに、想定されている答えは実は「行かない」のみであって、「行く」はありえない。「行く」気があるときには娘は「行く」とは言わず（言えず）黙っているはず——それがヨルモ社会の親達、大人達の「常識」的想定なのであった[18]。この想定ゆえに、彼女の沈黙は（たとえ激しく泣いていようとも！）「イエス」を示すものと取られてしまったのである。彼女が自分の意向を伝えられなかったのは、結婚締結プロセスのなかで女性本人の自己表現可能性が構造的に驚くほど狭く設定されていることに起因している。受難はやはり、彼女の「(ヨルモ) 女性」としての位置に由来するものといわざるをえない。

　さて、望まない結婚をさせられたことが彼女の受難の主原因だとして、その結婚のなかに彼女が「女として」入っていかざるをえなかったこと

---

[18] この「大人の常識」を当時のダワが共有していなかったことは明らかである。彼女自身がそう振り返っているように、当時の彼女の考えは「子ども」の論理なのであった——「泣いたら、可哀そうだと思って」、例えば抱きしめてくれる＝どこにもやらないでくれるはずだ、そういう論理である。

は、彼女の受難に輪をかけたと考えられる。ヨルモの結婚締結プロセスへの参画の仕方が男性と女性の間では不均等に構造化されているとすれば、結婚というイベントのライフコースにおけるインパクトも、男性と女性ではその重みは実は全く違うものであった。すなわち、結婚後も自らの育ってきた家／家族のもとに留まり続けることができる男性に対して、女性は自らの育ってきた生家／肉親を（一般的には実質的に空手で）あとにして、夫の家に「行かなければならない」。婚姻関係がつくりだした新たな家族（という名の他人）と折り合い馴染んでいくとともに、その家族関係における「嫁」という新たな役割――労働と生殖活動によって家計／家系維持に貢献する役割――をも担っていかなければならないのである。女性にとっての結婚とは、生活上の全面的な変化、すなわちそれが営まれる場の変化とともに役割の変化を意味する。男性が仮に望まない結婚をしたとしても、彼が「我慢」しなければならないのは、新たに付け加わった妻との関係という生活の一部分だけであるのに比すれば、そのインパクトの深さは測り知れない[19]。

　ダワは夫と口もきかず、ともかく夫の家にいることすら苦痛で、折さえあれば実家に帰っていたと語っていた。しかしそれも、親から来るなとわれてしまう――娘を嫁に出した親の面子が立たないから、と。彼女は、婚家を自分の居場所とする気にもなれない一方、帰る実家も失って、いわば「三界に家なし」状態に陥ってしまうわけである。これも、女なればこそ陥りうる困難といわずして、何といおうか。

19　もっとも、「妻方居住」なら、女性への結婚というライフ・イベントの（ネガティヴな）インパクトはないかといえば、必ずしもそうとはいえないようである。タイ・カレン社会においてしばしばあるという女性の「マリッジ・ブルー」についての報告（速水 2009）を参照。なお彼の地では、女性が結婚に際して「新たな家族」のなかに入っていく必要は（カレンの伝統的結婚方式による限り）ないものの、彼女が結婚を機に未婚の娘時代とは異なる社会役割を担うことになることには変わりないことも付け加えておこう。

そして「女として」彼女が舐めた苦しみの一つの頂点とも見られるのが、結婚後彼女が回避できなかった、望まない性交（つまりは、レイプ）、そしてその帰結としての妊娠・出産である。その痛みに関して彼女はそれほど多くの言葉を費やしていないが、たとえそうした経験をしたことのない女性、さらには男性にとってすら、そのつらさ、苦しさは想像に余りある[20]。確かにどんな事情があれ、乳飲み子をおいて逃走を企てたという、あるいはわが子を「捨ててやる」とまで言い放ったという彼女の行為は、ヨルモの（またその他多くの地域・社会・時代を通じた）「母」なるものへの期待を大きく裏切るものでもあろう。しかし、望まない性交・妊娠・出産を強いられるという言葉にならない、することもできない苦痛の目に見える結果が他ならぬその子なのであれば、子どもの養育責任の放棄だけを糾弾して済むことでもない。そうした行動に彼女を駆り立てるほどの暴力を、確かに彼女自身が受けてきたのであるし、また今現在において語りを紡ぐ彼女にあってなお、そのときの暴力の、それを受けた痛みの、悲しみの、怒りの記憶が鮮やかに呼び覚まされるからこそ、そのような人に眉を顰めさせかねない事実までも、彼女はこうして改めて語り直したのだと捉えるべきであろう。彼女が今いる地点――結婚生活に定着し、子どもの将来も思いやっている現在――からすれば、過去に受けた暴力と痛み、いわんや過去の自分の道義的に疑わしいともいわれかねない行動は、まさに「過去」として封印してしまうという選択肢も十分ありえたはずだからである。

　一度ならずの望まない妊娠・出産をへて3度目の出産に至って始めて、彼女は心変わりした、つまり「逃げ出している場合じゃないと---わかり始めた」。「レイプで生まれた子ども」を、レイプという忌まわしい記憶ゆえに捨て去ろうとするのではなくて、レイプで生まれたというその過去

20　であればこそ、筆者もこのことに関しては、彼女が自ら語る以上のことに突っ込んで質問を投げかけることはできなかった。

はどうあれ、その未来のために愛情をかけ養い慈しみ育てていくのに値する存在として——ついに、改めて——見出したわけである。女であることによって蒙った極限的な苦しみから女（「母」）であることの意義と喜びをとりだしてくるという、いわば、離れ業。苦しみから喜びをつくりだすという錬金術が、彼女のなかで時をへて、どのようにしてか起こりえた、行われえたのである。しかし、それによって過去の痛みがなかったことになるわけでも、彼女がそれを忘れるわけでもない。痛みはなお、鮮烈である——繰り返すように、彼女の今において紡がれているこの語りが、何よりそれを証拠立てている。

3.2. なぜ「女であること」を肯定できるか？

　気に染まぬ結婚を強いられたこと、その結果「家」と呼ぶべき場所を失ったこと、望まない性交と妊娠・出産を回避できなかったこと——ダワの受難はいちいち、彼女が「女であること」と結びついており、「女として」経験しうる痛みと苦しみの典型的な、いやその最大限の強度におけるといってもいいものであった。このような「女として」被った苦痛を今なおビビッドに語りを通して甦らせる彼女が、そうであってなお、自らが「女であること」を留保なく肯定できる／していること、「女と生まれたこと」に対する何らの恨みも苛立ちも抱いていないこと。これはいったい、どうしてなのだろう。いかにして、そのようなことが可能となっているのか。

　第一に確認しておきたいのは、ダワの辿った、望まない結婚／長い紆余曲折を経た結婚への定着という道行きが彼女に「強いられたもの」だという言い方は客観的に見て確かに成り立つとしても、ダワ自身の経験の内部において、そのライフコースは最後の一線において、彼女自身のエイジェンシーの——たとえ、「服従」のエイジェンシーであれ——発揮によって展開してきたということである。結婚の承諾の局面はともかくとして、結婚式に臨む経緯においても、その後の逃走劇からの復帰においても、最終

的な結婚への定着に至る「心変わり」においてはいわずもがな、彼女の行動はどのステージにおいても文字通りの物理的暴力によって強制されたのではなく、親の、夫の（あるいはその他家族の）説得に応じて、最終的に一応は自ら納得して、行われたものであった。彼女の辿った道は、彼女が「女」であることで強制されたものだとは、その最後の一線においては、いえないのである。彼女の人生の軌跡は、類いまれな断固たる抵抗のエイジェンシーの行使の連続であった。しかし彼女がエイジェンシーを行使したのは、結局のところその抵抗においてのみではない。彼女の抵抗は他者の純粋なる暴力行使によって粉砕されてきたというより（あるいは、きただけでなく）、関係性を通した権力行使による懐柔（＝説得／なだめすかし）によって、最終的には彼女自身が同意／納得のエイジェンシーを発揮することで、そのときどきで収束させられてきたのである。

　こうした「納得」がほとんど「強制」と紙一重だというのは確かに正しい——それは、ほとんどそれより他の選択肢が示されない、存在しないなかでの、ときに場当たり的な「嘘」というべき甘言すら弄して彼女から引き出された「納得」であり、これを彼女の意思と捉えることには大きな留保がつけられるべきである。それでも、紛うことない強制と極度に制限された状況下の自発性のあいだの細い一線はやはり、認められるべきだろう。ダワの受難の道行きにおいて、彼女は全くの無力な「被害者」ではなく、彼女の受難が展開していった筋書きの（嫌々ながらの）共演者でも、確かにあったのである。彼女のエイジェンシーの発揮は、結婚への抵抗／からの逃走というモメントにのみあったのではなくて、そこからの結婚への回帰／定着というモメントにおいても、彼女が自分にとって重要な他者——親、そして後には子ども——のために自らの希望を押し殺すというかたちにおいても、働いていた。「女である」彼女が周囲の圧力で結婚を強制されたと事態を記述することは可能である。可能であるけれども、「強制」の発効には最終的に、最低限の、彼女の協力があった。そこには彼女という個人の自発性が、物理的に粉砕されることを免れてかろうじて温存

されてはいたのである。そしてその事実が、彼女の苦しみを彼女に全く外から──「女である」からだろうと、あるいは他のなんであろうと──押し付けられたものだと概念化することを、最後の一線で回避可能にする。彼女の受難は、単に彼女が女だから被らされたのではなく、彼女という個人が──自らにとって重要な他者のことを思いやる、社会的関係性のなかに生きる個人として──それを引き受けたからこその受難だったということは不可能ではないのである。

　第二に、彼女の受難、特に意に染まない結婚をさせられることが（私達の目から見れば）彼女が「女であること」と深く構造的に結びついたものだとしても、「女である」ならすべての人が、彼女の経験したような苦痛を味わうわけではないという事実のほうを、ダワ（やその他のヨルモ女性）はむしろ焦点化している可能性がある。（少なくとも当初）気に染まない結婚をさせられることは確かにヨルモの少なからぬ女性達が経験する構造的現実なのであるが、ヨルモの女性であれば必ずそうなるわけでは、確かにない。水面下に手を回して意中の相手と結ばれるよう操作する、あるいはそのような操作などしなくとも運よく意中の人と結ばれるといった幸運なケースは、相対的には少なかろうとも、彼女の、あるいはもっと上の世代のヨルモ女性の間でもあったことであろう。同村内や近隣村の本人同士も見知った範囲内で、いくら幼くとも16、7歳以上には成熟した男女間で組まれることが多いカップリング慣行においては[21]、そのようなケースが全くなかったと考えるほうがむしろ無理というものである。

　その一方で、ヨルモの男性であれば常に自分の気に入った相手と結婚できた、あるいは少なくとも結婚申し込みはできた、ということでもない。ダワのケースがそうであるように、男性が自分の意向を伝えて親族に申込みをしてもらうことはそれほど難しくなく、従って実際往々にして行われたとはいえ、正式な結婚申込みの主体は彼本人ではなく彼の親ないし保護

21　ヨルモにおいて、幼児婚が行われていたという形跡は見当たらない。

者である（申し込みの諾否を決める主体が女性本人ではなく女性の親ないし保護者であったように）。この結婚締結手続きのもとでは、男性本人の意向を無視して親が勝手に申し込みをしてしまうこと、そしてそれが女性方にも受け入れられて結婚にまで至ってしまうということも、起こらないではなかった[22]。

　してみれば、望まない結婚を強いられるのは、女性全員であるわけでもないし、女性に限られるわけでもない。その痛みを味わわずに済む女性もいれば、それを味わう男性もいる。従って、この痛みの経験を「女性であること」とはひとまず別次元のこととして切り離して捉えるというのも不可能ではない、論理的にいって可能な道行きなのであった。それは女性の身により起こりやすいことではあるにせよ、女であれば経験するのが必然ではない、むしろ運と巡り合わせの問題として概念化することも可能であり、実際ダワはそうしていたと考えられるのである（＝「額に書いてなければならない」）。望んだ結婚を実現できる／できない「運」の構造的分布を社会学者なら問題にするだろうが、そのような思考方法をダワが、あるいは他のヨルモの女性達がとらなかったとしても、それほど驚くべきことではないだろう。

　そして第三に、彼女自身にとって「女である」とは、実際何を意味していたかという問題がある。ここで思い起こしておきたい当然すぎる事実は、彼女はこの結婚話が出てくる前、気に入らない結婚をさせられる前から、常に既に「女」であった——そう自身を見なすとともに周囲からも見なされていた——はずだということである。何が、彼女（あるいはヨルモの女性達一般）が「女であること」の内実の基底を形づくっていたのか？　それはまず何より、私達が第1章で見てきたところの日常・非日常を通してヨルモの村で日々歳々繰り返されているヨルモ的なジェンダー化（された）実践に参画し、その持続の一部となっている／なってきたという、そ

---

[22]　実際自らの結婚の経緯をそうしたかたちで語る男性達は一定数いる。

の事実である。日々の実践を通して彼女は、既に常に紛れもなく「女」なのであった。そのことは、結婚をめぐってどんな悶着、不幸が起ころうが（あるいは起こるまいが）、基本的に揺らがない。ダワは気に染まぬ結婚（私達の観点からすればそれはいわば「女の運命」なのだが）に断固として抵抗し、そこから果敢に逃走を試みたとはいえ、だからといって日々営まれているヨルモ的ジェンダー実践に異を唱えたわけではなく、一方でこれを変わらずたゆまず遂行し続けていた。そしてそうしている限り、彼女のジェンダー・アイデンティティが揺さぶられる／疑義に付される余地は生まれてこなかったのだと考えられる。つまり、彼女の受難と彼女が「女であること」を結びつける理路が——「女であること」と反復・継続的実践の連携が既に強固に確立しているところ——意識の前面に浮かびあがるチャンスは訪れなかったのである。

　もう一つの彼女自身にとっての「女である」ことの意味として指摘しておくべきは、ヨルモ女性としては例外的ともいえるストレートさで語られている、彼女の異性愛的欲望の存在である。彼女は「ハンサムな男性」、自分が心惹かれる男性と結ばれることを望んでいたと語る。同性愛的可能性はほぼ想定されていない現在までのヨルモ社会において、彼女の「ハンサムな男性」への憧れは、彼女自身の女性としてのアイデンティティと表裏一体をなしていると捉えてよいだろう。すなわち、異性愛的欲望が、彼女を（異性愛的）女性として主体化しているのである。「自分が女でなかったら、と思ったことはないが」と、彼女は冒頭の語りに続けて次のように語ってもいた、

　　（自分が）美人だったら、とは私も随分いいもしたものよ。---私の顔がよかったら、私もいい顔の男性と結ばれただろうに、と思って。この頃の男の子・女の子がこうやって（＝両手の人差し指を突

出し、くっつけるしぐさ）恋人同士で[23]（くっついて）歩いてるでしょう。それを見ると、私も人生で、あんなふうなことができたらなと――私の若い頃は、恋（N. pyar）なんかできなかったわよ――そういう思いは、ある。恋ってもの、恋愛（N. maya prem）ってものを、私はできなかった。

　彼女の恋愛への欲望が満たされることは終に（少なくともここまでのところ）なかったように見えるが、しかし（あるいは、それゆえにこそ？）、彼女はこれを語りの現在に至るまで、胸のなかに温め続けてきているのであった。彼女の理解においては、彼女の不運＝恋愛ができなかった／好きでなかった男性と結婚したことは、彼女が「女だから」というよりむしろ、彼女が「美人でなかったから」ということになるわけである[24]。
　彼女が「女であること」を肯定できる背景として、さて第四に、ヨルモにおける構造的な女性の位置を彼女が少なくとも部分的に、自分に関することとしては否定している、認めていないということがある。すなわちヨルモにおいて、結婚した女性が実家から切り離され、夫の世帯の成員になる（すなわち「女は行く」）というのは確立された（現在に至るまでなお揺るぎない）「ルール＝規範」であり続けているわけであるが、彼女は自身もこの制度のなかで結婚し、またその結婚自体は受け入れるようになってなお、実は親（実家）への例外的ともいえるほどの強い絆、強い帰属感を持ち続けている。自分は自分のことを「（嫁に）行ってしまった娘」だとは考えていない、彼女はしばしばそう口にもし、実際何につけても実家との繋がりに頼り、あるいは何か実家にあればすぐ駆けつけるといったふ

23　「恋人同士で」は、「恋をして（N. pyar garera）」の意訳。
24　ちなみに蛇足ながら、彼女は筆者の目には十分「美人」（という判断が究極的には主観的なものでしかありえないことはいうまでもないが）に見えることを付け加えておく。

うなのである。

　結婚後まもない頃彼女が頻繁に実家に帰っていた（そして帰るなとまで言われた）ことは、既に触れた。その後一家をあげて行った出稼ぎ先のインドから、子ども達は村（ヨルモ）で育てたいからといって幼い二人の子どもを数年後に村に帰しているが、その養育を託したのは夫の家ではなく、彼女の実家だった（姑が既に亡くなり、村に残った夫の弟一人が守る夫世帯では、子ども達を見る目が届かないだろうという事情もあったにせよ）。インドから時折ネパールに一時帰国するときにも、村であれば親の家に、カトマンズに滞在するときには弟のところに自分も滞在し、できるだけ夫も滞在させようとする。そしてインタビュー当時も弟宅に滞在していたわけであるが、なかなか海外渡航のチャンスが巡り来ず年単位にまで及んだその滞在は、一時的な寄寓者／実家に一時戻った嫁にいった娘（姉）という立場をこえ、まさに家族の一員としての献身と愛情と遠慮なさをもって継続されていると見えるものであった。

　確かに、ヨルモにおいて娘と実家の絆は一般に強く、婚家で何かあれば女性が頼ることになるのはまず実家との繋がりである。しかし、ダワの場合、それが度を超えたものと人の目にも映る場合があることは、「夫を『婿（N. gharjoi）』にするつもりなのかっていわれたりもする」という、ダワ自身の言からも明らかである[25]。ダワにそういうつもりは全くないらしい――「そんなふうには絶対しないから、って言い返す」。このダワの反応は、ヨルモ的な女性の構造的位置づけ（＝結婚したら夫の世帯の一員となる）を（少なくとも部分的に）拒否すると同時に、その拒否から論理的に派生しうる帰結（＝夫を妻の実家の世帯の一員とする）をも拒否するという、ある意味矛盾した身振りでもある。この後者の可能性は、ヨルモで

25　実家との強い繋がりのほか、言いたいことはずばずばというダワと、全般的に大人しい性格の夫の関係が、いわゆる「夫を尻に敷く」かたちに見えることも、こうしたコメントを誘発する背景にあるだろう。

事情によっては（＝娘しか子どもがいないといった場合）それが追求されることもあるといわれる例外的婚姻／世帯継承戦略であるが、それは「婿」に入る男性を格下げするものと一般に捉えられており、従って実際にそうしたケースが実現することもほとんどない[26]。さらにいえば「婿（のような男）」というレッテルは、その男性を貶めた言い方であり、ダワが絶対に許せないのは、夫に対する周囲のそうした貶めなのであった。

　夫を「婿」にする気もないが、自分が「嫁（に行った娘）」になる気もない——それが、彼女の今の立ち位置なのである。それはヨルモ的社会構造に定められた「（結婚した）女性」のポジションの、すなわちヨルモで「女性であること」の部分的拒否であるが、逆にいえば、ヨルモで「女性であること」が意味することのなかで自分にはどうしても受け入れられない部分を彼女は否定している／できているからこそ、自らの女性性を全体としては肯定できているともいえる。確かに自分は女だけれども、女だからといって社会が女に期待／押し付けることすべてに応えようとは思わない、女として逸脱しているといわれようとも自分がどうしてもしたいことは曲げない、曲げなくていいと考えている、逆にいえば逸脱している（部分がある）女だから何なのだと、いわば開き直る姿勢である。女性であることの意味を全面的に受け入れないからこそ、女性であることを受け入れられるという、ちょっと見には矛盾した論理がダワのなかで成立していると考えられる。

　ここから改めて見てとれるのは、ヨルモで女性であることの含みこむ多層的・多面的な現実である（そういえば私達はこの章の議論を、その認識から出発させたのであった）。それは日々繰り返される実践の層から、結婚等のライフコース・イベントに関わる層、セクシュアリティに関わる層、

---

[26] 現在のA村に、こうした「婿入り」結婚のケースは存在しない。娘しかいない夫婦が娘を「乞わ」れて、婿に入ってくれるならと応えたといわれるケースはある（そしてその結婚は成立しなかった）。

家族・親族関係の構造化に関わる層、イデオロギー的言説に関わる層にまでわたる（さらにはその他の層もありえよう）。それらの諸層は互いに連関し支え合っている部分があり綺麗に切り分けられるわけでももちろんないが、個々の女性のなかに予定調和的にワンセット綺麗に揃って受け入れられているというものでもない。個々の女性のなかで、層同士が矛盾を孕み、軋みあい、状況に応じてその一部が退けられたり後景に追いやられたりすることもあるのである[27]。彼女（達）が「女性」であるということは、実際複雑な、互いに矛盾もするような諸経験の総体なのだ——だからこそ、その一部が（それが重大な一部であろうとも）惹起した痛みが、女であるということの経験すべてを覆ってしまうことにもならない。女性であることとは、痛みであり、不如意であり、あまりに自明な日常性の一部であり、そしてまた稀にしか訪れないような喜びの高みを経験させてくれる源泉となる何か、でありえる。ダワ（そして潜在的には、その他のヨルモ女性達）は、女であることの多層性の一部を受容し、一部に抗いつつ、なお女として生きている——生き続けているのである。

　第五に、そして最後に、これはダワ以外のある女性の発言がはっきりと教えてくれたことであるけれども、ダワ（そしてその他のヨルモ女性達）においても働いていると考えられる「女であること」を肯定する理路をもう一点、あげておきたい。ある女性（50代）とのインタビューで例によって筆者が「男に生まれたらよかったと思ったことはありませんか？」と問いかけると、彼女は迷わず、「男だったらよかったとは思わない、女で別にいいと思っている、（男だったらとは）思わないわね（笑）」と応え

27　Skinner & Holland（1998: 231）が論じた、ネパール丘陵地帯のヒンドゥー女性達の「矛盾を孕み闘争の舞台となる」、バフチンなら「異種混淆的 heteroglossic」と呼んだでもあろう自己のありようは、ここで私が議論しているダワ（そして潜在的には他のヨルモの女性達）の自己のありように重なるものだろう。

た。これを受けてなお「一度も（思ったことはない）？」と食いさがる筆者に、傍に同席していた別のヨルモ女性（40代）[28]が言い放ったのが、「今更そう思ったからって、どうもならないでしょ！」という一言である。一同は笑いの渦。「どうにもならないよね……」と、みなで相槌を打った。

　確かに、そうなのだ――自分が女だからこそ、男なら経験せずに済んだはずの苦労や痛みを経験することになったと仮に考えた女性があったとして[29]、女に生まれなかったらという反実仮想を心のなかで反復しても、その仮想が実現するわけでもなし、過去の（そして未来の）現実の何ものも変わるわけでもない。ヨルモの女性達は、そんなどうにもならない恨み節に鬱屈して日を過ごすには、現実的過ぎ、またポジティブであり過ぎるように見える。ひとまず「どうもならない」ことをくよくよ考えたりしない、そういう極めて現実（肯定）的な態度も、彼女達の女性としての自己肯定に資しているものであろう。

4．結論：ダワのその後

　ダワは、そしてヨルモの女性達は、いかにして自らが女性であることを端的に、迷いなく肯定できるのか。ここまで展開してきた議論によって、その一定の答えを私達は手に入れたといえよう。ダワ（そしてその他のヨルモ女性達）が女性として受けた暴力／強制は最後の一線において彼女の同意を確保していたこと、受難を「女性であるゆえ」と概念化しない理路が存在すること、女性であることの意味を結婚制度における女性の構造的位置とは別のところに見ていること、女性アイデンティティと結びついた性的欲望を把持していること、女性であることの様々な意味をすべて引き

28　彼女にも別にインタビューをしている。
29　必ずしも女性達が事態をそのように捉えていないというのが、これまでの議論であったわけだが。

受けるのでなくその一部に抗うことは可能であること、そして女性であることを否定しても結局何も変わらないと納得していること——こうした諸要因を背景として、ダワ（そしてその他のヨルモ女性達）は、女である自己を肯定している、できているのである。

　ダワのその後について、補足しておきたい。彼女はこのインタビュー後しばらくしてイスラエルに発ち、2014年3月現在に至るまで彼の地で滞在し、家事／介護労働者として働き続けている。彼女が単身海外出稼ぎに出ることになったのは、インドでははかばかしく金を稼げないのに業を煮やした彼女自身の発案、というよりゴリ押しによるものである。自身は海外にまで出稼ぎに行く気はなく、また妻を送りだすのにも気乗りしていない夫を説き伏せて自分が行くことを決めた彼女は、彼女が若い頃から抱いていた女性としては必ずしも一般的でない希望——お金をいっぱい稼ぐこと——を今、実現させているといえよう[30]。カトマンズ在住の彼女の弟家族によれば、彼女のもう一つの女性としては一般的でない、というよりむしろ逸脱した志向——「嫁に出た娘」と自分を思わない——のほうも、さらなる「進化」を遂げているようだ。彼女は仕送りの一部を実家（弟）にあてて送る一方、出稼ぎを終えて帰国した暁には、弟家族と合同でカトマンズに家を新築すると意気込んでいるという。もしこれが実現すれば、彼女は文字通り、「嫁に出た娘」ではなくなるともいえる（もちろん、これを実現するかどうかはなお未知数であるが[31]）。

　なぜダワは、こうした必ずしも一般的でない／あるいは例外的な志向を強力に、持続的に温存することになったのだろう？　結局のところ、個人

30　イスラエルは、欧米諸国・日本ほどではないが、中東諸国やマレーシアに比べれば割のいい出稼ぎ先として認知されている。

31　当然のことながら、その実現如何は夫（方の親族）、弟（家族）との調整の行方にかかることになる。ポイントは、彼女と弟が生きている間は一つ家族のように暮らすことが仮に可能であるとして、その子ども世代になったときの相続問題が解決できる（と見通しがつけられるか）どうかであろう。

の選好を社会的に明らかにするというのは限界のある作業である（それが社会的諸力の働きかけのもとで形成されていることは間違いないとしても）。ただ付け加えておきたいのは、確かに彼女のこうした志向は、（彼女の世代の）女性としてむしろ例外的であり続けているとして、いわば彼女的な志向――女性であっても活発な稼ぎ手になること、（結婚してまで、かどうかはともかく、結婚せずに）「嫁に行かない娘」で居続けること――は、実際ここ15年余りほどのヨルモ社会において、若年層の女性達の間で大きく広がりを見せている現象だということである。イスラエルを始めとして未婚のヨルモ女性が海外出稼ぎに出るケースは劇的に増加した。そしてそうして出稼ぎに出た娘は例外なく、実家に仕送りをしてその大きな経済的支柱となる。海外出稼ぎ先で配偶者を見つけるのは一般に困難であり、彼女達の婚期はしばしば遅れがちで、彼女達の娘期はいやがうえにも長くなる傾向にある。そうした長い娘期を過ごした女性達が、結婚した後々までも、これまで一般的だった以上に親世帯との強い絆を保ち続けるということは今後十分に考えられることである。もしそうなっていけば、ここでもダワは単なる孤立した例ではなくて、一つの社会トレンドの先駆となるわけである――ダワの、成就はしなかった「恋愛」志向が多分そうなっているように。

第 5 章

「女は行かなければならない」

婚姻規範への（不）服従

——ニマのストーリー

1. はじめに

(・) なんで結婚していない？ (・・・) 結婚しなかったっていうのは、こういうことよ。始めから、私に結婚しようって気がなかったわけじゃない。結婚する気はあった。だってなぜかって、将来、私だって女よ、女だったら、生まれた家に居続けるというのはすごく、すごぉく大変なこと。それに、女が生まれた家に居続けているのは、私がこうして見ても、よいこととは思われない。それでもなぜ（結婚していない）かというと---

これは、筆者がライフ・ストーリー・インタビューのなかで、なぜ今まで結婚していないかとある女性に問うたのに対し、彼女が一瞬の戸惑いの後に語りだした、応答の冒頭部分である[1]。本章は、この一人の「未婚」のヨルモ女性、明らかに未婚であることを一つの理由としてヨルモ社会の周縁に生きることを余儀なくされている女性が語るライフ・ストーリーを通して、己に働きかける社会的諸力と交渉しつつ彼女が生き抜いている生の一断片に光をあてようとするものである。より絞っていうなら、「女は（嫁に）行かねばならない」という命題に要約されるヨルモ社会の婚姻規範[2]から逸脱することになっているこの女性が、（自らの生を語るという行為を通じて）この規範との緊張を孕んだ関係においていかに自己を支え、構築し、生き延びているかを明らかにしようとするものである。さらに具体的にいうなら、自らは未婚に留まるこの女性が、それでもなお（上の引

---

1 これが実際かなりぶしつけな質問であり、相手をたじろがせるものだったことは、彼女の応答の冒頭に出現する沈黙（＝(・)で表記）にも明らかである。

2 婚姻をめぐる規範には結婚締結過程や結婚手続きに関するもの等も含まれるが、ここでは結婚という社会的移行の大枠に関するこの規範（＝「女は行く」規範）に集中して検討する。

用にも見えるように）この規範を明確に肯定し、この規範に適う意思があったと断言するということが、いかにして行われることになるのか、結局彼女がそこで行っているのは何なのかを考えたいということである。彼女は、行為レベルで規範から逸脱しつつも、言説レベルではこれに対してあくまで服従を貫徹しているように見える。果たして、規範を肯定し続けることにおいて彼女が行っているのは何なのか、彼女の語る行為は規範への服従に尽きるといってよいのだろうか——これを、問いたいのである。

　ここで語る彼女、ニマ（*Ngima*）は、ヨルモA村に生まれ、時折カトマンズと行き来する外はほぼ一貫してA村に住んできた36-7才である。彼女の年代のほとんどのヨルモ女性同様、学校にはほとんど（1年しか）通うことができず、生まれた家で「うち」と「外」の労働を日々こなし続ける傍ら、90年代終盤からマオイスト紛争の激化によりヨルモを訪れる外国人ツーリストが激減するまでの数年間は、村の家でロッジを営んでいたこともあった。いうまでもなく、すべての人間は個性的かつ単独的な存在である。だがこのニマには、未婚であること以外にも際だった特徴を幾つも挙げることができる。一般に闊達なヨルモ女性達の間でも突出したその物怖じのなさ、能弁さ（学校に行っていないにもかかわらずヨルモ語・ネパール語の極めて雄弁な話し手であり、村を訪れるツーリストとのやりとりを通して習い覚えた簡単な英会話もこなす）、それもあっての男性や外国人を含む友人の多さ、A村で（私の知る限り）唯一妖術師（N. *boksi*）容疑で糾弾されたことがあること、また今回一連のインタビューに応じてくれた女性達のなかでその録音の行方に注文をつけた唯一の人でもある[3]。本書の文脈で特に注目されるのは、彼女が同じく女性達のなかで唯一「男に生まれればよかったと思ったことがある」と断言していた人でもあるこ

---

[3] 彼女は、本章で扱う彼女が未婚に留まるに至った経緯を含む幾つかのトピックに関して、ぜひ出版してほしいと筆者に言っていた。彼女のライフ・ストーリーの全訳は、佐藤（2009; 2010）で読むことができる。

とである。インタビューのなかで頃合いを見計らいつつ各女性に対して投げかけていたこの質問（「男に生まれたらよかったと思ったことがありますか？」）に対する答えは、彼女以外すべて、「女に生まれて嫌じゃない」という趣旨のものであった（第4章）。そんななか彼女は、知り合いから「あなたは男性のように思える」といわれて次のように冗談を飛ばしたことがあると、再現までしてみせたのである——「私は男ですとも！ 今は女になりたい気が起きて、こうやってルンギやバックゥ（女性の衣装）を着ているのよ。私は男！ あなたがた、何だと思ったの？」。

彼女は所謂、個性の強い人間である。そうした個性は、ときに社会の規範が命ずるところとぶつかり、社会関係の要請するところと軋轢を生みもする。彼女はまさにそうした社会的諸力の作動する磁場のただなかで、そうした諸力との交渉に身を張りつつ、自らの生きる場所を切り拓いてきた。本章は、その具体的様相に迫ろうとする企てである。

2.「女は行く」規範をめぐる現実と構造

婚姻規範によって周縁化される個人がこの規範といかに交渉しつつあるかという本題に入るまえに、この規範がヨルモ社会における結婚と非婚の現実にいかに反映されているか、またこの規範がこれと関連するヨルモ社会のその他の構造的配置とのいかなる機能的・論理的連関のうちにあるかについて、まず簡単に押さえておきたい。

2.1.「女は行っている」か：未婚と既婚をめぐる現実

「女は行かなければならない」ことがヨルモ社会にあっては当然視されていると述べたが、ヨルモの女性（そして男性）達は実際どれほど結婚しているのだろうか。実は、ヨルモ社会における未婚（＝結婚したことがない）者は、意外にも決して少なくない。意外という（極めて主観的な）実感の裏にあるのは、現代日本の都市社会に生きる素朴な生活実感と組み合

	女性(人)	割合(%)	男性(人)	割合(%)
全人口	248		254	
既婚	145	58.7%	139	55.8%
未婚	102	41.3%	110	44.2%
未既婚不明	1		5	
未既婚者合計	247		249	

表3．A村の既婚者と未婚者

	女性(人)	割合(%)	男性(人)	割合(%)
〜20才未満	49	100.0%	56	98.2%
20才代	30	66.7%	40	81.6%
30才代	17	30.9%	10	21.3%
40才代	3	10.3%	3	9.1%
50才以上	1	1.5%	0	0.0%
30才以上	21	14.1%	13	9.2%
年齢区分不明	2		1	

表4．A村未婚者の年代別割合

わされたオリエンタリズム的予見では、ひとまずあろう[4]。2006年3月時点の聞きとり調査結果から、その実態を確かめてみる（**表3, 4**参照）[5]。

A村女性が調査時点で未婚であった割合は、20才未満で100%、20代で約2/3にのぼり、30代でもなお1/3近くが未婚であり続けている。50才をこえる未婚女性は調査時点ではほぼいなかったが、30才以上の14.1%、およそ7人に一人が未婚という数字は、現代日本と比較しても高い未婚率であり[6]、これが仮に晩婚化の進展を示すとすればヨルモは日本

---

4 インドネシア・バリの結婚状況について、中谷（2003）も同じ実感を表出していた。

5 調査対象は、筆者の主調査地であったヨルモA村（全80戸500人余）。カトマンズで行った複数のA村民からの聞きとりをベースとして、適宜その他からの情報で補足・訂正した。出稼ぎ等により現在ヨルモの村人達は海外を含む広域にわたって分散しているため、情報の正確さ・更新性には限界があるが、全般的な傾向を読みとることは可能である。

6 2005年国勢調査によれば、30代未婚女性は25.7%、30才以上未婚女性では

をこえる晩婚化社会ともいえるのかもしれない[7]。女性が「自立」して生きる選択肢が規範的にはなお存していない「発展途上国」の「伝統社会」におけるこの実態は、通俗近代化論的先入見を大きく裏切っている。現在未婚の女性のうちどれ位が今後結婚していくかは無論未知数であるが、とりわけ30代半ばをこえる相対的高年齢層[8]では、女性の結婚とともに出産をも当然に期待する現在のヨルモ社会において、その少なからぬ部分が最終的に晩婚にも着地しない可能性は高い[9]。なお男性の未婚率は、20代では女性を上回るものの30才以上では9.2%と女性よりも低くなっている。ちなみにヨルモではチベット系社会でしばしば見られる一妻多夫婚を行う慣行は存在しないので、そのために構造的に女性が「余る」ということはない (cf. Schuler 1987)。

未婚者の多さに意外の感を覚える背景にあるのは、しかし、外部者のあやふやな先入見と現実の落差だけではない。思うにこの意外さは、ヨルモ自身にも共有されるものである。その背景にあるのは、この「女は行かねばならない」という規範自体の強さ(その強さゆえに規範は事実と錯視されがちになる)であるとともに、未婚に留まる人間の存在を社会的に周縁化し「見えにくく」させる、ヨルモ社会に内在する構造的条件である。それは、ヨルモ社会の基本的構成単位というべき「世帯 (Y. dongba)」構成のあり方に関わっている。

理念的にいって、ヨルモにおける世帯とは、住居を一にする経済活動(労働・消費)の共同的単位、また村の寺院とそこで行われる儀礼に参加

    9.5%である。
7 現時点で十分な時系列データはないので、歴史的推移に関し確言は避けざるをえない。
8 30才以上の未婚女性21人のうち、35才以上は11人であった。
9 もっとも、ヨルモの女性／嫁には、労働力としての期待も非常に大きい(第1章)。従って、出産可能年齢を過ぎても、子のある男性の再婚相手等に望まれる可能性はある (cf. Desjarlais 2003)。

する義務と権利を有する主体であり、その内部にあっては、年長世代男性を頂点として性や世代により異なる地位と役割を各世帯員に配分しつつ、世帯員の福祉を保証することが期待される単位であった（第1章）。この世帯は、一組の夫婦とその未婚の子どもからなる所謂核家族である場合も、また親子世代（より稀には同世代）の複数の夫婦を含むこともあるが、少なくとも一組の夫婦を含むことが前提である。いいかえれば、新たな世帯の創設を行えるのは結婚した男女に限られ、未婚の女性・男性は、自立可能な経済基盤を持っていようといまいと、自らの世帯を持つことはない[10]。世帯を創設した親が亡くなり未婚者のみ残るケースも実際には出てくるが、そうした場合でもなお、その世帯は残った未婚のメンバーのものではない——それは残された者が妻を迎え入れ既婚者となるまで、亡くなったその父の名で呼ばれ続けるのである。

　つまりヨルモにおいては、未婚であり続ける限り男性及び女性は自らがその中核を構成する世帯を創設することはできず、世帯内の周縁メンバーに留まるわけである[11]。結婚していることは、ヨルモの男女が自ら「主役」となる世帯を持つことの前提なのである。世帯が社会・経済・宗教的諸側面を貫くヨルモ社会の基本的構成単位となっている限り、世帯内での周縁性は社会全体における周縁性にも繋がっていく。未婚者は年長親族の采配のもとにあって世帯運営に最終責任を負わずに済む一方、責任ある立場に伴う社会的存在感を示すこともできない。世帯のなかのいわば「付けたり」的存在として、未婚者の存在は不可視とはいわぬまでも、ともすれば

10　仕事や勉学の都合等で世帯成員が離れて暮らすことと、世帯を分けることは別のことである。離れて暮らす未婚メンバーの稼ぎが実質的に世帯の経済を支えるケースも少なくないが、そうであっても、未婚メンバーは夫婦が中核を構成するの世帯の周縁メンバーであり続ける。

11　ただし、女性は結婚しても、夫のように自らが世帯を代表する立場に立つことはない。それでも、世帯主の妻という地位（＝家内空間で「角」に坐する地位）は、世帯主の娘や姉妹としてのそれに比べ、遙かに中核的ではある。

「見えにくい」ものとなる傾向を帯びることになる。

　その世帯内周縁性とも関連する未婚者の「見えにくさ」の今一つの背景として、近年の海外出稼ぎ者の増加にも言及しておく必要があろう。1995 年以前の A 村からは数えるほどだった海外（インドを除く諸外国）出稼ぎはその後急増し、2006 年時点では男女あわせ 50 人以上（約半数は女性）に達していた。出稼ぎは未婚者に限らないが、世帯内での責任の軽さ、すなわち「身軽さ」ゆえに、彼（女）らが行きやすいという面は確かにある。とりわけ女性の場合、既婚女性の世帯内責任（＝「うち」及び「外」仕事の遂行）の重さゆえでもあろう、単身海外出稼ぎ者は未婚者に偏りがちになる。行ってしまえば、彼（女）らは文字通り一時的にヨルモから消えていなくなる。消えるのは既婚者でも同じことだが、世帯の中核夫婦（の一方）がいないことによって感じられるであろう欠如感の切実さは、未婚者に関する場合、そのもともとの周縁的地位に応じて薄められもする。そしてこの欠如感の薄さはそのまま、彼（女）らの不可視性のさらなる増大に直結するのである。

　なお、海外出稼ぎの普及は、未婚者の増加あるいは晩婚化を実際に進行させる背景となっている可能性もある。長期にわたる出稼ぎが婚期を遅らせる／逸することに帰結したと見られる個別例は幾つもある。以前から未婚・既婚のヨルモ男女が広汎に行ってきたインドへの出稼ぎでは、相対的に村との行き来は容易であり、また出稼ぎ先にまとまった数のヨルモが集住していることも少なくなく、出稼ぎ中であっても村との間で、あるいは出稼ぎ先で、縁組みが行われることはめずらしくなかった。これに対し海外出稼ぎでは、一旦出てしまえば自由な行き来はほぼ不可能であり、従って滞在は長期にわたりやすい。また他のヨルモとは切り離されていたり[12]、

12　ヨーロッパ諸国、日本等への渡航者は数が少なく、コミュニティ形成には至っていない。所謂西側世界では、アメリカ・ニューヨークにまとまった数のヨルモが移住している。

そうでなくとも男女比が著しく偏っていたりする[13]。ただいずれにせよ、結婚成立への実際的制約要因として立ち現れつつあるとも見える海外出稼ぎの増加が、結婚規範への変化にも繋がっていくのかどうかについて、現時点で判断するのはまだ尚早である。

2.2. 「女は行く」規範と連関する構造的諸条件

「女は行く」という規範からの逸脱例（＝高年齢の未婚女性）は、実は意外に多かった。にもかかわらず、さしあたりこの規範はなお揺らぎを見せているようには思われない。その背景には、これと組み合わさり相互に支えあう、幾つかの構造的諸条件の存在がある。

まず、いわずもがなのようではあるが、女性（そして男性も、であるが）にとって結婚しないというオプションがヨルモ社会内において規範的には不在であるということがある。既述のごとく未婚者は世帯（ひいては社会）のなかで周縁的立場におかれ、また未婚である限りこの立場から脱却する機会は構造上奪われている。独身の男女が、出稼ぎや勉学のため長期にわたり物理的に世帯から離れて暮らすのは今ではめずらしくもなくなってきたが、独身であることが時とともに通過すべき人生の過渡的ステージであることには、今のところ変わりない。「シングル」で生きることは、ヨルモにおいて、人がそのおかれた状況と選好によっては選択可能な選択肢の一つという位置づけをなお得ていないのである。

他のチベット系諸社会でもそうであるように、ヨルモにおいても実は「出家」という道のあることは現在よく認知されているところである。他のチベット系社会で時折見られるような、次男は僧に出すといった慣行こそないものの、A村からも調査時点で20人に上る男女が出家していた[14]。

---

13 急増中のイスラエルへの出稼ぎは家事／介護労働が中心であり、そのほとんどは女性である。

14 うち男性13人（すべて未婚、20代以下）、女性7人（6人は未婚で、30代

しかし、出家がまさに世俗界を、世俗界としてのヨルモを後にする行為である以上、これをヨルモ社会における結婚に代わる選択肢ということはできない。ヨルモ社会のなかで生き続けていく限りにおいて、独身者は非婚ではなく未婚、次のステージに進めないでいる者という位置に甘んじざるをえないのであり、結局のところ社会内部には唯一つの選択肢、結婚のみしか残されていないというべきである。

　結婚しないオプションの不在が結婚せよという規範の存続を消極的に支えるとすれば、より積極的にこの婚姻規範を要請し、またそれが具体的には女性が男性の許に「行く」というかたちをとることを規定するのが、ヨルモで行われてきた相続慣行のあり方である。

　既述のごとく（第 2 章）、ヨルモにおける結婚は、単に男女の一対が性的なものをも含む社会・経済的共同関係に恒久的に入ることを意味するのみならず、男性側（の世帯）が女性を女性の生まれた世帯からもらいうけるというかたち、すなわち女性が生まれた家を去り夫の所属する世帯に移動する＝「行く」というかたちをとる。所謂夫方居住である。ヨルモでは結婚時に女性の姓[15]やその氏族帰属が変更されることはないが、結婚とともに女性は生まれた世帯の成員権を失い、生まれた世帯から贈られる若干の動産（「女の宝（Y. mho nor）」、伝統的には金の耳輪を含む貴金属類が主体）を携えて、夫の家（世帯）の人間となるのである。

　ヨルモの相続慣行は結婚がこうした形式をとることと整合的なものである。婚姻時に娘に贈与された動産を除く残りの全動産・不動産（農業を主たる生業としてきたヨルモの多くにあって、特に重要な生産手段であった

　　　一人の他はすべて 20 代、もう一人は配偶者に死別した女性）。なお「還俗」
　　　は容易で、実際よくある。
15　ヨルモの人の「姓」は伝統的にほとんど「ラマ」（少数「シェルパ」）であっ
　　　た。ネパール一般では民族集団名が姓とされるのに倣い、「ヨルモ」を姓と
　　　して名乗る人々も近年でてきた（佐藤 2004; Sato 2006）。

土地を含む)は、基本的に息子達が均分相続する。末息子は結婚後も親許を離れずその面倒をみることが原則とされ、同居し続けた親の家・屋敷地は均等分割分に上乗せして彼が相続する。相続のタイミングは、結婚した息子夫婦が独立するに際してその分け前を切り分けていくことが一般的ともいわれるが事情により様々でありえ、親の死亡時に分割することも、また親の死後も長期にわたって正式な世帯分割が引き延ばされることもある。

いずれにせよ重要なのは、この慣行では親の財産相続権は実質的に息子＝男性のみに配分され、娘＝女性は親の財産相続権を持っていないということである[16]。結婚後も多くの場合娘と実家の親の関係は緊密であり、親は娘に対し婚出後も折りにふれ有形・無形の支援を与え続けるが、娘には親の財産の実質的相続に与る権利は配分されていない。この慣行は「女は行く」、すなわち他家（世帯）へと去るはずの者であるところにその正当化を見いだすとともに、相続分がないことにおいて「女は行く」べきことが正当化されるのである。親の財産は兄弟のもの、姉妹の分け前はない。女性の取り分は、嫁した後その夫との関係を通じてあずかりうるものとして、潜在的に按分されてあるのみである。

いいかえれば、女性は生まれ落ちた家に究極的に帰属することを想定されておらず、実際はどうあれ理念上はいつか去るべき者として、そこにいることを暫定的に許されているのみだということである。どこか他の人々（世帯）に属すことを定められた存在であり、親の家は彼女のずっと留まるべき、留まってよい場所ではない。とりわけ親が亡くなってしまえば、自らの取り分を持たない彼女は均分相続にあずかった兄弟の誰かの「厄

16　この大枠で、ヨルモの相続慣行は汎ネパール的慣行と共通する。なおネパールの法律上では、2002 年の法改正で未婚の娘と息子に同等の相続権が認められ、さらに 2006 年に、娘が結婚した場合親から相続した財産を返却するとしていた規定も削られた。すなわち、法律上は既に親の財産相続に関する男女平等が実現しているが、これが実際にどれほど現実となっているかは（ヨルモに限らず主流ネパール社会においても）別問題である。

介」にならなければならない。既に結婚し自分の世帯を持った兄弟にとってみれば、未婚のまま残った姉妹は、経済的負担とも世帯内の摩擦の契機ともなりかねない、しばしば持ち扱いかねる存在となる[17]。「女は（嫁に）行かねばならない」という規範の裏には、「女は（生家に）留まってはならない」という命題が貼りついている。

　もちろん女性本人からすれば、自分の意に反して「行かされた」ならもちろん[18]、仮に自らの意に（密かに）沿うかたちで結婚できたとしても、嫁に行った先が安住の地となる確証など予め存在しはしない[19]。それは結婚後何年もかけた、しばしば困難な適応の努力の末に獲得されるかもしれないもの以上ではない。それでも、実家に留まり続けることの困難を見こして、親は普通娘を「かたづける」ことに心を砕くし、また女性自身もいつかは行かねばならないものと思い定めもする。「女（娘／姉妹／「私」）は行かなければならない」――この規範は、ヨルモ社会において男と女、親と娘、兄弟と姉妹等、様々な立場を生きる諸個人にとって、男子均分相続という世代間の相続慣行と双輪をなし、それとは別のあり方を想像することの困難な圧倒的リアリティを有するものとして存在し続けているのである。

17　ヨルモでは一般に、夫婦の親密性が排他性を帯び大っぴらに表現されることはよしとされない（家内や祭礼時の着席慣行を思いだそう、第1章2.2.）。しかし、夫婦間の特別な絆とその社会的重要性が十分に認められ／想定されてあることは、世帯構成の核として夫婦が設定されていることからも容易に理解される。それに比べれば、兄弟・姉妹間の絆は構造的に競合の契機を孕み、より脆弱でときに敵対的ともなりうる。

18　こうしたケースが多いだろうことを、既に私達は議論してきた（第2章）。

19　ヨルモで離婚はときにあり、離婚して「出戻った」女性は（再婚しない限り）基本的に未婚女性と同様の周縁的立場に実家でおかれることになる。

3. ニマの語り

「女は行く」規範になお綻びは見えない状況のなか、自らはこれに叶っていないニマは、この規範との関連において自らをいかに語るのか。彼女の語りから聴いていこう。

3.1. なぜ結婚しなかったか①：老齢の父親、そして病
以下は、冒頭の引用部分に続く部分である。

> ニマ：それでもなぜ（結婚していない）かというと（・）私にも昔から結婚して（嫁に）行く気はあった、（誰かを）自分の連れあいにして、行かなければならないということは、私も心の中においてはいた---（しかし）父さんが泣くの。私らがとても苦労しておまえ達を養った、なのに今おまえ達は私をこういうふうにおいていくのか、そういって父さんが泣くのよ。それだから、私は父さんを見捨てることができなかった。でも私に、結婚する、もう言ったわよね、結婚する気がなかったわけでもない。でも人の一生の、何ともならない事情で（・）（結婚できなかった）。人の一生ならば一度は結婚はしなければならない、（女は）人の家に行かなければならない、そう私は思っていた。（それでも）なぜといって、母さんは小さい頃（私らを）おいていってしまったけれど、私の父さんがとても苦労して養ってくれた、そして今ちょっとは大きくなって、あんなに苦労して父さんが育ててくれたのに、大きくなった私が父さんをすっぱりおいて行く（なんて）。父さんを助けなければならない、私が父さんを助けなきゃいけないときに、私は父さんを喜ばすことができていない、私が人の家に（結婚して）行くのは正しくないと思えた、私に

は。私が父さんの食事の世話をしてあげなきゃ、掃除をしてあげなきゃならない、母さんはいないのだし。- - - 女性がいないと家が本当に大変なことになるのは明らかだった[20]。あの頃は私の身体も健康だった。健康だったけれど、私が結婚して行こうといったら、家に（他に）誰も女性はないのだもの、家の窮状を見て、私は結婚して行かなかったのよ。

　彼女が結婚することができなかった理由としてまず挙げるのは、老齢で誰かが身の回りの面倒を見てやる必要があった父親の存在である。彼女には兄二人、姉一人、弟一人がおり、彼女が20代の頃兄達と姉は既に結婚していた。上の兄は独立して村に別世帯を構え、次の兄は夫婦でインドに出稼ぎ中、村の家には彼女と若い弟、そして父親の3人がいた。結婚はしなければならないと思っていた、する気もあった、しかし、早くに母を亡くした彼女達きょうだいを育ててくれた父親を「見捨てる」ことができなかったというのである。

　この父親の存在に続いて、彼女が結婚に踏み切ることへのさらなる障害として立ちはだかったのが、突如彼女を襲ったという病であった。

　　　ニマ：そして2049年[21]に、私が、私の身体が病気にかかったの。2049年に病気にかかって後、あんなに、あんなに丈夫だった私がすっかり弱ってしまった。病気になってから3、4年、いやどれ位だったかしら、それくらい経ったときには、父さ

20　ヨルモにおいて所謂「うち」の仕事＝家事は世帯内に女手があれば女性がほぼ担うことになる一方、必要に迫られれば男性が家事をすることにタブーはないことは既に見た（第1章）。しかしまた、男性がやった場合の家事の出来栄えは、女性より相当に劣る場合が少なくないのも事実である。

21　ネパールで広く用いられる *Vikram Sambat* 暦による数字（西暦に56年〜57年先行）。

んも亡くなった[22]。---それで、私は病気になった[23]、病気になって、病院に2ヶ月いて、2ヶ月たって、私は起きあがってくることができた。少しは人心地がついて、起きあがってこられたのよ。

　退院はしたものの、彼女の体力は落ち、村の激しい労働に耐えられるもとの頑健な身体ではなくなっていた。結婚の障害だった父も他界した後、実家に居続けて兄弟に「愛されているようには思えない」と感じるようになった彼女は、何とか健康な体を取り戻して結婚しようと考えるようになっていたという。

　　　ニマ：(そうはいっても) 結婚するということは、こういうことよ。どんな連れあいが結婚するといっても、この女と結婚して、こうもしたい、ああもしたいと思ってこそ、もらうもの。この女は病気だけど、病気でも何でもいい、もらって養おうなんて人間、男は、どこにも得られるもんじゃない。得られる？　そう、まず無理！　得られやしない。だから、薬を飲んで元気になることができたら、私は結婚して行こう、そう考えていた。でも私の身体が元気にならないならば──そんな大した仕事もしてない、家のなかの仕事をちょっとするだけで、私は具合が悪くなってしまうのよ──そういう状態なのに、私が結婚して行くなんてこと、ある？　私と結婚しようという男はまだいるわよ、今でも出てきている、(結婚を受け入れないといって) 私に腹を立ててるわ！
　　　筆者：そうなの？

22　別の個所で、彼女は父親の死亡を *Vikram Sambat* 暦 2055 年と語っている。
23　彼女の病気に対する西洋医学的診断は「肺結核」である。

ニマ：ええ、腹を立ててますとも。こういう人もいる、きみが身体
　　　　　が弱くともいい、何でもいい、結婚するっていう。でも私は、
　　　　　自分の人生でどんなに苦労や病に見舞われるとしても、他の
　　　　　人に苦労させたりしたくないと思う。どうなっても、私の人
　　　　　生だと思う。- - - 私は、なんと哀しかったことか。私らの言
　　　　　葉で、諺まであるでしょ、兄は兄嫁のものになる、弟は弟の
　　　　　嫁のものになる、結局どんなに兄弟を愛しても、どんなに
　　　　　甥っ子姪っ子を愛しても、姪達も結局は他人の家に行く、甥
　　　　　達も他人の娘をもらうのだ、と。だとすれば、私のような者
　　　　　は、どんなに身体が痛んでも最後は独りになるってこと。今
　　　　　は少々稼ぐこともできる、少々は（仕事も）できる、aya
　　　　　aya（＝痛さであげる声）といいながらでも稼いで食べられ
　　　　　る。あとあと、私がとても苦労することになるのはもうわ
　　　　　かっている。でも、あとあと苦労することになっても、自分
　　　　　の苦しみを背負って、泣けばよいやら笑えばよいやら、自分
　　　　　の人生を過ごさなけりゃならないと、私はもう納得している。

　病身を抱え、生家に留まり続けるほかなかったのだと彼女は語る。そん
ななか、まだ父親の存命時のことであるが、思わぬ結婚話が舞い込んだこ
とがあった。ヨルモの男性の申し込みははねつけ「腹をたて」させていた
という彼女だが、このときの彼女の対応は違っていたのである。

3.2. なぜ結婚しなかったか②：イタリア人の求婚者
　　　ニマ：始めはね、T寺（の祭礼）で歌って踊っているときに、そ
　　　　　の人が言ったの、ほら、あのソナムに。ソナムの知り合いで、
　　　　　彼の家に泊まっていた[24]わけ、それで、その人が言ったのよ。

24　ニマと同村・同年配の男性ソナムはトレッキングガイドをしており、A村の

外国人がいっぱい来ているのは私も目にした。外国人達は目にした、私は。お寺の堂内に続く階段のところに皆座っていた、ずらっと座っていたのは見た。あそこには観光客はいくらでもやって来るのよ！　彼は私のことをずっと見ていたのね、私はもちろん知りやしない。で、私らが踊っているときに、ソナムに尋ねたってわけよ。- - - それで「彼女の名前はニマだよ」というと、「なんて素敵に踊るんだろう、これだけいる人達のなかで、あの娘ほどのは他にいない、声も、歌もなんて素敵なんだ、僕のために口説いてよ[25]」といったのよ、ソナムに。後で聞いた話だけど。口説いてくれといったんですって。そういうとソナムは、「自分の子どもにさえいうことをきかせられないのに[26]、他人の娘をどうやって口説けるっていうんだ！？」と答えたって。それで（私について）いろいろ話もしたらしい。彼らは私をずっと見ていた、私は何も知らなかった。私らは踊って、踊って、楽しんでいた。- - -

　その後この外国人は、結婚の可能性にさえ言及した "love letter" を彼女に送ってくる。手紙の主は「頭がおかしい」のではと訝りつつも、彼女はともかくも返事を送ったという。

　　筆者：なんて書いたの？

　　　彼の家はロッジを経営していた。
25　「口説く」の原語は *phakaunu*（N.）。「いうことをきかせる、なだめすかす、なんとか説得する」の意であるが、特に性的な意味で「（通常男性が女性を）口説く」の意でも使われる。
26　ここで「いうことをきかせる」と訳している動詞も *phakaunu*。上の注25参照。

ニマ：なんて書いたかというと（・）私らのヘランブーの人と結婚しても、多少なりとも苦労する、でも外人とすれば、自分の村の人よりかは、少し楽ができるんじゃないかと思ったし、ここから別の場所に移っていくことも、私の身体に少しはいいんじゃないかとも思って。---そういうこともあって、私は本当に病気がちになっていたけど、よくなるんじゃないかと思って、「こちらに来てください、そして話をしましょう、まとまるものか、まとまらないものか」、そう書いて送ったの。「来てください、相談しましょう、私も女です、なんのかんのいっても私も一度は結婚しなければならないのです」、そう書いて手紙を送った。

そしてその男は、送ってきた手紙で約していたのに数ヶ月遅れて、ついに村にやってきたのである。

ニマ：朝、その男はやってきた。朝やってきたのを見ると、こんなに（肩口を示す）長く髪を伸ばしていて、それも白くなっていて…

筆者：歳とった人？

ニマ：歳とった人。私より10才歳とってた、年寄りよね。---それで私は（・）もう恥ずかしがってもしょうがないでしょ、こうなったら。それで、（彼が）来た--私は「ナマステ」といった。彼の名前も忘れちゃったわ、メ、メキ、ん―…マッシモだったかしら、マッシモ、そう、やっと思い出した、マッシモだわ、彼の名前は。で、「ナマステ、マッシモ」と私がいって、で彼も私に、「ナマステ、ニマ、*how are you?*」といったわ。「元気です」と答えて、内に招きいれて、お茶をいれて。---私は単刀直入にいった、可哀想に、彼のほう

からは訊けなかったのよ、それで私がいった、単刀直入にいった、「あなたは私のことが好きなんですって？」と。そう私は訊いた。「うん、僕はきみのことが好きだ」、彼はいった、「すごく好きだ、それだからきみのために僕はここまで来たんだ」と。「あなたの歳は？」と尋ねると、「40才になった」と答えた。「あなたは？」と訊くので、「私は30才になった」といった。さらに私が、「40才になるまでも、あなたはなぜ結婚しなかったのですか？」と訊くと、---「僕は、これまで結婚しようと努力したこともない、私らの間では、結婚する年頃というのが、ちょうどこれくらいの時期なのだから。ヘランブーに遊びに来たとき、偶然きみを見た、それできみを好きになった、それでソナムにもいろいろ話をきいて、それで手紙を書いたんだ」、そういった。私は、「わかった。私は女、女性よ、結婚はしなけりゃならない。ヨルモにも私と結婚したいという人はいたけど、父さんの苦労をほうっておいて結婚することはできなかった。一方では連れあいと（結婚して）行きたい気はあっても、父さんをおいていくことができなくて、どうしようもなくて（実家に）居続けた。一旦私が結婚することになれば、そうして（別の家に）私を連れていけば——あなたと結婚したら（私は）行くことになるわけでしょう——私がここを出て行ってしまえば、父さんを助ける人は誰もいない。私が面倒を見るしかない、（それが）私にはとてもつらい。でも私は（あなたと結婚して）行かない、とはいえない。あなたと私で、相談しましょう、相談がまとまれば、私は結婚します」、そういってやった。そういったのよ、私は。起こったことは話さなきゃね、ちがう？[27] ---「きみがしたいようにすればいい。きみはここ

27　結婚申し込みの許諾権が正式には女性本人の親にあるヨルモでは、女性本人

から私と一緒に行こう。今すぐ連れて行くのではない、私は、もしきみがうんというなら、話がまとまれば、6ヶ月後にまた来よう、あるいは1年後に来よう」と、彼はいった。

　英語がどこまでできるものか覚束ないイタリア人とネパール人のコミュニケーションは、当然それなりの困難も伴ったものかと想像される。それでも、彼女の語るところによれば、結婚する方向で基本的に話はまとまり、具体的詰めを残して一旦彼は帰国することになったという。ところがその後、事態は実にあっけない顛末を迎えることになる。

　　ニマ：それで後に、私が家に行ってから[28]1通の手紙が来たの。お互い手紙をやりとりしましょう、きみも送ってくれ、私も送ると話していたその人は、向こうに行ってからどうなったか！　向こうに行ってから、私には1通の手紙が届いた。村に手紙が届いたわ。手紙が来て、「きみと私の二人は、通じあうことはできない、結婚は不可能だ。私がカトマンズから来てイタリアに到着すると、ある女性に出会った。私はその女性が好きになった、そしてそれを喜んでいる。私がそうであるのと同じくらい、あなたも喜びに満ちて暮らしていてほしい、あなたと私というのは、習慣も全然違うし…」、そう書いた手紙が来たのよ。彼は私を裏切った、そうだわね？
　　私は彼と一緒に行かないといってない（のだから）。私は哀

　　　がこうした断言をすることは、基本的にありえない変則状況である（第2章3.2.）。この場面での彼女の行動に関しては、以下に議論する。
28　彼女の語るところによれば、ニマはこのイタリア人男性について村からカトマンズに行き、そこで彼と何度か会って相談を固めた上、彼を帰国の途に送り出してから村に帰っていた。

しかった。それから後で、怒りが湧いてきた。また上（＝村）から（カトマンズに）来た、A村からここに来た。そして姉さんの息子に、自分のためにこうこういう手紙を書いてくれといった。- - -（手紙で）こういったのよ、「あなたは、一つ所にずっといる私を自分で探し求めてやってきた、求めてやってきて結婚するといってきたからには、あなたのほうから私を裏切るなど、あるべくもない、あるべきことでもない」、私はもう腹が立って手紙に書いた、「あなたはこんなところにまで、自分から結婚するといってやってきておいて、自分でまた私を捨てた。そういうことならば、私は *Ama Yangrima* の神[29]に念じて（祈る）、この男がどこに行っても幸せになりませんように！ この男が苦しみばかり得ますように！ 私らの仏陀がおまえ（N. *Ta*[30]）を呪うはずだ！」と、私らは悪態並べて、手紙を送ってやった。

　急転直下の、とはいえそもそもあまりに唐突な、降って湧いたような結婚話としては驚くにあたらない結末ともいえようか。ただ注意しておきたいのは、この求婚者に対する彼女の積極的対応からもそれとなく感知されるように、ニマにとって外国人と結婚するというのはそれまで夢想だにしたことのない事態では、実はなかったことである。この求婚の顛末を一通り語り終えた後、彼女は次のような話もしていた。

　　ニマ：昔、私がソナムとしていた話だけどね、結婚の話になって。
　　　　　ソナムと私はこうやって（＝腕を肩に回す振り）肩を組んで

29　ヨルモ地域の中核に鎮座する、地母神。
30　ネパール語に三つある2人称のうち、最もぞんざいなレベルの2人称。

歩くような仲よ[31]。肩を組んで、一緒に遊びまわったものよ。で、結婚の話になって。「私はA村の人とは結婚しない、私達ヨルモの（なかの）人とは結婚しない！ 私は外人とする！ <u>外人とする！</u> ソナム、あんた達の家には外人がいっぱいやってくるでしょ、あんたには外人の友達がいっぱいいるじゃない、私のために外人一人、口説いてよ！」、そう私はソナムに冗談をとばしていた。結局のところ、彼の友達が、そうやって言ってきた。彼は知っているじゃないの、このニマおばさん[32]はきっと外人となら結婚するだろうって。彼にはわかっていた。

筆者：ふーん、<u>なんで外人と結婚するといっていたの？</u>

ニマ：え？

筆者：昔そうやって、<u>ヨルモの人とは結婚しない、外人と結婚するといっていたのは、なぜ？</u>

ニマ：さあ！ そう思ったんだもの、私は。<u>私はヨルモの人とは絶対結婚しない、ヨルモの人は誰も好きじゃない、私は外人のとこに（嫁に）行く</u>、そういっていた、私は。私の気持ちがそういうふうなのよ。今でも外人を得られれば行こうと思ってるわよ。

「外人志向」を貫徹しようとすれば、結婚しそびれる確率は当然ながら高かろう（その実現のチャンスがともかくも訪れたこと自体、希有な偶然

31　ヨルモにおいて、結婚可能な男女が（あるいは結婚した男女ですら）その親密性を大っぴらに表現することはほぼ不可能だが、結婚不可能な親族関係にある男女がフィジカルに親密な振る舞いをすることは許容されうる（＝定義上性的な含みはない、ということになる）。次の注32も参照。

32　ニマとソナムは同年代だが、ニマはソナムの母の類別的妹にあたるのでこう呼ぶのである。

というべきである)。従って、ここで語られている彼女の外人志向は、結婚する気はあった、しなければならないと思っていたと彼女が繰り返し語ることとは矛盾するようにも見えなくない。以下では、この「矛盾」も含め、彼女の語りが孕む結婚規範との幾重もの緊張含みの交渉をあとづけていく。

4. 考察：なお、なぜ「女は行かねばならない」なのか？

ニマは、ヨルモの婚姻規範に疑いを挟んだり否定的な素振りを見せたりするどころか、これでもかというほどに、これを自ら繰り返し、それが自らの考えでもあったことを断言する。「行っていない」彼女が「行かねばならない」とする規範に言説上徹底的に寄り添っている、この事態。なぜ、なお、彼女は「女は行く」規範を繰り返し語り続けるのだろう？ 現在の彼女をあるべき姿からの逸脱者にしてしまうこの規範は、彼女にとって抑圧的な部分を含まないはずはない。決して明るくない彼女の将来への見通しも、この規範を含む構造的編制に規定されたものである。そうであってなお、彼女が女は行かねばならないと言い切るとき、単なる自己否定でないとして、彼女はいったい何事を遂行しているのであろうか。

この問いを三つに分けて、一つずつ吟味していこう。第一に、彼女個人にとって抑圧的であると見えるこの規範を、彼女がなぜ肯定し続けるのか、彼女がこの規範の正当性にあえて疑義を挟むことなく、あたかも唯々諾々とこれに恭順するのはいかにしてであるかを問う。「服従」のエイジェンシーがここでの主題となる。第二に、第一の問いをいわば裏返して、彼女がこの抑圧的な規範を肯定しつつ、いかに自己肯定を確保しているかを問おう。規範を否定せず、しかし規範に否定し去られることなくその抑圧的効果を押し返して、彼女はいかに自らが生き延びる余地を切り拓いているのか。規範と自己の緊張関係に折り合いをつけ自己保存を図る、いわば「生き延び」のエイジェンシーを問うといってもよい。そして第三に、あ

る種の「予感」的記述（冨山 2006）へと踏み出しつつ、彼女の実践が規範との微温的な折り合いを既に越えでている可能性を問う。彼女は実のところ、単に規範と折り合っているのではなくこれに抗ってはいなかったか、極めて曖昧で潜在的でもあれ、既に彼女はこの規範への服従を拒み、これを踏み越えていなかっただろうか。もしそうであるなら、これが顕在化され「なぜ、女は行かねばならない？」と実際に問い返すに至るのには、いかなる条件が必要なのか。社会の変化へと連接すべき「抵抗」のエイジェンシーをめぐる問題系ということになる。

4.1. 規範の肯定

さて、いかにしてニマは、「女は行く」規範を肯定するのだろうか。

粗雑な社会決定論は、社会的規範に人々が同意するのは当然だと考えるだろう。人々が、少なくともその大部分が認めていればこその規範なのであり、人は易々と、その根拠や効果をいちいち振り返ることなく、大多数の奉じるところを反復するものなのだ、と。人間を自動反復機械のごとく見なすこの説明は、個人の行為の説明としてもちろん不十分である。社会に生きる諸個人は、必ずしも規範の規定通りに生きるわけではないし、言説レベルにおいても規範を単に反復コピーする存在ではありえない。規範の遵守やその肯定は、そこからの逸脱やそれへの反逆と同様、常に個人の選択（＝エイジェンシーの行使）という契機を経由するはずなのである。

この規範がその他の制度的諸条件との構造連関のなかに強固に埋め込まれてあり、その限りにおいて社会的「根拠」を有すること（2.2.）を指摘して、この連関あるいは根拠を「理解」するがゆえに、社会に生きる諸個人は規範を受け入れるのだという説明もありうる。この説明では、個人は規範の盲目的な反復機械であることからはすくい上げられ、「理性」を有する存在として一抹の主体性を賦与されはする。しかし先の説明同様、社会構造に個人を還元するものであり、個人の個人性を究極的には等閑視した不十分な説明に留まるといわざるをえない。結局のところ個人は規範か

ら「逸脱」もすればそれに「反逆」もしうる存在なのである。

　自己の現実のありようと規範の間にある軋みをこえてなお、彼女が「女は行く」規範を肯定する行為、この緊張を安易な自己正当化／規範の否認によって弛緩させようとはしないこの行為に見てとるべきは、ある種の主体の態度——「潔さ」——ではないだろうか。社会が「非」とするところを「非」として、自らにまっすぐ引き受けることを回避しない態度である。婚姻規範の正しさを認めれば、彼女は自己の逸脱性を認めることになる。自己否定にも繋がるこの評価を甘んじて受ける「潔さ」は、この評価から帰結せざるをえない自己否定＝自己への圧迫を彼女が生き延びうる限りにおいて（この「生き延び」の様相については次項で検討する）、彼女が社会のなかで生きていく上でむしろプラスの評価を引き出しうるものである。

　誰もがよしとする規範があり、それが社会構造のなかに強固に埋め込まれていて容易に変わりそうにない（ことを個人が認知している）状況において、自身がその規範から逸脱しているならば、そのことによる「懲罰」＝社会的周縁化を彼女はどのみち被る、いや既に被っているのである。だとすれば、彼女がこの規範を仮に否定してみても、その言葉は彼女の生きる状況自体を変えることがないばかりか、単なる負け惜しみととられかねない。彼女自身がこの規範に適っていない、いわば「負け犬」であればこそ、そうやって矮小化されてしまいやすいのである。たとえそうはならず彼女の主張が直截に受けとめられた場合にも、それで事態が好転するわけでもない。むしろまっすぐ受けとめられれば、事態はより一層悪くなるかもしれない——彼女は規範への「反逆」という、より重大な逸脱の烙印を押され、未婚という逸脱にかてて加えてさらなる「懲罰」を課される対象ともなりかねない。

　そうしなければ招きかねないより悪い帰結を回避するという消極的なものではあれ、「潔く」規範を認めておくことには、逸脱者としての自己像の引き受けを前提として、一定の肯定的効果があるわけである。結局のところ、あるレベルでの自己否定（＝「私は逸脱者だ」）は、そのメタ・レ

ベルで自己肯定の身振りともなる（＝「私は自らの逸脱を弁えたよき人間（ヨルモ／女性）だ」）。事実として逸脱はしているものの、規範を否定しようとしてしたわけではない、確かにこれを遵守しようとはしていた、その意味で究極的にはこの規範に社会の他の成員達と同様恭順している「よき人間」として、自己を提示することになる。ここに、彼女が自己を否定する規範の肯定をあえて行う一つの根拠が見いだされよう。

　さて、規範から逸脱している個人がこの規範の肯定を遂行可能であるための前提は、触れているように、彼女がこの行為の含意する自己否定を生き延びられることである。規範がそれからの逸脱を罰さないではおかないからには、逸脱者が規範を肯定する行為は、自己を抹殺する危険と常に背中合わせなのである。いかに彼女はこの自己否定が決定的なものとなることを回避し、生存に必要な自己肯定を確保しているのか。彼女は、規範から逸脱している自己にいかに居直り、生き延びているのか。その具体的様相を、次に検討する。

4.2. 自己のサバイバル[33]

　もとよりこのような状況——規範の肯定と自己の肯定が背反的関係におかれる——は、決して特殊なものではない。むしろ人々は、不断にどうやら規範と自己を折り合わせ、その度合いは様々であれ、これを最低限「成功」させ続けることにおいて社会のなかに生きている、生き延びることができているといえよう。ではニマの語りにおいて、この婚姻規範の肯定によって脅かされる自己の（再）肯定は、いかに確保されているのか。

　それは、この規範からの逸脱の責任を徹底的に自己から解除すること、いわば（先の「潔さ」とは一見並び立たない態度だが）「言い訳する」ことによってである。逸脱は自分のせいではなかったことを示すのである。行くべき自分がなお行っていないのは、行く気がなかったからでも、行か

---

[33]　4.2. 及び4.3. の議論にあたって、清水（2006）の議論の恩恵を受けた。

なくてよいと思ったからでもない、偏に「自分ではどうともならない」事情によってそうなってしまった、その事情とはこれこれだ、そのように語る。婚姻規範を前提とし自らの逸脱は認めた上で、その逸脱の原因を自己以外に帰すことで自己否定を回避しているのである。

　実際ここに提示したニマの語りは、彼女が今に至るまで未婚であることの理由、それに至った経緯の説明にほぼ終始するものであった。彼女が言及していたのは三つの事柄――老齢の父親を世話する人がいなかったこと、自分が病身となったこと、イタリア人求婚者が不実な振る舞いをしたこと――であった。それぞれに彼女本人が制御できる範囲をこえるところで、彼女の希望にも反してそうなってしまったことであり、従って彼女が責任をとりうる、とるべき、とるはずのことではない。これらの事情の帰結として彼女が婚姻規範を逸脱することになったからには、それはもちろん、彼女本人のせいではないというわけである。

　もっとも、これら諸事情が結婚に至らなかった理由として十分説得的かどうかはまた別問題である（いずれも一定程度の説得力を認めるのに吝かではないが）。例えば、娘は「（嫁に）行く」のが広く認められた規範であるなら、彼女の代わりの介護者の工面は、父親本人でないとしてもその周囲が当然配慮すべきことだったはずである。逆に周囲は、彼女の結婚が決まれば、親の世話には別の人を見繕う心づもりだったというのもありそうなことである。他に兄弟がいなかったわけではない。出稼ぎ中の次兄を別としても、村には長兄夫婦が家を並べて住み[34]、弟も同居していた。その気になれば、彼女なしで親の世話をまわしていくことは十分可能だったのではないか。また彼女の病気にしても、本当に結婚できないほどのものだったのか、疑問もなしとしないのである。彼女自身もいうように、身体

---

[34]　ただし、ニマの長兄の妻とニマ及びその父の関係は、新婚当初から良好ではなく、始め同居した長男夫婦が早々に別世帯を構えたのは、その辺の事情と関係してのことらしい。

の痛みは本人にしかわからない——ではあろうけれども、今の彼女の語りによれば既に病気がちだったことになる 1994 年、私が出会った当時の彼女は、村の日常生活の様々な局面で、「うち」ではもちろん「外」仕事や祭礼等の行事でも、人並み以上に活発に活動しているように私の目には映っていたものである。結婚が不可能なほど彼女が病身だったとはおそらく誰も信じられまい（繰り返すが、彼女自身もそういっている通り）。イタリア人求婚者についていえば、その裏切り云々以前にニマとの間にどれほどのコミュニケーションが成り立っていたのかが定かでなく、そもそも実現可能性に乏しい話であったように傍目には見えてしまうことは否みがたいように思われる。

　いずれにせよ、しかし、ここでの核心は彼女が本当はなぜ結婚しなかったかではなく、彼女がなぜ結婚しなかったかと語っているかであった。重要なのは、彼女が彼女の未婚の原因を自己の外部へと放擲していること、「自分のせいで」結婚していないのではないと語り、そうして自己肯定を確保しているという事実である。そしてこの事実自体は、彼女が語る未婚の理由の説得力の（あるいはそれがどれほど「本当であったか」の）度合いによって、基本的に何ら影響を受けるものではない。

　むしろここで注意しておきたいのは、彼女が列挙する事情が結婚に至らなかった理由として意味をなすための前提をなす、ある一つの顕著な断言の存在である。他でもない、彼女に結婚のオファーはあったということである。オファーはあった、あったけれども、自分ではどうともならない諸般の事情により結婚には至らなかった、そう彼女は語っている。なぜに、この語り方なのだろうか？

　ヨルモにおいて結婚のオファーを正式に行うことができるのは、男性側に限られる（第 2 章）。ヨルモでは結婚が所謂恋愛関係に先行されることは規範的に期待されてこず、結婚前（外はいうに及ばず）の恋愛的関係はスキャンダル化される強い傾向があった。従って、女性が結婚成就に向けて能動的になしうることはごく限定的である。女性側から申し込むのはそ

もそも不可能、男性に申し込みに来るよう働きかけることができるのはむしろ例外的状況であり、一般には期待されていない。それどころかそうした女性本人の積極性が明るみにでれば社会的制裁の対象となりかねない。勢い、そうした行為にあえてでる女性もあまりないと考えられるのである。

　だとすれば、結婚していないのは自分のせいではないという彼女の主張の最も完璧な論証となりえたのは、「自分には申し込みが来なかった」というものであったはずではないか。誰かが「申し込みに来る」かどうかを一般に女性当人は左右できない、もらいに来なければ行きようがない、従って行かなかったのは彼女自身の責任の外である、そのように主張すればよかったはずである。他方で一旦オファーが来てしまえば、それが結婚に結実するかどうかが決するプロセスにおいては、女性側の――厳密には女性本人の、ではないわけだが、それでもこの段階に至って女性本人が結婚の行方に影響力を行使する余地はそれまでよりは格段に広がる――諾否が決定権を握ることになるわけである。あらゆる結婚話には、多かれ少なかれ受けるに資する条件もあれば、それを拒むのに資する条件もあろう。それらが勘案され交渉されたその末に、諾否の結論は出されることになる。であるなら、何もニマの挙げた事情に限ったことではなく、結婚話は来たけれども「〇〇ゆえに結婚に至らなかった」というときの〇〇が、常に女性側の拒否の理由づけとして「鉄壁」になりえないことは予め決している。それを結婚不成立の根拠とはしない、それには目をつぶって結婚を受けるという可能性は常に存在するはずなのだから。これに対し、そもそも申し込み自体がなければ疑問の余地がない。彼女自身ができるはずのないこと（＝彼女に結婚を申し込むこと）を彼女がしなかったのは彼女のせいだという、珍妙な強弁が通るのでもない限り、彼女は一分の隙もない未婚の言い訳を組み立てられたはずなのである。

　しかし、彼女はそうしなかった。実際ニマは彼女と結婚したがる男がいたことを、むしろ強調している。ただ自分のせいではない理由で嫁に行けなかったというのでなく、自分は望まれていたのに自分のせいではない理

由で嫁に行けなかったと主張するという選択があえてなされていると見るべきであろう。なぜか。それはヨルモ社会において（も）、女性に申し込みが来ないことを、彼女本人の咎に帰する強力で強引な「論理」が、珍妙な強弁が、実際存するからである。女性は誰かに望まれなければならない——そのために女性ができることは、一般論として「望ましい女」たらんとする茫漠たる努力以外には何もないとしても[35]、望まれねばならないのである。それは女性にとって、結婚規範に準じて実際結婚するかどうかよりも実は根本的な規範命題として、そこから逸脱すれば結婚の成否自体よりもさらに根底的な自己否定に至りかねない規範として、存在しているものだといえる。申し込みがないことを女性本人の問題、女性に女性としての根本的望ましさが欠けていることへと短絡する回路が作動するのである限り、彼女が申し込みはなかったと語ろうとすることはないだろう。親の財産の相続分がないとか兄弟のお荷物になるとかいった、未婚に留まることで女性が被る実際的不利益よりさらに深いレベルで、彼女が生き延びられるかどうかは、自分は望まれていたと主張しうることにかかっていた。だからこそ、未婚は自分のせいではないと主張するのが決定的に重要な局面であっても、彼女が表面的には最も完璧な論証法においてその主張を展開することはなかったのである。

　この短絡は、繰り返すが、彼女がしたのではないこと、彼女の責任では本来ありえないことを女性の人格のその最も深いところの非に帰する、残酷な撞着を組み込んだ文化的エイジェンシー論である。自分からは行けないのに行かなければならない、申し込ませられないのに申し込まれなければならない。ここにも、ヨルモの女性達がそのなかに自らを見出すことになる二律背反的状況の一つがあったのである[36]。

35　既述のごとく、ターゲットを絞った誘惑とか具体的男性との「アフェア」はむしろタブー化されているのである。

36　結婚の申し込み（「嫁乞い」）の場面において、女性本人が自分の意思をスト

4.3. 規範との折り合いをこえる

　最後に、彼女の語りが規範に恭順し、屈折を伴いつつもそれを経由した自己保存を果たすものであるとして、本当にそれに尽きているのかどうかを今一度問おう。未だ明確な輪郭を判じ難く、潜在性としてしか感知しえないものではあれ、彼女の語りは既成の規範との折り合いを越えこれに抵抗していくエイジェンシーをも、実は既に孕んではいなかったか。

　このことを考えるとき思い起こされるのは、彼女が「ヨルモとは結婚しない、外人と結婚する！」と語っていたことである。なぜそう思ったかと問うても彼女に明確な説明はなかったけれども、ともあれまずここに、婚姻制度を含むヨルモ的社会編制からの「脱出」志向を汲みとることはできる。ヨルモ的婚姻規範の命じるところ、ヨルモ女性の規範的婚姻実践すなわち「行く」実践をこそ通して、文字通りヨルモ社会の外へと出ていくことを夢見る志向である。ヨルモの「女は行く」ものだから、外国人との結婚すなわちヨルモ社会からの脱出となるのである。「外人と結婚する」という宣言は、彼女がヨルモ社会から抜け出る、少なくともそうなることをもあえて引き受ける意思を、そのうちに既に含んでいる[37]。

　　　レートには伝ええない背反状況におかれることについては、第2章で議論した。

[37]　しかしそうなるはずだからこそ、女性が外国人（とまでいかなくともヨルモ外の人）と結婚するのは、男性がそうする場合よりも、本人にとってもその家族にとってもハードルは一般には高いものである。ヨルモ外の人に嫁すれば、彼女は生まれ育った社会（とりわけ実家）との絆を失う／親は娘を実質的に失うという多大な損失を被りかねない。娘を持ったヨルモの親の多くがまず心配してきたことは、娘というものは「どこに（嫁として）行きつくものか」わかったものではないという一般的事実であり、その心配を踏まえて念頭においてきたのは「どこかよその人間」のところに娘が行ってしまわないように／うちに、さっさと（身内・近隣のヨルモ内で）かたづけることであったことは、ここまで紹介してきた幾つものケース／語りからも見てとれよう（例えば、第3章のサルキニのケース、第4章のダワのケース）。

彼女はヨルモ社会の何から逃れたかったのか、何を忌避しようとしたのか。直接的な忌避の対象は、結婚相手としてのヨルモ、彼女自身も含め彼女の年齢層以上ではその大方を占める、農業等の単純労働や自営業で細々と暮らしを立てているようなヨルモ男性であろう（「ヘランブーの人と結婚しても、多少なりとも苦労する」と彼女は語っていた）。実際彼女が結婚するとすれば、そのようなヨルモとする可能性が高く、そうでない少数の「条件がよい」相手を得る可能性は低い。ましてや外国人を得る可能性は無きに等しい。そう考えると、彼女が忌避しようとした対象は、結婚する気はあったという度重なるその断言にもかかわらず、間接的には結婚自体、実は「行く」こと自体であったとも見えてくる。

　もっとも、若い女性が「結婚なんてしたくない」と語ること、実際の申し込みに際しても「行かない」と拒否を示すことはヨルモではむしろ普通のことである（第2章）。ニマの語りでむしろ特異なのは、同年輩の親しい友人に対して、また冗談めかしたやりとりのなかでとはいえ、「外人一人、私のために口説いてよ！」といった、その直截さのほうである。彼女が（ヨルモ男性との）結婚からの脱出を試みるとすれば、彼女がそうする理由は、思うに、ヨルモ的社会編制において女性が与えられている男性とは対照的な位置、一般にこうした性的な直截さ・積極性が許されず、あくまで望まれるのを待つことだけを許されている、この位置への違和感にも根ざしているのではなかろうか。

　この読み込みを補強する材料として、彼女が再現するところのイタリア人男性とのやりとりを思い起こすこともできる。大してうまくない英語で彼女が言い切ったという彼への応答――「あなたと私で、相談しましょう、相談がまとまれば、私は結婚します」――の直截さ、その決然たる様は圧倒的である。この彼女の応答が、ヨルモの婚姻締結過程において女性本人が果たすことを期待／許容された役割を大幅に踏み越えたものであることに十分注意しよう。このプロセスにおいて、女性は本来「ください」と乞われる対象であり、やる・やらないを本来決断すべきとされるのは彼女

を「持つ」親であった。従ってニマがここで行ったのは、本来彼女がその権限を持たないことをあえて行う越権行為（それが己の身を処することに過ぎないとはいえ）なのである。もちろんそれは、相手が外国人だという特殊な状況に迫られてのことではある。女性をその親に乞うべきことを知らず、また知っていたところで（彼女の父は全く英語を解さないから）親に乞う術もない彼に相対して、やむにやまれぬ必要に駆られて彼女がそうしたという面は、確かにある。しかし、必要さえあれば人は事をなしうるわけではない。その場に臨み彼女がこの決然たる態度を示しえたとすれば、そのことは、彼女にはヨルモ的社会編制が（直接には婚姻に関して）女性に許している限定的な位置・役割・主体性を遙かにこえる重大なそれを引き受ける能力があり、そうする意思もあり、またさらには引き受ける能力も意思もありながらそうすることが許されないでいる状況に彼女が多大な鬱屈を抱えていたことの兆候と見られるべきものではないか。

　こう推論を重ねてきて、冒頭でも紹介した彼女の例外性の一つにここで改めて言及するのも場違いではあるまい。彼女が「男に生まれればよかった」と述べていたこと、すなわち、いわば女であることからの「脱出」の夢想である。イタリア人求婚者への決然たる応答、自ら己の身を処する身振りをしたそのとき、彼女はヨルモで女であることを、一瞬ではあれ越えでていた。逆にいえば、こうした「外人」との関係においてでなくして、彼女がヨルモ的編制における女の位置から逃れるチャンスはほとんど想像することが難しい。「外人と結婚する」、そして「男に生まれる」という二つながらの夢はここに収斂し、婚姻とジェンダーをめぐるヨルモ的規範・構造から遁走する彼女の欲望を析出するかのようだ。

　彼女の「脱出」志向は、ヨルモの婚姻規範自体を変えようとする視点にたつもの、彼女の現にいる今・ここを規定する構造連関を揺さぶろうとするものではない。荒唐無稽な非現実性をも思い描く彼女の豊かな想像力は、現実的な変革のかわりに今・ここから遁れ去る夢を見る。ヨルモで女性であることに踏みとどまりつつ、そうであることの今とは別のあり方を構想

するのではなく、ヨルモの外にいる、あるいは男と生まれた自分に思いを馳せてみる。そこでヨルモで女であることに内在する「行かねばならない」という規範的要請それ自体は、ひとまず問い返されることなく、従って手つかずのまま温存されるのである。

　それでも、彼方への夢を見ることもまた、一つの抵抗ではあろう——それが文字通り実現したところで（しないだろうが）、それで今のヨルモ社会の何かが変化することはないとしても。彼女の夢に足りないのは、多分、もう少しの「シリアスさ」である。外人との結婚願望も男になる希望も、彼女は冗談として語っていた——無論そうせざるをえなかった、彼女が最低限人に理解されるために、理解不能な狂人として生きながら葬り去られてしまわないために。でももし、いかにしてか狂人扱いを回避して、単なる冗談ではないという意味で文字通り真面目に夢を語り始め、と同時に、夢の文字通りの実現をめざすのでなく実現可能なレベルの変革にこれを鍛え直し始めるとしたら、どうか。冗談と真面目、夢と現実の狭間で語りが変転し、同じ立場の人々の間で共有され、彼女個人をこえる共同的なプロジェクトへと展開し始めたとき（思い出そう、彼女と同じ周縁にいる人はそれほど少なくない）、「女は行かねばならない」という規範は既に、その自明の相貌を失っているのかもしれない。

5. 結論

　自らは未婚に留まりながらも、結婚を命じる規範を肯定するニマ。結婚していない経緯をめぐる彼女の語りを辿りつつ、この規範との緊張を孕んだ関係において、彼女がいかに自己を構築し、支え、その生き延びる場所を切り拓きつつあるかを考察してきた。

　結局のところ、彼女はこの規範に服従しているのだろうか？　答えは是であり、また否でもある。行為のレベルではこれに服していないが言説レベルでは明確にそれへの恭順を示す。明示的に肯定はするが、語りの端か

らはこの規範の制する磁場からの「脱出」の希求がのぞく。そして行為レベルの逸脱とも響きあう彼女のこの脱出志向は、少なくとも潜在的にはその規範自体への不服従を予感させずにはいない。ここに描出を試みてきた彼女のエイジェンシーのありようは、未だ何ものとも明確には判じ難い曖昧な次元を丹念に掬いあげながら、「服従」と書いてはすぐさまそれを打ち消し、「抵抗」と名指してはすぐに留保を加える、そのような記述の態勢を要請する。

　彼女を、現在のヨルモ社会のジェンダー化された抑圧的な構造連関のもとに絡めとられた犠牲者ということはできる。が、犠牲者であることは完全に無力化されることではないし、ましてやエイジェンシーの剥奪を意味しない。「彼女は支配されている。が、飼いならされてはいない」（傍点部引用者挿入、ファノン 1996[1966]: 53）。いわば「語るサバルタン」である彼女の言葉は、体よい要約を拒み、自己否定と自己保存、服従と抵抗の両義性を孕むその声の潜勢力は、不分明なままである。この不分明さにこそ構造に折り込み済みの主体性を越えでる契機は宿りもするが、何ものともつかない曖昧模糊としたものであればこそ、その行使の、効果の行方は容易に見てとれるわけもない。行方を左右する一つの要素は、思うに、彼女がいかに「聴かれる」かであろう。そもそもどう語ったからとて聴かれるとは限らないのがサバルタンの本質の一端であるなら、逆によりよく、より広く「聴かれる」ことの実現においてこそ、変化への一歩は既に踏み出されたことになると考えるのも決して楽観的に過ぎはしないはずである。本章で行ってきた議論がそのような「聴く」実践の一歩となりえたかどうかについては、無論、ここで筆者自身が判断するべきことではない。

第 6 章

お茶のカップは受け皿にのせて
世界／ヨルモの片隅で、フェミニズムを語る
―― ドマのストーリー

1. はじめに

　国や地域によるニュアンス・程度の差、さらには重要な例外すらあれ、フェミニズムはグローバルなマイナー思想だと見える。「近代西欧」という時と場所の刻印を受けたその名に、現在世界の隅々で、例えばそこから最も離れているようにも見える先住諸民族社会の多くにおいてすら出会うことができる一方（cf. Green 2007; Suzack 2010）、その存在感は私達の生きる社会（これをどう区切るにせよ）においてもまたそこから遠く離れた諸社会においても、一般に周縁的に留まるようだ。なぜ、そうなっているのか、そしてそうしたマイナー性を私達はいかに越えうるか――このことを考えるために要請されるのは、ローカルな歴史・社会・文化的文脈に即した女性をめぐる諸状況のきめ細かな考察であるとともに、マイナー思想として各地で紡がれてきた複数のフェミニズムが互いを触発しあう対話のさらなる深化であろう。複数のフェミニズムを、複数の場所で生きるフェミニスト達を、さらには女性達を繋ぐ実践の積み重ねである。いわば世界の片隅から片隅へと横断しつつ、互いのフェミニズムを語り、聴き、共有し、今ある限界を共に越えでていく実践が求められている。

　本章は、そうした実践のささやかな一歩となることも意図しつつ、ヨルモの女性達の生きられた生とその語りに（その語りを通じて）迫るという本書全体のプロジェクトの一部として、ヨルモの片隅で「フェミニスト」を自認するある女性の語り／彼女の語るフェミニズムを、彼女のライフ・ストーリーと彼女の生きてきた社会・文化・時代的文脈のなかに位置づけつつ共有しようとするものである。ドマ（*Dolma*）は、私の知る限りヨルモ唯一のフェミニストであり、ヨルモにおいてもフェミニズムはまことにマイナーというべきものなのであった。いかにして彼女はフェミニストとなったのか、彼女のフェミニズムとはいかなるものか、そして彼女がフェミニストになるにあたって働いていたのはどんな社会的諸力だったのだろうか。これら一連の問いを投げかけることを通して、ヨルモ女性の生きら

れた生のもう一つの具体的なありようを浮かびあがらせるとともに、彼女のフェミニズムに学んで私達のフェミニズムを更新する契機をつかみだすこと――これが本章の企てである。ここでとりわけ留意したいことは、彼女の語りを、彼女のフェミニズムを単に「客体」として分析するというより、それを（その弱さをもひっくるめて）引き受け、共に考えるということである。

　そもそも彼女の語り自体（そして実際これまで聴いてきたどの女性の語りも）、彼女の経験や思考をそのまま映す鏡であるというより、私と彼女の邂逅を通じて生みだされた会話の一部であった。彼女との出会いは、私がヨルモに調査に入った最初期に遡る。彼女は、主調査村としたＡ村で当時唯一の「教育を受けた」、外国人との付きあいにも慣れた女性であり、村の人々となかなか馴染めなかった私にとって、彼女とお喋りし、村で見聞きしたこと、経験したこと――とりわけ、ヨルモで女性としてあることに関わる――を共有する時間は貴重なオアシスと感じられていたものであった。そうして触れることになったヨルモ社会における女性のありように対するドマの認識は、当時の（そして以下に見ていくようにある程度現在の）筆者にとっても、多くの点で肯かれるものであった――というより、私の認識のほうが、少なくとも部分的にはドマとの会話を通じて形成されてきたというべきであろう。その後彼女が村で暮らさなくなってからはカトマンズで時折行き来があり、ここにとりあげる彼女との対話も、カトマンズの彼女の自宅を私が訪ね、二人で語らう機会を設けて実現したものである。ほぼ10年にわたって間欠的に積み重ねてきた交流を踏まえて、数々の偶発性を孕みつつ展開された私と彼女の即興の共同作業＝会話であるところのライフ・ストーリー実践を書くという本章の企て自体も、この彼女との会話の延長線上にある、あるべきものであると考える。ドマやドマを含むヨルモの女性達と（さらにその延長線上で地球の「南」側の女性達と）会話を紡ぎ続けること、それを通じて私達（と彼女達）のフェミニズムの現在地点から一歩前へと踏みだしていくこと――眼前にある課題は、

第6章　お茶のカップは受け皿にのせて　　243

これである。

　コロニアルな拡張主義とフェミニズムの（暗黙の）結託、あるいは「北」のフェミニストによる「南」の女性の（言説的）犠牲者化は、既に多くの論者によって批判されてきた[1]。私達が書き／彼女達が書かれるという関係性のなかにある限り、その根本的改変は困難であるのかもしれない[2]。がそれでも、この困難な仕事を前にしたオルタナティブは、それをあきらめることではなく、失敗しながらもこれに取り組み続けることであるはずだ——例えばスピヴァクが、サティーを企てようとしたシルムールの王妃の声を取り戻そうとし（て失敗し）たように（スピヴァク 2003［1999］）。本章の企ても、究極的には失敗すべき、だが行う価値のある実践として遂行されようとしているといってもよいだろう。

　以下まず、フェミニストとなった経緯を中心にインタビュー当時 30 才のドマのライフ・ストーリーを紹介する (2.)。次に、それを踏まえつつ彼女のフェミニズムの輪郭を辿り (3.)、さらに、彼女がフェミニストとなりえた社会的背景について考察して (4.)、章の議論を結ぶ (5.)。

2. ドマのライフ・ストーリー

　ドマはヨルモ A 村で生まれ、その後インドに出稼ぎに出かけた叔父夫婦の許で育てられた。小学 2 年生のときネパールに帰ったが村には戻らず、引き続きカトマンズ在住の叔父夫婦の許で 10 年生までを過ごす。学業は不得意ではなかったが、彼女はそれ以上進学しなかった。当時の彼女の「*ambition* といえば、ただただ *fashion* すること、それだけだった」。

1　その先陣を切ったのは Mohanty（2003［1986］）である。
2　ただし書く者と書かれる者の非対称な関係性は、両者の関係がコロニアルな非対称性を帯びている場合だけに限られるわけではない（cf. Sangster 2009［1994］）。

そんな彼女の学校生活後の選択は、当時 A 村に設立されて間もない私立学校の幼少クラスで教えることであった。電気もない村の生活は都会育ちの彼女にとっては不便に満ちていたが、そうしたなか数々の肉体的労苦をこなしながら明朗に日々を送る（と彼女には見えた）村人達、とりわけ年頃も近い若い女性達の姿は驚きをもって受けとめられたという。村での生活、また村人達との交渉を通して、彼女のなかにそれまではなかった、社会のなかで女性のおかれた境遇への問題意識が成長してくる。契機となった幾つかの出来事／経験を彼女は語る。
　その一つは、同年輩の村の女性達との交流であった。そもそも若い女性達は、始めドマを遠巻きにして話しかけてこようとはしなかったという。

> 「なぜ私と話してくれないの？」と訊くと、彼女らは「あなたは偉い人だから」、「なぜ偉いの？」と訊くと「教育を受けた、先生のレベルの人間だから」という。私が「先生だって人間、私だって人間。私にだって友だちが要る」というと、「どうしたらいいの、私らはちゃんと教育も受けられなかった（だから、あなたと友だちになどなれない）」と。「なんでそんなこというの、勉強したい？」と訊くと「したい」と。「だったら、一緒に勉強しようよ、教えるから」といって、夕方茹でたジャガイモを食べる頃、本を開いて彼女達に教えだした。

彼女達との交流が深まるにつれ、今度はドマのほうが、村の女性達が日常的に従事する畑仕事等を見よう見まねでやってみたりもし、彼女達の苦労を体験していくことになる。
　別のきっかけは、村の家に他の教師達とともに招かれたときのもてなされ方であった。

> （村では）生徒の親が教師達を（彼・彼女らが家の前を通りかかる

などすると)茶をどうぞ、食事をどうぞといって(家に)招くでしょう、それで行くわけ。そうすると、男性教師は上に、ベッドの上とかに勧められて座る。一方私ら(女性教師)はいつでも床に、下に座ることになる[3]。それはまあよかった。少しは気になったけど、それほど気にはならなかった。それでお茶を出す段になる、(男性教師には)カップを受け皿に載せて出す、私らには(受け皿なしの)カップだけで出すわけ。するとなぜか、どうしてそう感じたのかわからなかったけれど、ともかく私は全然飲みたくなくてしまう。- - - 貶められた気がした。- - - そんなふうに出されると、飲めなかった。

こうした、それが何なのか俄かには理解できない、むしろ生理的ともいうべき違和感の反復を経て、彼女はこれを女性の地位に関わる一つの問題状況と捉えていくことになる。

反復される経験の積み重ねがゆっくり気づきへともたらされることもあれば、一つの出来事が大きな転換をもたらすこともある。そうした出来事が、村のある集会で起こった。

ある日ミーティングがあって、女性達も呼ばれていた、私も行った。議題が何だったか忘れてしまったけれど - - - 議論のなかで、一人の女性が何か発言した。するとある男性、年取った男が、「女こども(Y. *bhimi bejya*)は黙れ!」と怒鳴った。すぐには、私は(その男性からすれば)子ども位の年の人間で、納得はいかなかったけど何もいえなかった。ちょっと黙っていたけど、やっぱりそのままでは気が済まなくて、どうしても済まなくて、すっくと立ち上がって

---

[3] 第1章2.2.で議論した、ヨルモの家内居室空間のジェンダー化された秩序に従わせられることになるわけである。

「女性は発言できないのなら、ただ聞くだけのためになんでむざむざ呼んだの？」といった。(誰かが)「黙ってろ」といった。私はそれ以上何もいえなくて、そこからさっさと立ち去った[4]。こんなこともあって - - - 少し何かしなければと思ったのよ、*feminism* との関わりでね。

ヨルモでの生活経験を経て、彼女はお洒落好きの都会の少女から、女性であることにまつわる困難に意識的な女性へと成長していく。そんななかまもなく、彼女は人生の個人的な転機にも直面した。職場結婚そして続く第1子出産である。さらに、彼女と夫は夫婦で英国に行く機会を得、そこで彼女は子守りをして相応の金を稼ぎ帰国した[5]。帰国後はカトマンズに家を建て、彼女は先頃生まれた第2子の長男と小学校に通う長女の世話をしながら、ネパール各地で行われる開発プロジェクトのための調査・企画・調整業務や通訳業務を請け負うなどしている。同居家族は彼女と夫と子どものみだが、通いの子守り・家事手伝いの女性がいる。夫は家事分担をほとんどせず、家事と子育ては基本的に彼女の責任となっているという。

あなたがたの夫婦関係は平等だと思うかと尋ねると、彼女はそう思うと答え、続けて、

(私達は)平等、だけれども *different* ね。このことは、私も今学んでいるところだけど。- - - 違うものだから、男の人と女の人というものは。- - - 私も昔思っていた、何で彼はこんな *simple* なことが

---

4 このエピソードに、家内領域では活発にコミュニケーションに参加している女性達が、政治・社会的活動からは（実質的に）締めだされている状況の一端を見てとることもできよう（第1章2.3.3.）。
5 イギリスで彼女が故国とは異なる職業に就いたのと同様、夫もイギリスでは「ブルーカラー」的な仕事に就いていた。

わからないんだろうって。でも今は *naturally* 違うのだと思う。男には男の *potential* が、女には女の *potential* がある。考え方自体が違う。そのことを受け入れなければならないと思うようになった。

本質主義的な断言と言外に漂う異性愛主義にたじろぎつつも「どう違うの？　私も学ばなきゃ…」と切り返した私に、彼女は大きく笑って、こう続けた。

そうね、*society* では女性こそ重い *pressure* に耐えている（・）ように私達には思えるわね。でも男性はそうは思わない。- - - 私達は始め誰かの娘であり、その後嫁になり、また母に、兄嫁にならなければならない、そしてみんなを気づかって気持ちよくさせてあげなければならない。でも男だったら、誰を気づかってやる必要もない。彼らはお金を稼いでこなきゃというだけで、自分達こそ大変だと思っているわけ。

　ケア役割は女性である彼女が一手に引き受けているとすれば、彼女と夫の夫婦関係はいかにして「平等」なのだろうか。彼女は一般に女性の経済的自立、自分に必要な金を自分で稼ぐことを望ましいとし、また自分達のケースは実際そうなっているという。各々稼いだ金は二人の共同名義の口座に入れ、そこから各自必要に応じて引きだしている。金銭面での貢献とそれを享受する仕方において、彼女と夫は基本的に平等となっているのである。
　娘と息子の扱いも全く同じにしている。どちらに対しても「*education* には *compromise* しない」、あとはあろうがなかろうが残った財産を半々に相続させるという。他方で彼女自身は、ヨルモの慣行上女性が唯一親から相続する財である結婚時に贈られる動産（Y. *mho nor*、主に貴金属類）すらもらっていない。が彼女は、今もファッショナブルな装いに身を包む

のが大好きな一方で昔から貴金属には興味がないという。貴金属を身につけることに大きな喜びを見いだすのが一般的なヨルモの女性達のなかにあって、この点も彼女の例外的なところである。

3. ドマのフェミニズム

　以下では、彼女のフェミニズム意識とその実践をあとづけよう。二つの領域——男女間の不平等に関わる問題領域、及び男女間の差異に関わる問題領域——に分けて整理する。

　不平等に関わる問題領域に関わるトピックは多岐にわたる。第一に、ヨルモ社会における日常的な反復実践、すなわち、家のなかでの着座や飲食物のサービスの仕方を通じて再生産される男女不平等への意識がある（第1章2.2.参照）。それは、彼女がヨルモの村社会に教師となって入っていったときに、同僚男性教師に対する扱いとの対比で痛感されたことである。カトマンズに住むヨルモの家でも、ジェンダーによる着座等の別がないわけではない。家の構造の違いゆえカトマンズで村の実践は完全には再現できなくとも、状況に応じた即興的対応によって席による地位構築実践はむしろ維持され、茶等のサービスでも同様であった。ただ彼女は、カトマンズでは「まだ子ども」であったがゆえに、このことを違和感なく受けとめていたと思われる。村に行って初めて、それが大人／子どもの境界だけでなく、男／女の間のそれをも後者を格下げしつつ画していたことが明確に認識されたのである。

　この認識を踏まえた彼女の対応は、いわば「小さな抵抗」というべきものだった。彼女は初め、なぜかはわからないながらもそうして出された茶を飲めなかった、飲まなかった。彼女はソーサーなしのお茶を受けとらないことを通じて、これへの無言の抗議を行ったのである。それは何気ない行為のように見えて、もてなす側が茶をしつこいくらい繰り返し勧めるヨルモ的慣行のなかで実はかなり困難な実践である。無言の拒否の段階を経

て彼女が意識的に行うようになったのは、彼女がもてなす側にまわった場合、客の男女分け隔てなくソーサーとともに茶を出すことであった。これも一見些細な行動と見えて、実際には村の女性達の反撥——「女に受け皿付きで出すなんて！」——を引きだすのに十分であった。ヨルモ的ハビトゥスに浸かった男性はもちろん女性にとっても、それは明らかな撹乱行為だったのである。

　A 村に NGO のプロジェクトが来て、ヨルモにおけるジェンダー関係に関する参加型農村調査（*Participatory Rural Appraisal*）を行ったことがあったという。声の大きい村の年長男性が、ヨルモでは何の問題もない、男だ女だといって差別などないと発言するので、納得できなかった彼女がこの座る場所の上下を指摘して質すと、彼はそのとき「（男が上に座るということではなく）ラマの教えを修めたものが、上に座るのだ」と応えたという。「でも、ラマの教えを学ぶ機会を女性には与えていないのだから、しょうがないじゃないの」というのが、このエピソードを私に披歴した彼女の加えたコメントである（cf. 第 1 章 2.3.1.）。

　第二に、近代教育へのアクセスにおけるジェンダー間格差への洞察がある。そもそもヨルモの近代教育への参入は遅かったが、彼女の同世代では小学校、場合によっては中学位まで学校に通っていた男性は既に少なくなかったのに対し、女性ではなお読み書きできない人が大半であった。そうした状況に身をもって接し、かつ若い女性達が読み書きを習いたいと思っていることを知ったドマは、上に見たごとく、彼女達に読み書きを教えだした。それに対する女性達の家族の反応は、当初決してはかばかしいものではなかったという。

> 私ら（若い娘達）がただお喋りしているのだったら何もいわないのに、読み書きの勉強を始めると、老人達は文句をいいだす。このドマは、私らの子どもにイロハを教えて悪い道に行かせようとしている、そういう。何が悪い道なのかと訊くと、「手紙を書けるように

なったら、女の子達は男の子達に *love letter* を書くだろう、そうして駆け落ちする、家の仕事をしないようになる[6]」と、そうわめくわけ。そういわれてからは、毎夕場所をかえて隠れながら勉強を続けていった。

習い始めたときには「私ら眼は開いていても、何も見えないのと同じ」と自己卑下していた女性達の態度は、クラスに通うにつれて見る見る変貌したと、ドマはいう。

より若い世代では、女子が学校教育の機会を与えられないということはなくなったものの、高等教育となると今でも話は別である。

> とても優秀な、学ぶ意欲もある娘でも、「そんなに教育を授けてどうする、そのうちよその家に行くのだから。---これ以上教育に注ぎ込んだら（結婚時に持たせる貴金属等を買う）お金もなくなってしまう」、（親は）そういって彼女の人生を閉ざしてしまう。

この問題は、次に見るジェンダーによる経済的不平等の認識とも連結している。

第三に、制度的に女性を経済的に脆弱な立場におく構造への認識がある。触れているように、女性は結婚時に授与される動産以外には親から財産を相続する権利を持たない。すなわち、農業中心の生業にとって重要な生産手段＝土地及び生活の基盤となるべき場所＝家を含む財産の大半は、兄弟間で均分相続される（第5章2.2.）。「30才の姉でも、昨日生まれた弟より地位は下（N. *kanchi*）って、いうでしょう」。娘と息子では親の財産への権利が異なり、このことは結局、生家においてのみならず婚家においても

---

[6] 若い男性達、そして女性達に学校教育が浸透したネパールの村における、ラブレターを書く実践についての民族誌的研究（Ahearn 2001a）が、実際ある。

脆弱な女性の経済基盤の問題へと直結している。男子優先のこの相続制度のもとで営まれてきた村の生業・生計維持活動において、女性は常に重要な（中心的ですらある）労働力であり続けながらも、生産手段・生計基盤の所有（及び労働の成果の享受）から、生家においても婚家においても、排除ないし周縁化されてきたわけである。

女性が経済的自立の基盤を欠くという認識は、識字クラスの実践をさらに拡大・発展させることに繋がっていった。彼女は「ヨルモ女性開発協会（Yolmo Women's Development Association）」というNGOを自ら設立し、識字教育活動をその中に統合するとともに、この協会の活動として女性による収入創出を企てた。外国人の資金援助を得て裁縫や編み物のトレーニングを始め、そうして作ったセーター等を売って女性達に現金収入の道を開こうとしたのである。ただし、この試みは彼女自身のイギリス渡航によって尻つぼみとなってしまった。帰国後今度はカトマンズで活動を再出発させようとしているが、インタビュー当時、活動はまだ軌道にのったとはいえない状況であった。

不平等の領域における最後のポイントとして、第四に、ヨルモ社会において男女が持つ発言権・力の不平等をめぐる認識がある。

彼女をフェミニズム的意識に目覚めさせた出来事の一つは、この発言権、自己を表現する力をめぐるものであった。まさに「女（こども）であること」を理由に黙らせられようとする場面に遭遇して、彼女は文字通り立ち上がったのである。ドマにとって、女性がその声を奪われるという事態は、必ずしも多くの人が集まる集会（＝政治・社会活動）のような場面だけのことではないし、また文字通り「声を出せない」ことだけが問題なのでもない。またそれは、必ずしも男性による抑圧だとも限らない。自分の祖母がいったという言葉を紹介しながら彼女はいう、

　　　お祖母さんがこういっていた、女の人は家のなかを歩くとき音をたててはだめだって。ということは、音をたてちゃだめだってことは、

女の人は *voiceless* になってしまう。(筆者：音って、足音のことでしょ？) そう、(でも) ふつうに歩けば足音は出るもの。ということはつまり、女の人はこうやって (＝そぉっと歩く身振り) 歩かなきゃならない、彼女がいることを人にわからないように歩くってこと。それは、自分で自分をものすごく *suppress* するってことでしょうが、*psychologically analyze* するならば。

ここで語られているのは、家のなかでの女性のあるべき振る舞いである。いわれているように女性が自分の足音さえ殺して歩くべきなのだとすれば、女性が自己を (音／声によって) 表現する・主張することを抑圧すべしという規範は、確かにあるといわざるをえない。そしてその規範は、年長のヨルモ女性が年少のヨルモ女性に語り聞かせたものなのである。

とはいえ、ヨルモの家々で交される会話においてジェンダーによる権力関係はそれほどあからさまとは限らない (第1章3.)。女性も一般に活発に会話に参加しているというにとどまらず、ヨルモ語で妻はときに夫を呼び捨てにし、「おまえ (Y. *khye*)」と呼びもすれば、敬語を使わずに話しもする。妻は夫の前でも何憚るところなく、闊達に話し笑っていると見えることがほとんどなのである。この点に関して、ドマはこう指摘する。

そう、確かにそんなに *suppressive* じゃあない。(でも女性達は) *decision level* ではおそらく自分の意見を通せない。それはまた、別の問題。- - - 私が思うに、重要な決定を下す力を (女性が) 持てないのは、一つは *property right* (における女性差別)[7] にもよると思う。- - - 人が重要な決定を下せるためにはそれ相応の *power* が必要。(そうした力が) 何も与えられていないなら、それはただ話

7　息子と娘で慣行上異なる、親の財産に対する相続権問題のこと。第5章注16も参照。

しているってだけ、ぎゃあぎゃあ声をあげているってだけのこと。

表層に顕れるものとそうでないもの、実践と構造の両方に目配りした、けだし妥当な考察である。

　二つ目の問題領域、男女間の差異をめぐるドマの位置取りに話を移そう。2. で見たように、彼女は男女の差異をむしろ本質化し、男と女には「異なる *potential*」がある、それを受け入れなければならないという。

　彼女のいう男女の違いとは、どんなものだろうか。それは主に、家族・親族の成員同士が互いを「気づかって気持ちよくさせてあげ」るという行為における異なるポジション、すなわち、ケアする者とされる者の違いとして捉えられている[8]。女性は親、夫、子etc.をケアし、男性はそのケアを享受する。それは女性にとって「重い *pressure*」であると彼女自身認めつつ、また女性にとってケアは引き受けねばならないこと、すなわち女性に外部（＝社会）から課された圧力＝規範であることにもさらりと言い及びつつ、この役割は男とは異なる女の「自然」に根ざしているとして彼女はこれを受容するのである。

　彼女がいう自然がいわば第二の自然、身体化された持続的な実践のパターンを生成するハビトゥスのことをいっていると考えれば、確かに彼女のいうことも理解不能ではない。が、ヨルモ女性がケア役割を首尾良く遂行しうるハビトゥス＝二次的自然を一般に身につけていることと、女性によるケア実践が「自然」であることは、結局は別のことである。人類史上存在してきた諸社会の多くにおいてその多くの部分を女性が担ってきたとしても、ケアは原理的には男性でも担いうるし実際ときとして担ってきた活動、またある条件のもとでは貨幣経済の領域に移すことも可能な／移さ

---

[8] このポジションの違いは、ヨルモにおいては、家内に女手があれば必ず彼女が「うち」の仕事を（「外」の仕事にも加えて）基本的に担うというかたちで現象してきた（第1章2.1.）。

れてきた活動でもある。自家用である限り貨幣の介在なしに生産されたその場で費消されていくそれは、貨幣経済を経済自体と同一視する狭い視野からは外にはみ出しがちになるとしても、ケアは、自己／他者の生命を維持するために不可欠であり、かつ第三者による代替が原理的には可能な、紛れもない生計維持活動＝経済活動＝労働である（cf. 上野 2011）。ケアにおける非対称は「自然」な差異ではなく、不平等の問題系にこそ属していよう。

　翻って、改めてケア実践も含めドマとその夫の生計維持への貢献を見るなら、実は両者の平等はそもそも達成されていなかった。ドマの夫は無償の家事・育児労働をほとんど担っていないからである。ドマは、ケアを視野の外におくことで自分達夫婦は「平等」だと評価し、ケアを念頭におきつつ二人（の貢献の仕方）は「違う」と述べた。だがそれは、単なる違いではなく、不利益を被る当人にとってすらかくも見えにくい不平等なのであった――ドマの「誤認」から、私達はその「見えにくさ」に改めて思いを致すことになる。

　さらに気になるのは、このように女性のケア役割を既定事項としてしまった場合、不平等として現に彼女自身が問題化している他の領域における平等の達成も、結局これによって阻まれかねないことである。とりわけ、家の外に出ていって貨幣を獲得するタイプの経済活動、特にフォーマルな雇用に際して、ケア責任は女性にとって大きなハンディキャップとなりうる[9]。ケア活動の女性による遂行を前提し、ケア活動を男性達と分けあ

9　近代的・フォーマルな賃労働は一般に、ヨルモの村で女性達が伝統的に「うち」の仕事と「両立」させてきた「外」仕事とは異なり（あるいはそれよりずっと）、家内でのケア活動との両立が困難だといえよう。グラックスマン（2014［2000］）描く、20世紀前半の戦間期イギリスにおける、織工（＝フォーマルな賃労働者）として働いた女性と様々な近隣世帯等での臨時雇い（＝インフォーマルな賃労働者）として働いた女性の、自家用ケア労働の異なる引き受け方（前者は、後者のような臨時雇いや夫その他家族の協力にも

第6章　お茶のカップは受け皿にのせて

う可能性を見ないならば、彼女達は家外の活動から撤退すら余儀なくされかねない。そうなれば、彼女は貨幣というかたちの経済的自立の源泉を失い、ひいては世帯内・社会内での発言力も低下させよう。確かに、近年外国出稼ぎする（ヨルモの）女性達が、女性に自ずと備わると想定されたこの「ケアへの適性」を元手に、ケア・ギバーとして（ネパール水準からすれば相対的に）割のいい収入を手にするということもある[10]。しかしむしろ多くの場合、女性のケア役割／男性におけるその免除を不問に付す＝自然の領分に追いやることは、女性が男性との平等を達成することを結局は困難にするのである。

　なぜ、この点をドマは見ずにやり過ごした、あるいはやり過ごせたのだろうか。このことに関しては、より一般的な論点と彼女個人がおかれた状況に特殊な論点があると考えられる。後者から見てみよう。

　一つのポイントは、彼女個人の生活においては、ケア役割における非対称性が夫婦関係の他の諸側面における不平等の源泉となることがなかった、この非対称性にもかかわらず、他の領域では彼女が夫と対等な関係性を築きえていたという事情であった。より具体的にいえば、ケア役割ゆえに貨

　　依存したのに対し、後者は対価を得て前者世帯のケア労働を一部引き受けるとともに、自家用のケア労働の一切もこなした）は、「フォーマルな賃労働」が自家用ケア労働の全面的引き受けと両立しにくい状況を鮮やかに例示している。

10　現代世界において、有償家事労働に就くことが魅力的チャンスとなるのは、家事労働者の出身地とそこから移動して労働する地の間に大きな経済格差が存在し、移動先社会における労働の対価がその社会の水準においては低賃金であっても（家事労働はそうである可能性が極めて高い）出身地社会の水準では相対的に高賃金であるような場合のみであると見える。ドマ自身が、出身地／移動先の経済格差を横断することで「魅力的」となりえた家事労働にイギリスで就いていたことは触れた通りである。なお、賃金水準の格差を跨いで外国へと出稼ぎにでる家事労働者の存在は近年多大な関心を集め、多くの研究が出版されている（例えば、Parrenas 2001; Cox 2006; 足立 2008）。

幣収入に繋がる経済活動に従事することを妨げられる事態を彼女が回避でき[11]、そこから帰結するだろう不平等な力関係にさらされずに済んでいたからこそ、これを安んじて女性の「自然」と見なすことが可能だったのである。これを可能にした二つの条件を指摘できる。一つは、彼女の従事する有償労働の性格に、もう一つは彼女のおかれた階級的ポジションに関わる。

　一つ目から見よう。彼女が従事する業務は、常雇いではなく、プロジェクトごとの請負というかたちをとっていた。一旦プロジェクトに入れば、その実施現場に滞在して集中的に取り組み、この間彼女は家族ケアを放棄する他ない。とはいえ、一つの仕事が終われば、彼女は自宅に戻って家族のために存分に時間を費やすことができ、またどれほどの仕事を入れるかは相応の余裕を持って自己決定できる。自律性に乏しく長時間労働に明け暮れるどこかの国とは根本的に異なる有償労働のありようが、彼女がケア責任を一定程度果たしつつ、これに従事し続けることを可能にした第一の条件である。ただし、仕事を抱える彼女が独りで世帯内のケア役割を全面的に担うのが不可能なのは、これまた明白である。世帯の他の成人成員、彼女の場合夫＝男性のケア活動に期待しない（できない）ことを前提するならば（ドマによれば、男は女なら自ずと気づくような「*simple* なことがわからない」）、彼女の担い切れない部分をカバーしてくれる人手が得られることが、彼女が女性の「自然」な役割とともに有償労働を遂行する前提となる。ここでもう一つの条件が浮かび上がる。

　彼女一人では全うできない部分のケアを代行してくれる手として彼女が実際に依存したのは、有償で雇った家事労働者女性である。それを可能にしたのは、（狭いヨルモをこえた）主流ネパール社会での彼女の階級的位置と、このネパール社会の階級構造の一側面、すなわち異なる階級間での

11　ただし、一時的にはそのような事態を彼女自身も経験している（第1子出産時）。

甚だしい経済格差の存在であった[12]。一定以上の学歴とそれなりに高度な英語／ネパール語能力が要求され、外国人／外国のNGOとのコンタクトの上に成り立つ彼女の仕事は、ネパール水準において相対的に高い収入をもたらす。「誰でもできる仕事」と見なされている家事労働の賃金水準との懸隔は大きい。それゆえ、彼女のような女性が自らのケア役割の代替／補完として家事労働者を雇い入れることはむしろたやすい。安価にケア労働を購入することで、ドマはケア役割に拘束されることなく有償労働に就き、夫と比肩しうる経済的貢献＝貨幣収入を得ることができた。それはまさにイギリス滞在中、彼女自身が今とは反対の立場にたって再生産していたのと同様の構造でもある。適切なビザなしの外国人によるそれとして格安で売り出されただろう[13]彼女のケア労働は、イギリス中間層女性が家庭や子どもを持ちつつキャリアを追求することを可能にする構造の中に組み込まれていた。そのドマが今度は、有償労働に従事する中間層女性として、ネパールのインフォーマル経済に堆積する女性労働力を格安で使う。これが可能であったことが、彼女がケア責任を問題化せずに夫との「平等」に安住できる前提なのであった。階級内ジェンダー間平等をジェンダー内階級間不平等によって贖うという構図であり、この点において、彼女のフェ

---

[12] 家事労働者女性は、ヨルモ外のネパール人女性である（カトマンズの家事労働者について、佐藤(2011)、GEFONT(2011) 参照）。なお、伝統的には「カースト／民族」帰属による階層的身分秩序が優位にあったネパール社会において、「カースト／民族」をクロス・カットする経済的階層／階級による差異化は近年ますます重要なものとなってきている（佐藤 2015）。

[13] ドマの英国滞在時を含む1998年まで、ヨーロッパ地域外出身者が家事労働者として英国で滞在資格を得るのは、英国入国以前の雇用主のもとでの雇用を継続するという条件のもとでのみ可能であった（Cox 2006: 29-31）。ドマは滞在資格について明言していないが、そもそも英国入国以前に家事労働者として働いたことがないことはともかくとしても、雇用主を途中で変えたことに言及しており、彼女が適切な滞在資格を持たずに働いていた時期があったことは確実と思われる。

ミニズム的実践は中間層に限定されざるをえないものとなっていたのである。

　なぜドマがケア労働のジェンダー配分を問題化せずにやり過ごしたかを考えるためのより一般的な論点は、ドマを含む（ヨルモ）女性達がそもそも「なぜケア労働をするのか」（cf. 山根 2010）という問いに関わる。すなわち、その「重い負担」も「プレッシャー」も身をもって認知しつつ、それでもなお男性達が背負うのとは一般に比較にならないレベルで、ひるまずたゆまず、彼女達がこれに従事し続けているのはなぜかという問いである。ケア活動は女の「自然」ではなく「労働」だと既に指摘したが、この指摘は女性達がケア労働に従事し続けていることを問題化、つまり「わからなく」してくれこそすれ、説明してくれはしない。さてドマが、ヨルモの女性達が、さらにいえば世界中の女性達がケアに向かうのは、そして「フェミニスト」を任ずるドマであってすらそれを問題視することがないのは、いったいなぜなのだろう？

　行為には常に、様々な次元で社会的諸力が働きかけている。女性をケア労働に駆動する諸力には、既に触れたハビトゥス的次元、構造的次元（＝生産手段の所有から排除された女性達は労働（そして生殖）による貢献をいわば割り当てられている）、規範的次元（＝「女は『うち』の仕事をするもの、子どもの面倒を見るべきもの」）がもちろん含まれ、女性達はこうした諸力のプレッシャーのもとで、確かにケア労働に向かっているのである。しかし、ドマを、そして（ドマ同様──あるいは以上に──ケア労働を引き受けている）ヨルモの女性達をケアに駆り立てるにあたって、最も表層／前景で、強力に働いているのは、関係性の次元の力ではないだろうか。その関係性とは、一言でいえば、「愛」の関係である。具体的な個人間の親密な関係性、相手の生の保存／安寧／成長を願いそのための具体的な配慮と働きかけを持続的に行う関係性である。思うに多くの場合「愛」は、関係性の原因であるというより、むしろ関係性の結果であり、まさに社会的に構築されるものでしかありえない。と同時に、一旦構築されれば

それが身体の内側から「自ずと」湧き上がるように感じられることも事実であり、この感覚がこれに浸透された関係性を、さらにはこの関係性によって駆動される行為＝ケアを自然化し脱-労働化することにもなるのである[14]。

　そして重要なことは、ドマ（そしてその他の女性達）にとって、この関係性＝「愛」は、究極的には「問題」、なかるべきものとしてではなく価値、よきもの、持続させるべきもの、さらに育むべきものだと感じられているということである。それはドマにとって大事なもの（の一つ）であり、そのさらなる深化に資するように自らが行動する（＝つまりはケアする）ことは、彼女自身も望むところでこそあれ、できるだけ他の誰か（例えば夫）に譲渡したかったり、他の誰か（例えば夫）以上に負担することが「不平等＝不正義」と感じられたりするものでは原則的になかったのである。ケアが自然ではなく労働であったとしても、いや究極的にはそれが自然であれ労働であれ、関係性の力の働きかけのもと、ケア志向は、ドマを含む多くの女性達の個人的選好に広く深く埋め込まれた傾向となっているといえよう。

　もちろんいかにケアを大事にしている女性であろうとも、彼女がいついかなるときにも、他のニーズ／価値に常に優先するかたちで、あるいは自分一人でまるごと抱え込んで、ケアしたい・できるということはありえない。そしてこのことの認知は結局、ケアの配分問題を回帰させてくる。ドマの個人的状況に話を戻せば、彼女は「愛」を、ケアを切り捨てることなく、かといってその他の価値（例えば経済的自立）も手放すことなく、それなりに満足のいくかたちで生活をオーガナイズできている恵まれた例なのであった。そして問題は、女性達すべてがドマのようにオーガナイズで

---

[14]　ケアが、ケアする者からされる者への愛情から／愛情を持って行われることと、それが労働であることは、本来論理的に矛盾することではない（Kittay 1999[2010]）。

きるということは、原理的にいってありえないということなのである。

 それにしても、この不平等（の源となるよう）な実践が、女性達が少なくとも部分的にそれによって自らの生を意味あるものとしている他者との関係性＝「愛」と根源的に結びついているという事実は重い。ケアのジェンダー非対称な配分は、単なる不正義ではなくて、いわば「愛ある不正義」なのである。これにどう立ち向かったらよいのか――ドマがこれとの直面を（意識的にか無意識的にか）回避したことは、それが抱える困難の根深さの一つの兆候というべきなのかもしれない。

 ドマのフェミニズムについてまとめよう。その問題意識は、日常的な反復実践、教育、相続、貨幣経済、発言権・権力の諸領域を横断するジェンダー間不平等を射程にいれた広がりを持ち、また諸領域間の相互補強関係の認識をも含む深度を持つ。そうした認識のもと、彼女が行ってきたフェミニスト的実践（日常的実践の変更、識字教育、収入創出活動）は基本的に、女性自身が新たな実践（茶碗を受け皿にのせる、読み書きを習う、貨幣収入の道を開く）に乗りだすことを通じて力をつけていくことをめざすものである。男性達と直接の利害のトレードオフが生じる相続慣行における平等の必要は意識しつつもひとまずおき、自らを地道に社会・経済的にエンパワーする実践の積み重ねを通して、女性達が実質的な「声」を獲得し、その地位を引き上げていくことをめざすものである。

 その一方で彼女は、女性の肩にかかるケア責任についてはこれを「自然」化し、問題化することなく受容した。このことは、彼女のフェミニズムをいわば「中間層フェミニズム」に切り詰め、それがすべての女性を包括する可能性を削ぎ落とした。それは下層女性のケア労働を女なら「自然」に（＝誰でも）できるはずの労働として買い叩くことで購われた、中間層女性にとっての「男女平等」を肯定し、ケア労働を購入する立場にない女性達をジェンダー不平等のなかに取り残す。ここで翻れば私達は、彼女のフェミニズムに見られるこの階級的視野狭窄が、「北」の国々を含むネパール内外の広汎な地域でも認められることに思い至るだろう。

ただ他方で、彼女のフェミニズム的意識が、ヨルモ内の彼女とは階級的地位を異にする＝学校に通うことのなかった女性達との出会いを通じて育まれたのであったことも、ここで思い起こそう。彼女達の困難を、階級をこえた「女性の問題」として捉え返すことでこそ、彼女は自らのフェミニズムを形成した。その意味で、彼女は中間層フェミニストとなる以前に、中間層なのにフェミニストとなっていたのである。この捩れ、階級をこえた連帯を希求しつつも階級に規定された限界に絡めとられてもいるという彼女のありようもまた、私達「北」のフェミニストの多くが実は共有するものではないだろうか（しかも、「南」の姉妹達と繋がろうとする私達の立場はさらに捩れた――階級的なそれに加え、グローバルな「北」という位置取りにおいて――ものでありうる）。してみれば私達は、彼女のフェミニズム形成から、「捩れること」自体を恐れないことを学んだほうがいい。捩れは、私達が己の階級的位置も、ましてや生まれ育つ国も選べはしないという現実とともに、私達がその位置づけに閉じ込められることを拒否するという決意に、本質的に根差すものだから。ドマが、そして私達が振り返り続けるべきは、おそらく完全には達成不可能な、この決意の徹底度如何なのである。

　ドマがケアを自然化し問題化しなかったことは、フェミニズムの抱えるもう一つの大問題の所在を示していた。それはケアが、皆が平等に負うべき単なる負担ではなくて「価値」でもあることに関わっている。この愛と不正義にまみれた人間的実践を、私達はどうしていったらよいのか――議論は確かに、始まってはいる[15]。

4．何がドマをフェミニストにしたか

　以上のドマのライフ・ストーリーとフェミニズムの分析を踏まえ、ドマ

15　例えば、岡野（2012）を見よ。

がフェミニズム的問題意識を育んだ背景にあった社会的な条件について考えてみたい。

彼女の年代以上のほとんどのヨルモ女性と異なり、ドマは近代的学校教育を受け、西欧世界とも密な接触を持ってきた。ヨルモ社会の実質的外部で成人し、ヨルモ的社会秩序に対して「異人」の眼を持つことになった人でもある。とすれば、彼女がフェミニストとなることを可能にしたのは、彼女のヨルモとの距離であるとともに、「近代化（西欧化）」とでも雑駁に括れる過程に彼女が（相対的に）深く浸されてきたところに求められそうにも思える。果たして、そうなのだろうか。

この問いを考えるために、ここでもう一人のヨルモ女性の語りを導入したい。ドマの実質的な育て親でもある叔父の妻、カンドゥ（45才）である。彼女もまた親の出稼ぎ先のインドで育ち、その世代のヨルモ（女性）としては極めて例外的に、そこで10年の学校教育を修めた。ドマの叔父と結婚して帰国した後は、夫の事業もサポートしつつカトマンズで甥・姪（＝ドマ）そして自分の子ども達を育ててきた。年単位にわたる英国での滞在経験もあるが、基本的に帰国後はカトマンズ在住である[16]。ヨルモとの距離と「近代（西欧）」との浅からぬ接触という契機は、このカンドゥにも見てとれる。彼女の語りと対比することで、ドマのフェミニズム的意識形成の背景にあるものについてより具体的に問うていくことができるだろう。

果たして、ヨルモ社会における女性の地位についてのカンドゥの見解は、ドマとは異なり、有り体にいってフェミニズム的とは言い難いものであった。ヨルモでは男性を女性よりも「上」におく習慣があるけれども、と水

---

[16] もちろん、親族的ネットワークを通じ、あるいはここ特に10〜15年で劇的成長を遂げたカトマンズのヨルモ移民コミュニティを通じて、ヨルモ社会との接触を保ってはいる。それでも、例外的に早い時期にカトマンズに定着したヨルモとして、幼少期のドマを含むカンドゥらの暮らしは、ヨルモ社会とは相対的に離れたところ、ないしその周縁で営まれてきた（なお営まれている）といえる。ヨルモ社会との関係性については、以下の議論も参照。

を向けると、彼女は次のように語った。

> それは一つには伝統。昔から祖先がそうやってきた。男性／夫（N. logne manchhe）というのは神様のようなもの、(「上」の) 場所に座らせねばならないというのは、私はいいことだと思う。でなければ、私らヨルモでは何でも女性が仕切っている、女性の地位はとても高いのだから。もちろんそうはいっても、男性／夫に高い地位は与えているけれども。---女性達に上に座れといったって、座ろうとはしないものよ。

男女の地位関係に関する彼女の見立ては微妙なブレを孕むが、女性達自身が自発的に男性を優位においているのだから（表面的）上下関係は問題ではない、ということのようである。

　彼女は、その世代のヨルモ女性として例外的な高学歴にもかかわらず、夫とは独立のキャリアを追求することはなかった。だがそれを自分が「女だから（そうせざるをえなかった）」とは捉えていない。

> （もしキャリア等を追求したいならば）私が女であっても、できることだと思う。そのために男でなければならないとは思わない。---（私は）ambitious じゃないわけね（笑）。私はこうやって家で、家族で過ごすのが好き――（キャリア等を追求して）上に行くのでもなく、下になるのでもなく、ほどほどの感じが。

　彼女には、女性が貨幣経済領域における自立を確保していくべきだという発想は必ずしもない。個々の女性がそれを求めるのを否定はしないが、そのときに女性がぶつかることになるだろう構造的障害（キャリア追求に必要な教育等の資源不足、ケア役割との両立の困難等）を問題にすることもない。他方で、彼女自身がこなしている「主婦」役割も、自ら「好き」

で選びとったと認識している。女性のいずれの行為も本人の自発性に還元されることで個人的選択を水路づける社会的契機は不問に付され、これを問題化する、すなわちその自発性の向こうに踏み込もうとするフェミニズム的関心に至ることはないのである。

　ヨルモ女性の現状に問題を見ず、また今の生活も自ら望んだという彼女が、ならばヨルモ社会のなかにしっくり適応できているのかというと、実はそうではない。むしろ反対である。彼女はヨルモの社交的な集まりが苦痛だといい、できる限り避けているという。

> 祭礼とか何とかに沢山の人が集まって、朝から晩までただただ座って、食べて、お喋りするでしょう——それが、どうしてもできない。---自分でだって、特に何をやっているってわけじゃない、時間を有効活用しているってわけじゃない。こうして考えてみると、何でいたたまれない気がするのか---（しかし）私はどうしてもやりきれない、本当にいたたまれない、*nervous* になってしまう。

　その苦痛の具体的原因が何であれ、彼女のこの苦痛は、彼女とヨルモ社会との懸隔（その少なくとも一部は彼女を浸潤する「近代（西欧）」と関係しよう）を指し示す。してみれば、ヨルモとの距離及び近代化なるものは、フェミニズム志向の形成と結びつくこともあれば、結びつかないこともあるわけである。もっと細やかに、見ていく必要がある。

　まず、ヨルモとの距離から考えてみたい。既述のごとく、ドマ、カンドゥともにヨルモの外で成人したが、その後ドマは一時期ではあれヨルモ村社会のなかに住まい、ヨルモ的慣行——その日常・非日常のジェンダー化（された）諸実践を含む——を、身をもって知悉する機会を持った。対してカンドゥは、帰国後もずっとカトマンズで暮らし、短期の訪問以外ヨルモで過ごしたことがない。当然、カンドゥのヨルモ（の村社会）に関する知識は、むしろ皮相である。そのヨルモ像が伝聞と想像及び外部者とし

ての印象に基づくものであることは、その語りからも窺われる。例えば彼女は、ヨルモの集まりが苦痛だと語る一方でヨルモの村に住みたいという気持ちはあるという。「あそこの peace、natural beauty を見るなら、ここ（＝カトマンズ）よりも、外国よりも、素晴らしいと思う。」彼女の視線はいわば「観光客」のそれなのである——ヨルモの村の peace に言及できるのは、思うに、村社会の外にいる間だけである。彼女が住まいたいのはヨルモの自然の懐なのであって、ヨルモ社会の只中では、ない。ここに、ドマとカンドゥの間に横たわるヨルモ社会との距離の差、ヨルモ社会を知悉し我がものとして背負った、その度合いの差を見てとることができる。

　この距離の差は、ヨルモ社会のありようと相対する態度に当然関わってくる。結局のところ、社会と距離をとれなければ社会批判できないのと同時に、そもそもその社会を自ら背負うことがなければこれを批判する必要もないのである。カンドゥにとってのヨルモ的ジェンダー秩序（その村社会バージョン）は、結局のところ自ら背負ったことはない、伝聞と瞥見に基づいて再構成されたものなのであった。彼女がその批判に積極的に荷担する基盤も動機も持たないのは無理もない。フェミニストになるために必要なのは、伝統との距離だけではなく、これを近しく身をもって（いわば痛みとともに）背負うことでもあったのである[17]。

---

[17] もっとも、ではカンドゥが自らそれなりに背負っていたはずのジェンダー秩序——主流ネパール社会におけるそれ——について批判的な眼差しを抱くことは、なぜ起こらなかったかという問いは残る。以下にも言及する通り、主流ネパール社会が女性にとってヨルモ社会より抑圧的でないということでは全くない。一つの可能性は、カンドゥ個人は、いわばこれら二つの秩序の「狭間」にいて（さらにはときにネパールの外にすら出て）、いずれの社会が押しつけてくる抑圧的諸力からも適宜「身をかわす」ことがある程度できていたのではないかということである。以下の「近代ヒンドゥー的家父長制」の議論も参照。

もう一つ考えるべきは、カンドゥが「近代」の洗礼を深く受けているとして、その近代とは一体どのようなものだったか、より具体的にいえば、彼女がヨルモ的ジェンダー秩序を評価する軸とは、いかなる種類の近代性を帯びていたのかという問題である。
　上にあげた語りのなかで、彼女は「男性／夫というのは神様のようなもの」と発言していた。ヨルモで女性は男性を「上」におきはしても、神として扱ったりはしない。この発言は実は「誤認」、というか本来的にはヨルモ外部的＝ヒンドゥー家父長制的なものである。ヒンドゥー家父長制言説が暗黙裡に外挿され、ヨルモ社会のジェンダー不平等が言説上強化されていたのである。この一事が示唆するのは、彼女が依拠する価値基準とは、実は近代化途上にあるヒンドゥー社会（インド、ネパール）のなかで再編成された「近代ヒンドゥー的」なものだったということである[18]。彼女がヨルモの「女性の地位は高い」というとき、この基準のもとでいっているとすれば合点が行く。ヨルモ内で男女の地位を比べれば（「自発的」にであれ）女性が劣位におかれていることは疑いないことである。しかし、ヨルモをとりまく主流ヒンドゥー社会と比較すれば、確かにヨルモの男女関係は相対的に平等主義的であり「女性の地位は高い」。彼女がそう語るとき、実は近代ヒンドゥー家父長制的基準のもとでヨルモ内のジェンダー不平等が相対化＝不可視化されていたのである。
　近代ヒンドゥー的実践との比較でヨルモのジェンダー実践を評価する語

---

[18] 「近代（化）」は常にローカルな伝統とのハイブリッド化でもある（厚東 2011）。ヨルモにおけるそれは、ヒンドゥー的伝統とハイブリッド化したネパール的近代との、さらなるハイブリッドともいえる。近代ネパール国家が編成しようとした、大筋で丘陵高カースト・ヒンドゥー的伝統に基づく国家的近代家父長制について Tamang (2000) 参照。なお、これに対抗しようとしたネパールの女性運動においても、ヨルモを含む少数諸民族・マージナルな諸集団の経験は消去され、一枚岩の「ネパール女性」が構築されがちであった（Tamang 2009）。

りは、実はヨルモの男性達がときに行うものでもある。「我々には *Bahun Chetri*（N. ネパールの丘陵ヒンドゥー高カーストのこと）にあるような女性への差別はない」というのである[19]。相対的に平等な夫婦関係、女性の再婚可能性、ダウリーの不在等に言及してヨルモに女性問題はない、そう語る。曰く、「*Bahun Chetri* の妻は夫の足を洗ってやるけど、私らの場合、妻は夫に *khangba thu!*（Y. 足洗って！）というだけ」、「夫婦喧嘩して夫が妻を殴れば、ヒンドゥーなら妻は泣き寝入りするけど、ヨルモなら妻も殴り返す」。確かにここでヒンドゥー的価値観とされているもの（＝夫への妻の徹底的従属）はそのままヨルモに導入されるのではなく、いわば裏返されている、つまり、妻が夫に徹底的に従属しないことはむしろ肯定的に語られている。それでも、それがヒンドゥー的家父長制を基準にしてヨルモの現実を測っていることに変わりはない。それは、近代ヒンドゥー的秩序についてある程度以上の知識・経験の蓄積を持ち、その基準を吸収することで構築されている語りである。カンドゥの語りは基本的にこれと相同なものなのであった。

　翻ってドマに戻れば、彼女が近代ヒンドゥー家父長制的価値観に触れたことがなかったわけでも、その基準でヨルモの現実を評価する語りに触れたことがなかったわけでも、もちろんない。だが彼女はこれを採らず、これに対抗する語り（＝ヨルモに女性問題はある）を語りだした。そこに見いだされるのは、究極的には彼女という個人の主体性、このむしろ主流の言説に「逆接」するエイジェンシーの行使である。

　とはいえなぜ、ドマはここで「逆接」できたのか？　このドマの選択を

19　ヨルモだけでなくネパールの他の（チベット・ビルマ語族系の）少数民族諸集団においても、「女性の地位の高さ」はそのアイデンティティの象徴的マーカーとされることがある（cf. Gellner 1991）。なおネパール外においても、「女性」が民族的境界の象徴として動員される例はめずらしいものではない（cf. Chatterjee 1993; Maggi 2001）。

可能にした社会的力／条件もまたある。ヨルモ的女性差別を身を持って体験したこととともに、その体験とほぼ時を同じくして、「女性」に焦点をあてたグローバルな開発言説（「女性と開発（WID）」、「ジェンダーと開発（GAD）」）がネパールにも流通し、ドマもこれに触れていたことは重要であろう。遡ればこの開発言説は、西欧のヘゲモニーのもとでそれなりにグローバルな流通を見てきたフェミニズム言説自体とも接点を持つ（cf. ブライドッチ他 1999[1994]）。ドマはフェミニズムと言説的接点を持つことでフェミニストになった——そう約めてしまえばトートロジーにも聞こえなくない。だが実際には、人はフェミニズムに接すればフェミニストになるわけではないし、フェミニストになったところでその言説的起源をただ反復するわけでもない。ドマはおかれた状況のなかで手持ちの材料から自らのフェミニズムを紡ぎだした。そこには紛れもなく、彼女の属する時代と社会、そして彼女という個人の刻印が、エイジェンシーが、刻みつけられているのである。

5. 結論

　ネパールのヨルモという世界の「片隅」における片隅の語り、ドマのフェミニズム語りを辿ってきた今、私達は彼女が（あるいはヨルモ女性が、ネパール女性が、さらには「南」の女性達が）私達の援助を待つか弱い犠牲者などではなく私達と応答しあえる同胞であることを、また様々なフェミニズムがあり、さらには様々なヨルモ女性が（あるいはネパール女性が、さらには女性達が）いることを、改めて実感する。女性の経験の複数性やそれに応じたフェミニズムの複数性という論点自体は既に新しくもないが、それは何度も折りに触れて思い出すべき、また何より繰り返し具体的にこそ示されるべき論点であろう。

　さて、ドマの語りを跡づけ引き受けようとしてきた本章は、結局はこれを切り刻み、分析することに終わったのだろうか？——仮にそうであると

しても、私達は、彼女の生きてきたローカルな状況に沈潜して彼女のフェミニズムを思考し、彼女のフェミニズムを通して己の思考と実践を振り返るという試みを、確かに行いはしたのである。その途上で私達は、状況の内側から紡がれてきたからこそのドマの思考と実践の迫力とともに、状況のなかで形成されるほかないからこそのその限界にも向きあうことになった。そうやって向きあうことを通じて照らしだされたのは、私達自身もまた、不可避的に状況に埋め込まれてありつつ、同時にドマ同様、これを越えでようとしてもいるということである。

　より一般的なフェミニズム的意識形成の問題として敷衍すれば、フェミニズムは本来的にまた不可避的に、完全には達成されない「越境」への投企なのだともいえよう。結局のところ、フェミニズムが問題とするような状況（女性が女性であることで不利益や暴力を受けたり格下げされたりする状況）の客観的存在自体は、女性がフェミニストとなるための必要条件ではあっても十分条件ではない。彼女が――何らかの契機を通して――己のおかれた状況を越えでようとする運動へと向かう、それがフェミニズムでありうるのである。そうした運動が発動するために必要なのは、彼女とそのおかれた状況との間のいわば、距離ある近しさである。主体と状況の間には距離がこじあけられていなくてはならない――状況を自らの問題とするために。また主体と状況は十分に近しくもなくてはならない――状況を自らの問題とするために。フェミニストは、状況を越えつつ、かつ状況のなかに留まり続ける。

　ヨルモ社会のなかで、女性として、様々な次元の社会的諸力にさらされつつ、その一部を問題化し、変えようとしたドマ。彼女の例外的な実践はヨルモ社会を、そのなかで生きる女性達のありようを変えただろうか、何か変えたのだろうか？

　2013年2月、ヨルモの新年（Y. lho sar）に、前年のこれもごく短期の訪問（これは実にほぼ10年ぶりだった）に続いて、ほんの短期間ながら私はヨルモA村を訪れることができた。そこでまず目に、そして耳に

入ってきた変化は、村社会への貨幣経済／市場経済活動の、あるいはそれに村人が打ってでて獲得してきた財の、さらなる進入・流入である。海外出稼ぎ者の仕送りで建設されたセメント作りの近代的住宅が数軒、そうでなくとも建て替えられたり内装を一新したりした住宅は相当数に上っていた（口絵写真1参照）。ますます多くの村人達が村外（そして海外）に働きに出ていく一方で、村では仕送りされた金を投じての建築ラッシュが起こっているのだという。建築資材や工事のための人手をローカルに確保できない、できたとしてもその値段は劇的に上がっているという現状らしい。それどころか、村の多くの家では日々の「外」仕事をする人手すら足りていないようである。かつては村からかなり離れたところにも拓いて植え付けしていたジャガイモ畑は打ち捨てられ、水牛を飼っている家もほんの数えるほどになっていた。薪を集める人手すら確保が難しいので、まだ少数派ではあるが、プロパン・ガスを導入する家も増えつつあるという[20]。

　新年の宴の様子にも、変化があった。米粉を溶いた揚げ餅をメインにした特別料理（Y. derka）の大枠は変わらないものの、それに沿えられる市販の菓子類のバラエティーと量がぐっと増し、自家製の醸造／蒸溜酒に加えて市販のウイスキーが供されるようになっていた。そして若い人達のポケットにはスマートフォンが入っていて、宴の最中にも時折取りだしてそれに指を滑らせているさま、日本で、あるいはカトマンズで若者達がしているのと全く変わるところはない。

　ジェンダーの次元に関していえば、しかし、「うち」の仕事は基本的に女性達が取り仕切っているところから、家内空間での着席の仕方、あるいは飲食物のサービスの順番まで、少なくとも短期の滞在で目につく範囲で

20　村人によれば、純粋に煮炊き用として考えれば、プロパン・ガスを持ち込んだほうが、村で金を出して薪を入手する（日雇いで集めさせる、ないし薪を買う）よりも経済的なのだという。ただし冬期は、薪で熾した火は暖房の役割も果たすので、ガスを持ち込んだ家でも原則薪を用いるとのことである。

変化を見いだすのは難しいように思われた——ただ一点を除いて。ヨルモで人が集まれば始終淹れられ飲まれ続ける茶を出すとき、女性に対しても受け皿をおくようになっていたのである。

ただし、男性との違いがなくなったわけではない。筆者の知っていた「伝統」では、男性には西洋式のティーカップとソーサーのセットで茶を供するのに対し、女性には取っ手のない茶碗に受け皿はなしで供するのが一般的であった。それが今回、女性に出される茶碗（前と同様取っ手なし）が、ティーカップ用ソーサーよりひとまわり小ぶりの直径 6 〜 7cm 程度の皿にのせて出されるようになっていた。それは訪ねる家、訪ねる家で[21]同様だったのである。

もちろん、この変化がドマの実践から帰結したのかどうかはわからない。いや、もう何年も前に村を離れていたドマの直接の影響では、多分ないのであろう。いずれにせよ、それはあまりに小さな変化というべきものかもしれない。それでも、この小さな変化が、全般的な貨幣経済の浸透とその貨幣の少なからぬ部分をもたらしたのは女性達であったというマクロなトレンドと関係していることも、おそらく間違いないことである。近代、さらには現今の新自由主義的なグローバル経済への取り込みの深化がすなわち、ヨルモの（そして世界各地の）女性達にとって「解放」の福音となるわけではあるまい。それはむしろ幾多の問題、これまで直面してこなかった／する必要もなかった、未曾有の問題を彼女達の眼前に突きつけていくことにもなるだろう。それでも、「外の世界」との交渉に身を張りつつヨルモにも帰ってくるますます多くのヨルモ女性達は、明らかに変化の潜在的エージェントでもある。思い返せば、そもそもドマ自身がそうした女性達の先駆として駆け抜けていった存在であった[22]。とすれば、思うに今後幾多の「ドマ」が出てくるはずなのである——フェミニズムに限ら

21　この滞在中訪問した家は 5 軒であった。
22　なお、2014 年 3 月現在、ドマは家族とともにニューヨーク在住である。

ず、様々な志向による様々な変化を担う担い手が。新たな距離感をもってヨルモに存してきた諸々の事象に改めて眼差しを向けていくだろうヨルモの女性達が、これからどんな変化を引き起こしていくのか──確かなのは、「ドマ」達は現れる、ということである。

終章

ヨルモの女性達の「生きられた生」のかたちとは、どのようなものか？彼女達は何をして、何を思って、何を喜び、何に苦しみ、何を欲し、何に打ちひしがれ、何を乗りこえようとしているのか？　彼女達にとって、ヨルモで、ヨルモの人々の間で、女性として生きるとは、どのようなことなのか？——私達はこうした問いへの答えを求めて、彼女達のライフ／ストーリーの具体的な襞に分け入ってきた。人がある行為を為す（語るという行為も含め）ということは、様々な次元で働く社会的諸力——ハビトゥス、構造、規範、関係性等——を受けとめつつ彼（女）がエイジェンシーを発揮することであるという認識を踏まえ、彼女達のライフ／ストーリーを構成した諸行為に働きかけていたであろう社会的諸力を腑分けし、彼女達の行為／語りを実現したエイジェンシーのかたちを画定する努力を行ってきたわけである。個人が厳密にいって何を「やった」のかを、つまり、常に既に社会的である個々人の行為の個人性・能動性を取り出すために、その行為がいかに社会的であり受動的であったかを掘り起こしてきたことになる。一見逆説的でもあるが、個人の行為のエイジェンシーに辿りつくために私達が行ってきたこととは、その行為を囲繞し形成している社会的諸契機を徹底的に洗い出すという、そのことなのであった。

　すべてがそこに収斂していたわけではないが、結果的に叙述の多くの部分は、ヨルモの女性達の人生における「結婚」というモメントをめぐって展開することになった。「結婚」なるものが一般に女性にとって（そして多くの場合男性にとっても）人生の画期となる重大なイヴェントとなることは、多くの社会・時代にも通ずるヨルモ社会における現実である。とはいえ、そこに議論が集中することになったことは、ヨルモ女性の生の描き方として確かに一つの偏りではあった。しかしまた、彼女達の生のすべての側面に光をあてることが明らかに不可能事であることを認めるならば、その選択が一つのありうべき選択であったことも、また事実である。

　本書の締め括りにかえて、この叙述の偏りをさらに増幅させるかもしれない、しかしこれまた、本書の叙述のすべてを振り返ることは明らかに不

可能であることを踏まえればありうべき選択であると主張できなくもない、一つの振り返りを行っておきたい。すなわち、ヨルモ社会における「結婚」をめぐる諸行為の遂行にあたって女性達に対して働いている社会的諸力についてもう一度振り返り、さらに、それら諸力についてのメタ的考察――それらの力が行為を拘束する／形成する力はどれほどのものか、そうした力に「順接」ないし「逆接」することはどんな社会的効果を持つか、そうした諸力（とその効果）の変化の兆しは見えているか、そしてそのような諸力を反省し改変していくようなメタ・レベルの社会的力は働いているのか――を試みておくことである。序章 (2.3.) の最後で提起しておいた問題意識への答えを、ラフなかたちながらもスケッチしておくということになる。この作業において私達は、「近代」的なるものとの関係において、あるいはヨルモ女性達が経験しつつある現在の社会変化との関係において、彼女達のライフ／ストーリーを捉え返していくための何らかの示唆を得ることにもなるはずである。

　ハビトゥスの次元から振り返ろう。「結婚」はヨルモにおいて（も）ほぼ一生に一度の出来事であり、「結婚する」という行為自体のハビトゥスを形成することは誰にも起こらないといってよい。ただし間接的に、また一般的には、女性がジェンダー化されたヨルモ的ハビトゥスを成功裡に身に着けている――これに「順接」している――こと（第 1 章）が、女性がそもそも結婚締結プロセスの俎上にのってくる、つまり「結婚相手として望まれる／結婚を申し込まれる」ことの前提にあるとはいえるだろう。

　次に、ヨルモにおける「結婚」というライフ・イヴェントの構造、そこにおける女性本人の位置づけである。父系で夫方居住のヨルモ社会における結婚は、女性が生家から婚家に移動する、すなわち「女が（嫁に）行く」というかたちにおいて遂行され、またすべての女性はその人生のしかるべきポイントでこの移動を遂行することが強く期待されていた。しかるに、女性本人はこのイヴェント遂行に向かういずれの段階においても――相手への申し込みはもちろん、申し込まれた場合の諾否を与える段階

でも——主体的決定を行ういかなる権限も正式には与えられていない。結婚締結プロセスにおいて、いわば女性は生家から婚家へと贈与されるモノとして位置づけられ、構造的には人格＝主体的行為者たることを、つまりは行為する力を剥奪されているのである。

　もちろん、そのような構造のもとにおかれたからといって女性が本当にモノとなるわけがない。ヨルモで結婚の話が出てくるのは、それなりに成熟した（いくら若くとも 15 〜 6 歳以上の）女性に対してであり、彼女達は当然自らの意思も希望も持ち、それをあるいは正面切っての行動で（例えば、「行かない」と強く抵抗する）、あるいは水面下で周囲を動かして（例えば、嫁乞いさせる）実現させようとするでもあろう（もちろん、彼女達の意思が結局は踏みにじられるケースも多々あるわけである）。さらには、ときと場合によっては真っ向から構造を踏みこえる、すなわち自分から「（嫁に）行く」挙に出ることすらありえた——もっとも最終的には、それも構造の指定するところの「嫁に乞われた」体で上書きされることに通常帰着するわけなのだが。彼女は行為する、つまりエイジェンシーを行使しはする。するけれども、それはその彼女の主体性を否定する構造的な位置づけのもとにおいてであり、従ってその「目覚ましい」かたちの発揮においては、この位置づけを踏み越えて、つまりこれに「逆接」することにおいてのみなのである。

　構造がより具体的なかたちで個人（の行為）に働きかけるのは、規範を通してである。結婚に関して女性に働きかける諸規範を、一生のなかで結婚という移行を遂げることを命ずる「女は（嫁に）行かなければならない」（規範 a）、嫁乞いが来た際の行動を規制する「女は行きたがってはならない＝『（嫁に）行かない』といわなければならない（しかし最終的には行かなければならない）」（規範 b）、そして嫁乞いが来る前提としての「女は望まれ（＝申し込まれ）なくてはならない」（規範 c）と整理することができる。これらをさらに要約して、「女は行かなければならないが、自ら行ってはならない」とつづめれば、女性が構造的におかれた立場

はいやが上にも鮮明になる——要は、ダブルバインド状況である。結婚はしなければならないが、それに向けて女性が自ら積極的な意思・欲望を持ち、それを表明し、ましてやその実現に向けて行動することは否定されているということなのである。

規範aは、父系で男子が家産を相続するルールと相互に規定する／支え合う関係にある。この男子相続ルールが揺らいでおらず、結婚以外の女性のライフコース・モデルが確立されていない現状で、この規範の圧力はなお強い。逆にいえば、この規範に叶うことができていないヨルモ女性の立場は社会的に周縁化されざるをえず、その将来展望は暗いものであり続けている。しかし一方で、実際には「未婚」女性が少なからずいることも、私達は確認しておいた。

この規範は意外にゆるかったということだろうか？　私達がここにむしろ見るべきは、ダブルバインド状況の裏返しとしての規範aの「譲歩」であろう。つまり、結婚達成に向けた女性本人の主体的行動が禁じられている（＝規範b）からには、女性が結婚せずにいることの責任を女性本人に全面的に帰することは論理的にいってできないのである。未婚にとどまる女性の立場からいえば、原則として結婚していないのは自分のせいではないと胸をはっていえるはずということだ——ただし彼女が、規範cに外れていないといえる限りにおいて、ではあるが。ヨルモで女性達がそれから自由になることが難しい婚姻をめぐる諸規範は、必ずしも互いを支えあうばかりではなく、互いと齟齬をきたしてもいる。その軋みが、女性を身動きできない位置に封じ込めもすれば、女性個人が生き延びる隙間を開くということもないではない。

相続ルールが変化する兆しはなおはっきりと見えてきてはいない一方、ヨルモ達の貨幣経済への取り込みは確実に深化し、伝統的な生産・生活財（＝村の土地・家）の重要性は相対化されつつある。そうしたなかで女性達が（も）貨幣稼得活動に積極的に参入するようになってきていることは、女性の経済的位置づけを変えつつある。つまり、女性も「自分の」といえ

る財産を持つ可能性が開けてきたわけであり、このことが男子相続ルールの効果を薄め、さらには「女が行く」規範の弛緩に繋がっていく可能性は仄見えている。

　規範 b は、婚姻締結にあたっての女性の選択権（結婚を申し込む権利／結婚を受ける・拒む権利）の構造的不在に対応する。彼女は親（ないし保護者）の意思によって与えられるかどうかを決されるモノであり、自分の意思で行ったり行かなかったりするのであってはならない。もちろん、実際には女性が行きたがって行く場合があり、親が行かせようとしてテコでも動こうとしない場合もある。それでもこれまでのところ、ヨルモにおいて成立してきた結婚は、この規範に沿うかたち——すなわち「嫁やり婚」というかたち——に落ち着いてきた、落ち着かせられてきたといえる。より若い世代においては「恋愛」的な関係を前提にした結婚への志向が伸長し、女性が（実質的に）「自分で行く」ことへのハードルは低くなりつつあるともいうが、最終的に嫁やり婚の体裁に帰着すべきことは今なお変わらぬ規範であり続けているといえる。

　規範 c は、結婚締結のプロセスというより、そのプロセスが発動する（これを発動させることができるのは男性側であるわけだが）ための前提であり、その影響力は結婚という一過的イヴェントを、遥かに超える。「年頃」の女性達の日々の行動一般に対する規制力を及ぼす、その意味でジェンダー化し／されたハビトゥスと不可分なものである。逆にいえば、この規範からのあからさまな逸脱は極めて困難で、それからの逸脱はヨルモ女性の女性としてのアイデンティティを揺るがしかねないものである。このことはさらに裏を返せば、しかし、このハビトゥスが揺るがない限り、ヨルモ女性のジェンダー・アイデンティティは基本的に盤石でありうるということでもある。

　具体的な社会関係性の力の次元に移ろう。結婚の決定に際して女性に対しほぼ例外なく実質的力を及ぼす社会関係は、自分を育ててきた親（ないしそれに類する保護者、以下同様）とのそれである。一般に女性とその親

との関係は、彼女のそれまでの人生において最も重要な、彼女の生存・成長を保障してきた関係性であるとともに、彼女が相手を敬いこれに従うべき、また通常従うほかない、明らかに不均衡な権力関係でもあった。何ごとに限らず、親に従うことは一般に子に求められる態度であり、その親が命ずるならば、嫁に行くも行かぬも基本的には娘が抗える・抗うべきことではなかったといえる。何の制度的な社会保障もない世界（ヨルモ／ネパール）で、自分のものといえる財を基本的に持たず、経済的自活を可能にするような技能を身につける機会も持たなかったほとんどのヨルモ女性にとって、親との関係はまさに命綱なのであった。とはいえこの関係性の擁する力は、親には従え／従うほかないという単なる権力と必要に支えられた訴求力ではない。子から見れば、親との間で育くまれてきた関係性の歴史自体が、いわば親との絆＝「愛」が、親に従わせられる圧力となるのである。娘は親への愛ゆえに気に染まない結婚もすれば、気に入った結婚をあきらめもし、あるいは（親との正面切っての対抗を避けるために）わざわざ持ってまわって嫁盗りさせることもありえよう。この関係性は、実際問題として断ち切るという選択肢を一般には持ちえないものであるとともに、女性達自身にとって明らかに大切な、かけがえのない、断ち切りがたくも断ち切りたくないものとしてもあるのである。

　他方で、結婚前の時点では、相手（夫候補）との関係性は全くないしほぼ不在であることが少なくない。もし相手との関係が存在していても大っぴらにはされないだろうが、もちろん存在していたとすれば、申し込まれたときの女性の態度やその前後の彼女の「水面下」の活動に、目に立たない——親との関係に、また「自分で行きたがってはならない」という規範に衝突しない——かたちで反映されることになるだろう。もちろん、親許を去って結婚生活に入れば、彼女にとって最重要な絆＝関係性は、親とのそれから夫との間のそれへと切り替わるべきことが想定されているわけである（＝嫁に行った娘は、実家に入り浸ってはならないのであった）。

　さて、これらの様々な次元で働いている社会的諸力を吟味し、評価し、

これを場合によっては改変していく（そしてそれによって個々の行為を、さらには行為の社会的布置をも変えていく）ようなメタ・レベルの社会的力は、ヨルモの結婚という制度に関して、働いていただろうか。

既存の力に「逆接」するような行為は、定義からいって、働いている力を押し返し、はねのけ、無効にしつつ行われるものであるわけだから、そうした行為の集積が既存の力を自ずと弱めていく＝力の配置を変えていくことに繋がるのは当然である。そしてヨルモで女性が結婚するという行為において、様々な次元にわたる諸力に対して「逆接」するような行為がときに、場合によっては相当なスケールを持って、行われてきたことは確かである（嫁に行かないでいる女性、嫁に行かないと徹底的に抵抗する女性、自分から嫁に行く女性… etc.）。こうした様々な「逆接」行為は、それぞれの状況において発動される個人のエイジェンシーのありうべき具体的な結実の一つであったわけであるが、ここで問うておきたいのは、そのような「逆接」行為をむしろ「逆接」だからこそ選びとるような態度、あるいはより正確にいえば、単なる「順接」をむしろよしとせず、一定の論理のもとに「逆接」することをも推奨していくような態度・枠組み・指向が、結婚に関して、ヨルモ（の女性達）において、認められるだろうかということである。いいかえれば、「近代」を規定してきた重要な特徴の一つとして指摘されてきた再帰性を、あるいは「個人主義」的態度・指向の作動を、現在のヨルモにおける結婚に関わって認めることはできるかという問題である。

端的にいって、今を生きるヨルモ（の女性達）において、「個人主義」と呼びうるような価値観を見出すのは困難であるように思われる。ヨルモの女性達一人一人が個性的・単独的な存在であり、事実としてそれぞれに個性をもった存在であること自体は見誤りようもない。しかし、彼女達が自分を「個」として確立すること、自らを他の人とは異なる「個性的」な存在とすること、自分に関わることは自分で決定するということ自体に価値をおいているかといえば、そうではない。社会的な構造に位置を占

め、社会的規範に注意を払い、関係性のなかで生きる個人として、一言でいえば高度に社会的なる存在として自らを処していくことを基本的には心がけている、いるけれどもときにそうした既存の諸力に「逆接」せざるをえない自己を見出しもする、むしろそのような彼女達なのである。もちろん、既存の力に「順接」していない・でき（そうに）ない・したくない自分を見出すとき、彼女達はその力を、さらにはその力を支える他の諸力のありようを、つまりは「社会」のありようを改めて振り返り、省察することになるだろう。また、そうした自分の思いや省察を共有できる仲間と語り合うということもあろう。その結果はといえば、愚痴と笑いに紛らわせて「落ちつくべき」ところに落ちついていくこともあろうし、既存の力に抗って茨の道を進むことも、あるいはそれまで存在しなかった道を切り拓く力を振り絞ることもあるだろう。しかしそうした営みは、ここまでのところ少なくとも結婚という行為に関する限り、既存の力に対して「逆接」的立場にたまたまおかれることになった個々人によってアドホックかつ散発的に企てられてきた以上ではないと見える[1]。そしてそうした個人的な企ては、結局のところ、個々人の人生の軌跡の途上で軋みの記憶を残しながらも過去のものとなり、大きな社会的意義を持つことなく置き去られ、筆者との会話といった（これまたひとまず直接的には何かに繋がっていきそうにもない）場面でアドホックに召喚されるに留まるかのようである。

---

1 現在のヨルモにおいて、例外的に再帰的な試みがある程度制度化・組織化されている領域として、その「民族的」アイデンティティに関わる分野がある（cf. 佐藤 2004; Sato 2006）。この民族的アイデンティティとの関係でジェンダーのあり方が取り上げられることがないわけではないが、それは支配的な（ヨルモの男性達による）言説においては「ヨルモには女性問題はない」というかたちでのみ浮上してくるのみであった（第6章）。ヨルモ民族運動における圧倒的な男性優位／女性のミニマムな参入（cf. 第1章の「社会・政治的活動」の議論を参照）は、そのような言説状況を持続させている一つの背景ともいえよう。

「結婚」にとりたててフォーカスしていたわけではないが、より広く社会のなかで女性がおかれた位置に関しての省察を、そしてそれに対しての介入を試みた例外的なケースとして、ドマがいる（第6章）。ただし彼女のケースも、今のところ基本的に孤立した例として留まり、彼女の省察や実践が、ヨルモ一般はもちろんヨルモ女性に限っても広く共有されていくうねりが生まれているとは見えない。いわんや、彼女の行ったような試行を、あるいはそれを可能にするような態度・指向を制度的に涵養し促進して行くような何らの装置を、現在のヨルモ社会が備えているとはいえない。

　それでも、個人の「自由」や「実現」を求めるという明確に「個人主義」的指向によらずとも、あるいは、社会で働いている諸力のありようを振り返り変えていこうとする再帰的な運動やそのための制度的枠組みができているわけではなくとも、変化の兆しが全くないわけではない。ますます多くの女性達がフォーマルな教育を受けるようになり、ますます切実になってきた貨幣獲得の必要性に応じて貨幣獲得活動に打ってでるようになり、その結果外部の（「近代」的）価値観等ともより密に接触するようになり、そしてそうしたことの結果としてであれ何であれ、旧来のようなかたちで、タイミングで、結婚することが困難になっていく――「（ひとまず）行かない（でいる）」女性の増加、（実質的に）自分で「行く・行かない」を決める女性の増加――とき、結婚に際して働きかける社会的諸力の内実もその働き方も自ずと変容する、端的にいって既存の諸力の縛りは弛緩せざるをえないだろう。それにつれて、そうした諸力に働きかける再帰的な力、つまりこれを疑い、問い直し、変えていこうという力はといえば、おそらく必ずや強化されていく方向に向かう。身動きしてみることすら想像しにくいほどに縛りがきつかったときにはかえって意識にすら上らなかった縛りの存在は、むしろその自明性が失われ緩んでくるほどに、改めてその存在を意識され問い返されることになるはずだからである――彼女達と私達は、ある意味で、既に驚くほど近いところにいるのかもしれない。

　　　　　＊　　　　＊　　　　＊

　それぞれに「平凡」でもありつつ、その一人一人がかけがえのない、他に代替することの不可能な、鮮やかな個性を持ったヨルモの女性達の生に、ライフ／ストーリーに迫ろうとした本書の企てのなかで、行いえたことはあまりにも少なく、やり残したことはあまりに多い。しかし、彼女達の生きてきた生を描ききるなどといったことは、そもそも果たすべくもない欲望なのである。「描く」という営みは、その筆をおくときにはいつも、この果てしなさを嚙みしめることでもあるのだろう——叙述の余白に、描きえなかった彼女達の生と語りが溢れていることを読者がありありと想像できることを願いつつ。

補論

消え去りゆく嫁盗り婚の現在

ヒマラヤ山地民の言説実践における

「近代」との交叉をめぐって

1. 問題の所在：消えゆく「女性への暴力」としての嫁盗り婚？

「略奪婚 capture marriage」という言葉で知られてきた結婚方式がある。配偶者として獲得するため女性を物理的に「略奪」するというかなり手荒なやり方であり、「両性の合意」を婚姻成立の公式の基盤としてきた近代諸社会にあっては、過去の遺物として歴史文献や人類学文献でしか出会えないものとも見なされていよう。しかしそれを強力に過去に結びつける態度自体は、それに西欧近代が同時代の現実として出会ったとき既に醸成されていたものであった。19世紀を風靡した社会進化論から20世紀後半のマスターナラティヴたる「開発／近代化」論——人類（とりわけ「南」の）諸社会変容の全般的方向認識として今日なおグローバルな影響力を一定程度保持している——まで、その態度は基本的に一貫している。すなわち略奪婚とは、西欧近代的自己にとってすぐれて他者性を帯びたものである以上に、それが常に他者化し、過去へと棄却してきたものなのである。

本補論は、「南」世界のあるローカルな共同体——ヨルモ——に属する人々が筆者との間で紡ぎだした（そこでかなり近年まで実践されていたという）「略奪婚／嫁盗り婚[1]」をめぐる語りについて議論するものである。21世紀初頭現在の彼らが嫁盗り婚をどのようなものとして語り、またなぜ、そのようなものとして語るのか。一見（一聞）したところ、彼らも嫁盗り婚を過去のもの、滅び行くべきものとして語っており、そこに私達にも馴染みの嫁盗り婚観との符合を見ないのはむしろ難しい。だが聴いていくにつれ、彼らの嫁盗り婚の語りは西欧的なそれに触発された部分を確かに含みながらもそれと決して同じではないことが明らかになる。彼らのこの語りを、「西欧近代」側が「南」の世界におくる眼差しとの微妙な関係

---

[1] なお本書では、一般に略奪婚と呼ばれてきたこの慣行に「嫁盗り婚」の語をあてており、以下これを踏襲する。ヨルモで規範的な、娘の親が男性側の求めに応じて娘を与える方式は「嫁やり婚」である（第2、第3章参照）。

に留意しつつ追究し、「近代」なるものとの錯綜した交叉において構築されている彼らの現在の一断面を浮かび上がらせること、これが本補論の企てである。

　以下まず、近代西欧世界の嫁盗り婚観の一例として人類学におけるその議論の系譜を簡単に振り返り、ついでヨルモ社会における嫁盗り婚をめぐる概況に触れて、今述べた問題提起の背景を明らかにしておきたい。

1.1. 西欧人類学における嫁盗り婚をめぐる議論

　19〜20世紀初頭の進化主義人類学は、嫁盗り婚という慣行を「過去」に位置づけた。人類学における嫁盗り婚なる主題への関心自体が昔話となった感もある現在だが、そのことは、このトピックに関する進化主義的前提が過去のものになったことを意味しない。逆に、人類学界内の理論的潮流の移ろいとともに嫁盗り婚への関心自体が立ち消えていったことは、この前提がそのまま20世紀を通して持ちこされることに繋がった。進化論ばりの壮大な思弁性はさすがにないながらイデオロギー臭の強さにおいてはひけをとらない「近代化」論の伸展も、進化論なき後こうした嫁盗り婚観が温存される背景の一つをなしたといえよう。さてでは、そもそもなぜ、社会進化論は嫁盗り婚を過去化したのか？

　よく知られているように、進化主義はアドホックにとりあげた社会を構成する様々な「要素」を西欧近代という自己との近さという外在的基準によって「野蛮」から「文明」に至る「進化」の順に並べ、その要素を含む社会自体もその要素に応じた進化の階梯に位置づけようとした。西欧との親近性という基準の手前勝手さやどの要素で評価するかにより当該社会の進化段階が相違する矛盾など、その荒唐無稽さは今更いうまでもないが、さて、そうした進化を測る要素として議論の俎上にあがったものの一つに、婚姻締結の形態もあったのである（McLennan 1886; Morgan 2000 [1877]; Tylor 1889; Westermarck 1971 [1891]等）。当然のごとく、進化論者は当時西欧で支配的となってきていた婚姻——すなわち両性の合意に基づく

結婚、所謂「恋愛結婚」――へと至る婚姻形態の変遷を描きだそうとした。そしてこの恋愛結婚との親縁性をはかる物差しとして持ち出されたのが、興味深いことに、「女性の同意／主体性」であった（Ahearn 1994）。すなわち、人類史において婚姻は、女性の主体性が増大する／女性への暴力が減ずる方向に進化するというのである。論者により微細な立場の違いもあるものの、この基準に沿って「嫁盗り婚 → 親の取り決め婚（arranged marriage）→ 恋愛結婚（love marriage）」という大掴みな「進化」の方向性が想定されることになった。こうして嫁盗り婚は人類史の遙か彼方、その「野蛮な」段階に現れる形態とされ、それを擁する社会の野蛮性のメルクマールとされることになったわけである。

　続く機能主義人類学では、進化主義時代における過剰ともいえる注目への反動もあってか、嫁盗り婚をそれとして取り上げる試みはほとんど出てこなかった。嫁盗り婚は婚姻規範からの単なる逸脱、いわば規範が機能しなかった例外ケースとされ、規範とその機能の多様性を注視する立場からはほぼ黙殺されてしまう。この時期例外的な試みとして *Anthropological Quarterly* 誌の「代替的婚姻システムとしての誘拐と駆け落ち（Kidnapping and Elopement as Alternative Systems of Marriage）」特集（vol.47(3)、1974）があるが、嫁盗り婚を一方の主題に据えつつも、女性の暗黙の同意を前提して略奪という実践に正面から向き合うことを回避し、むしろそれを他の婚姻形態に還元しようとする試みに傾いていたといわざるをえない。本書と民族誌学的関心を共有するヒマラヤ地域の人類学においても、嫁盗りに関する報告自体は少なくなく（Caplan 1970; Jones 1973; Kawakita 1974; McDougal 1979 等）この地域におけるその広汎な分布が窺われるが、情報は断片的で一貫性を欠き、何より男性側の視点に偏って女性の同意を仮定している場合が少なくない。いずれにせよ嫁盗り婚を過去のもの、当然滅び行くものとする視線は、もはや正面切ってそれを野蛮と名指すことはないまでも、その真摯な関心外への遺棄というかたちをとって今日まで継続

しているといえよう[2]。

1.2. ヨルモにおける嫁盗り婚

　ヨルモの人々は、カトマンズ北東ヒマラヤ南面に位置するヨルモ地域を故地とし、近年までそのほとんどがこの地に点在する村々を生活の拠点としてきたが、既に何十年にもわたって様々な「近代化」の波をかぶり、とりわけ80年代後半からは年々首都への移住者を輩出してきた[3]。そうした彼（女）らの現在において、嫁盗り婚は取りたてて尋ねなければなかなか触れられることのない話題となっている。彼ら・彼女らは嫁盗り婚の経験があっても積極的には語らない、また一般に嫁盗り婚というものについてあまり語ろうとしない（あるいは「昔のこと」としてしか語らない）。私自身迂闊にもこの結婚形態の広く行われていたことにずっと気づかず、そうしたケースを単なる例外と思い込んでいたほどである。ヨルモの結婚手続きを問うて出てくる答えは、例外なく所謂正式の結婚＝親が取り決める方式（＝嫁やり婚）に関わる説明である。「昔は "*lav marej*"[4] などなかった」といったコメントが付加され、彼らの時代認識が自ずと垣間見える（と見える）こともある。そんなふうであればこそ、語られないこの「過去」は私にとって長らく死角であり続けてきた。

　あえて訊けば、そうそう昔はそうだった、と人々は嫁盗り婚の存在を肯定はする。しかしその語りは、「昔はひどかった」「教育もなかったから」など一様に否定的ニュアンスを帯び、またそれを現在と断絶した過去へと

---

[2] ただしめざましい例外として Schuler (1987)。Ahearn (1994; 2001a) もこのトピックに関心を寄せ、ヒマラヤ中間山地における嫁盗り婚衰退過程の実証を企てた。ただし本補論が俎上に上げるような言説編制を前提すれば、過去の実証的再構成は限界を持つといわざるをえない。

[3] 佐藤（2004）、Sato（2006）参照。

[4] ヨルモも含め、ネパール一般で英語からの借用語（のなまったかたち）はよく使われている。

位置づけるものである。とはいえ嫁盗り婚が実は慣行とすら呼びうる規模でほんの一昔、二昔前まで行われていたことは、フィールド滞在中（94年〜）に見聞したケースや嫁盗り婚だったと名指される過去の例からして、ほぼ間違いない（それが確かに随分前から衰退の途にあったにもせよ）。嫁盗り婚を過去化し、またその価値を貶める言説は、むしろ私のフィールド調査現在において支配的な言説の型を示すものなのである。

さてこの型、現在のヨルモにおける嫁盗り婚を語る語り口が本補論のテーマであるが、ここで一つの疑問が浮かぶかもしれない——すなわち、人類学的探究にあっては「他者」を、自己と異なる他者性を認めた対象をターゲットとするのが通常の問題設定であるのに、ここにはそもそもその他者性が欠けているのではないか、と。嫁盗り婚を否定的に評価する点といい過去に葬り去ろうとする点といい、彼らの言説はたった今見た進化（近代化）論的嫁盗り婚言説と一見同じ、その繰り返しと見える[5]。私達にとって異なるもの、不可解であるような何ものもそこに認めないとき、それをなお問題化することはいかに正当化できるのか。

確認すべきは、もし「同じ」であったとして、実際「同じ」であることは「違う」ことと同等に説明を要するということである。ヨルモ達の語りが西欧流近代化論のオウム返しにたとえ聞こえようとも、その同型性の認知自体は彼らの語りを説明する出発点でしかない。いかにして「同じ」になっているのか、接触によるのか、独立に生起した並行性なのか、接触によるならどんな経過を通してなぜ取り入れられたのか、ローカルな状況のなかでどう消化されたのか、取り入れた言説は何のために誰に対して用いられどんな効果を生んでいるのか——「同じ」であればこそ問われるべき問いは（本当に「同じ」か、どこがどこまで「同じ」なのかという問いかけの執拗な継続とともに）実は山積している。

5 　婚姻「進化」仮説の後半部分（「親の取り決め婚 → 恋愛結婚」）と、ヨルモの現実との対応／ズレについては、本書第 2 章を参照。

一見他者はいないと見えたところに他者は常に潜み、また逆に他者以外の何者でもないと思われたものがふと馴染み深い相貌を浮かべることもある。人類学的営みとは、思うに、対象のなかで他者性と親近性が交錯し一方から他方へ、またその逆へと延々と反転を繰り返す、それを追いかけていくことではあるまいか。近代化が地球を覆い開発が遍く実践されているかに見える今日、「南」の世界にアプリオリに他者を設定するのはいうまでもなく胡散臭いが、逆にそれを安易に「自己」に飲み込んでいくとすれば問題はもっと深刻である。私達はよりニュアンスに富んだ他者の記述をこそ求めよう。私達自身との接触・交渉に既に組み込まれている他者の他者性を、安易な他者化を回避しつつ把捉する試み——ここで企てるのは、その一つの演習である。

　議論は以下次のように進む。まず、ヨルモの現在（21世紀初頭）における嫁盗り婚一般をめぐる言説の具体的様相を紹介し、それが全体として嫁盗り婚の否定的評価となっていることを確認する (2.)。次に、いかにして嫁盗り婚がそのように語られるかを明らかにする作業の一環としてまず言説の内容を検討し、どんな価値観念の援用と組み合わせにおいてそうした否定的判断が支えられているかを分析する (3.)。さらに、語りが生産された状況に注目し、そうした発話が何を遂行する行為であったのかという観点から考察を加えて (4.)、議論を締め括ろう。

2. 否定される嫁盗り婚：嫁盗り婚をめぐる一般的言説

　嫁盗り婚をめぐる言説は、自らの経験として嫁盗り婚を語ったものと一般論として嫁盗り婚について語ったものに（厳密な線引きはともかく）分類することができる。嫁盗り婚についてなかなか語らない、語っても否定的にのみ語る傾向は両範疇共に認められるものだが、ここでは否定する論理にも言及する後者、嫁盗り婚の一般論をとりあげる[6]。

---

[6]　前者の語り（特に女性によるもの）については、本書第3章を参照。なお第

とりあげる語りは基本的に、本書の議論の主たる資料としたヨルモ女性のライフ・ストーリーを聴きとる作業の「副産物」として得られた、ヨルモ男性によるものである。彼らのほとんどはインタビュー対象女性本人の夫や父など近親者で、たまたまインタビュー時に同席していて話に加わることになった[7]。もちろん、女性達が嫁盗り婚一般について何も語らないわけではない。「昔は無理やりひっぱって連れていったものだ」とか「当時は掴まえて連れていくのが慣わしでさえあった」といった過去の一般的事実の指摘は、女性達もしばしば行うところである。とはいえ、彼女達の語りは一般論それ自体として豊かに展開するというより、すぐさま自らの経験のほうへと回帰する顕著な傾向を帯びる。それらは「でも私は正式に結婚した」とか「だから外を一人で歩くのは怖かったものだ」、「昔は大変だった」といった具合に、嫁盗り慣行への一般的評価を含意しつつも自らの経験の叙述の地平へと速やかに移行してしまうのである。嫁盗りはなぜ、いつ頃まで行われていたのか、それをどう評価すべきかといった嫁盗り婚の一般論に踏み込む女性の語りに私はまだ出会えていない。逆に男性の場合、洗練度は様々あれ、またときにかなりの独断を含むように見えるにもせよ、トピックは往々にして一般論として展開されることになるのである[8]。

3章では、ヨルモ社会において、そもそもなぜ（否定的に評価される）嫁盗り婚に人々が訴えるということが起きてきたのかについて考察している。

[7] 女性自身の「生の」声を引きだすべく、インタビュー時はむしろ男性の同席を回避しようとしていたが、常に実現はできなかった。その他、女性対象のライフ・ストーリー・インタビューとは別の機会に、男性に単独でこの話題をふって聴きとりした場合もある。ここで語っているヨルモ男性達はすべて既婚・子ありで、40～70代、学歴は学校に通ったことのない人から大学卒業までばらつきがある。

[8] 男性が自らの経験としては嫁盗り婚を語らないということでは、もちろんない。

それでは、嫁盗り婚が一般論としていかに否定されているのか、観察していこう。

今ある／過去にあった何らかのローカルな慣習・慣行に否定的評価を下し、その現在／将来の消滅を言明し、そうした評価・言明を「根拠づける」ために今日のネパールでほぼ万能とさえいえる適用の広さを誇る言説がある。他でもない、国家主導で各地に広く流布するに至ったいわゆる「開発（N. *vikas*）」言説である（南 1997）。「開発された」状態とは、経済的豊かさや近代的利便の享受、（制度的）教育の修得、近代的諸制度（法・行政・政治など国家の担う／国家と連繋するもの、また国内外の公的／私的諸機関に関わるもの）を知悉しそれと首尾よく交渉できること等の複合的内容を含み、その伸張は基本的に望ましいものとされている。その一方で、ある種の慣行は「開発」に馴染まないものとされ、その名において否定され排除すらされていくことになる。今日多くのヨルモ達も、ローカルな慣行を評価し、個人または集団レベルで自他を規定する際の主要なスケールの一つとして、少なからずこの「開発」に依拠している。嫁盗り婚についても、彼らはこれを開発という価値との関係において、その価値を解する人であれば行うはずのない何かとして語るのである。断片的に開発に言及する語り（とりわけ「教育」的価値——学歴の有無、「（ものの道理が）理解できる／できない」を対立軸とする——に関わるもの）は枚挙に暇がないが、下にあげるのは比較的洗練された、まさに「開発された」というべき語り口の一例である。

引用①
筆者：(嫁を) ひっぱって連れていく慣行が廃れたとしたら、なぜだと思います？
(A)：それはこういうことだ。一つには法律でも禁止されている[9]。

---

[9] ネパールの法律（国法 *Muluki Ain*: 第4部17章第7項）において、本人の

- - - 一人や二人、無理やりひっぱった者には処分もあった。昔々は法も何も知らない - - - 今では人々も法律を知るようになって、無理やりひっぱれば警察に連絡する、（ひっぱった）その人達にも困ったことになる。- - - 今では女性が自分で訴えでることだってできる、こういうふうに私を無理やり連れていったとね。女性だって昔みたいではない、何ほどか話がわかるようになった――社会、*society* も前よりはずっと開発されたからね（強調引用者）。- - -

嫁盗りは国の制度上違法であり、万一その「被害」にあえば、教育も受け「話がわかるようになった」人々はもう黙ってはいない、こうして開発の進行は嫁盗り婚の衰退に当然帰結するというのである。

　ネパールにおいて、開発はすぐれて「外国」（特に西欧諸国や日本等の所謂先進国）との結合において捉えられる。逆に、すぐれて「開発された国」とされるこれら諸外国と結びつく人・こと・もの・行動全般が、開発をはかる物差しとして機能することもある。次の引用は、嫁盗り婚の場面を含むヨルモ M 村の生活の様々な風景を撮った *Himalayan Herders* というドキュメンタリー（Bishop 1998 参照）がカトマンズで上映された際居合わせたヨルモ男性が、その場面での「外人」観客の反応に言及したものである。

引用②
　(B)：(ヨルモでは嫁盗りを試みて後、女性がそのまま留まっても留まらなくても罰金を課すことはなかったということかという筆者の問いに対し) そう、(・・)（そういうふうだっ

同意なき婚姻の無効、婚姻を強制した者に対する 2 年以下の投獄が規定されている（西暦 1976 年改正条項）。

たのには）教育がないってこともあるね。昔その映画（＝ *Himalayan Herders*）をカマルポカリ（＝カトマンズ市内の地名）で、なんていうホールだったっけな、忘れたけど、そこで見せたんだよね。外人（Y. *Mi serpu*）らは（嫁盗り婚の場面で）クスクスわらうんだよ、クスクスね。---

　嫁盗り婚の一幕に「わらう」外国人を目撃するヨルモ男性。この一場面は、「外国」と「開発」との概念的癒着を経由して、嫁盗り婚を開発の対極にある何か、開発された国の人なら決してしない、目にしたら思わず「わらっ」てしまうような何かとして彼に強く印象づけたのである。開発と嫁盗り婚制度がなぜ、いかに並び立たないかという論理はまた別として、「外人」の視線を触媒とする開発と嫁盗り婚の背反はよく定着したイメージとなっている。

　村社会では未婚の（結婚可能な）男女に自由な交際が基本的に許されなかったことと結びつけつつ、「ひっぱる」慣行について語るというパターンもある。近年若いヨルモ男女が自由に交際できるようになり「恋愛結婚」が増加してきたという言説は、必ずしもその変化への全面的肯定を含むものではないが[10]、一般にこれも開発の伸展に相伴う変化の一部と捉えられているようだ（ここにも、外国と開発の癒着がこだまする）。自身も嫁盗り婚によって結婚した男性による、次の語りを聞こう。

引用③
　　(B)：--- 昔々は（若い男女を）会わせなかったからね。私と彼女
　　　　はひっぱって一緒になった、彼女が私と会いたいと思っても

10　この恋愛結婚への態度は、Liechty (2001) が論じた、現代カトマンズの女性達におけるポルノ・ビデオ（に例示される「近代的なるもの」）への両義的態度とパラレルといえよう。

会う機会なんかない、村では祭礼で顔をあわせるとはいっても、祭礼には各々自分の内輪で来て、内輪で座って、飲んで食べて喋ることになる。私が○○村の祭礼に行って、向こうで（彼女と）会ったりすれば皆が見るし。ここらあたり（＝カトマンズ）では - - - 会ったり話をしたりもできる、話ができればこそ、恥ずかしいようだけど、男の子が女の子に思いをかけ女の子が男の子に思いをかけ、好きになったりもするというもんだ - - - ともかく当時村では、会う機会なんかない。ちょっとお喋りでもしようものなら、オッ誰それ二人はくっついてる - - - そういう話。後でその話が娘の親の耳に入ろうものなら、「おまえ、どこそこの息子とくっついてるのか！」と、娘をこっぴどく叱りつけるのさ。- - - そしてそうなると後で会わせないようにする、会わせなければ - - 結婚にうまく繋がらない、全然会わせないんだからね、それで、もう結婚する時期だからといって、ひっぱって連れてくることになるのさ。

「昔は恋愛結婚なんてなかった」とは男女問わずよくいうせりふだが、上の語りは恋愛が結婚に繋がることが決して一般的でも、ましてや規範的でもなかった村社会の事情[11]の一端をよく示している。なおこの種の語り口で、嫁盗り婚に対する評価はただの全面否定とはいえないことに気をつけておこう。恋愛の自由がなかったから（やむなく）嫁盗りに訴えたというように、それを正当化するとはいわないまでも、嫁盗りという「遅れた」習俗の要請される根拠を説明するものなのである（第3章参照）。

11　ただし、それがなかったとも到底いえない。「嫁やり婚」であったと語られるケースでも、私達の視点からすれば「恋愛結婚」であるケースもありうる。本書第2章参照。

次に、ある種の「宗教的」価値に言及して、嫁盗り婚の望ましからざることを指摘する言説がある。下は、仏教僧侶（ラマ）も務める宗教的教養と関心の深い男性からのものである。

引用④

筆者：ヨルモでは、昔女性を無理やり掴まえ（て結婚す）るということがあったと聞きましたが…？

（C）：あった。それが、ひっぱって連れてくるというものだよ。---この娘はいつどこを通るか、どこからひっぱって連れてきたらいいか見ておいて、そうやって無理やりひっぱってきて、*yarka*（Y.）[12]をつけてやる。（その男性のもとに）留まるのもいることはいる、そうやって無理強いしてもね、（でも）よいことにはならない。頭につけた *yarka* を拭きとって足に塗りつける者（女性）もいるという。そんなことをしたらよいことにはならないのだよ。後々病にかかることにもなる、祝いの門出が不吉になってしまう（Y. *tremdel chokpa dou du*）。（女性を）自分の意思に沿って連れてきたならば、後々よいことになる。---（女性がその男性の家に）後で留まっても留まらなくても、留まるなら留まればよい、留まらないなら留まらなくてもよい、その時（*yarka* を足に拭いたりせず）ちゃんとしていれば、後でまたよいことになる、何にせよ。---無理やり連れてくると（女性は）怒ってしまう、怒ってしまうとバターを拭いて足に塗りつけたりしてしまうんだ（笑）。

---

[12] *Yarka* とは、目上の男性がマントラを唱えつつバターの固まりを幾つか頭に塗りつけて与える祝福の印。結婚式のほか、新年や旅立ちの際など、祝福の門出において授受される。口絵写真6参照。

ヨルモは基本的に仏教徒だが、その結婚手続きにおいて僧侶＝ラマが関与する必要は必ずしもない[13]。それでも、信仰厚い人々においては、明確に仏教的とは限らないあらゆる行動・言動の機会が仏教的（と彼らが捉える）観念と関連づけて解釈され律されようとすることがある。暴力や（その原因とも結果ともなる）怒り、またそれらが惹起する世界秩序の侵犯は、災厄をもたらすものとして彼らの仏教的世界観では一般に忌避されるものである。*Yarka* を与えられた者がそれをすぐさま拭きとって「足」に塗りつけるという行為は、たとえそれが無理やりの祝福だったとしてもあるべき秩序への侵犯となるのであり[14]、それゆえ「不吉」な、望ましからぬ行為ということになる。

最後に、結婚を女性の親許から夫側への移動＝帰属変更と捉える観点から、嫁盗り婚では娘の引渡しに関して二者間の予めの合意形成がないことを問題視する語りがある。

引用⑤

(D)：昔は（女性をその親から）泥棒して、ひっぱって連れてきたんだよ、飼葉を集めているところから、水を汲むところから、泥棒するんだ。そしてこのとき（＝現在 70 代の語り手自身の結婚時）以降、私の父さん母さんが嫁に乞いにいって、*shalgar* を献じて、もらってきたんだ。- - - そのとき以降、ちゃんとしたやり方で（Y. *yhabu beti*)、連れてくるようになったんだ。じゃなければ、泥棒してひっぱって連れてくるのばっかり（だった）さ。

13　葬礼や村の寺院で行われる年中祭礼なら、ラマの役割が不可欠となる。
14　「上」と「下」、「頭」と「足」etc. の対立は、ヨルモ的世界観において峻別され、前者が後者に対して明らかに優越する非対称な対をなす。佐藤（2004: 第 4 章）参照。

この男性は嫁盗り婚を端的に「泥棒」と呼ぶ。つまり娘をその所有者（＝親）の許可なく「盗む」行為、所有者の権利侵犯だというのである。この男性は、（その真偽のほどはにわかに測りかねるが）嫁やり婚が自分の結婚を嚆矢として始まったと主張して「嫁盗り＝泥棒」という評価図式にのっとった自己の倫理的優位を確保しつつ、親の娘に対する所有権の侵犯からその尊重へという婚姻制度の歴史的変容をここに提示しているのである。

　Desjarlais が紹介している嫁盗り婚に関する男性のコメントも、これと同じ流れを汲む。同じく自らは正式な手続きを踏んで結婚したというこの男性は、「ああいう類の結婚（＝嫁盗り婚）はいざこざ (*trouble*) を起こす以外の何ものでもない」、「人々はすごく怒ってしまうかもしれない - - - 親に娘を乞いに行くほうがずっといい」と語ったという (2003: 31)。礼を尽くして「ください」と娘の親に懇請すべきところ、夫側が暴力的に女性の帰属変更を達成しようとする、端的にいって「泥棒する」ことから生じる嫁の親側と夫側の間の「いざこざ」が、ここでも懸念されている。彼にとっても、「嫁盗り＝泥棒」が悪いのは、女性の帰属変更をめぐって彼女が娘として帰属してきた家と彼女を嫁として得ようとする家の間に不和・軋轢を生むからであり、それ以上でも以下でもないのであった。

3. なぜ嫁盗り婚は「否定される」のか？：言説の内容分析

　嫁盗り婚を否定する言説の幾つかのパターンを見てきた。よくよく聞けば一昔、二昔前まで頻発していた嫁盗り婚なのだとすれば[15]、それが現在ほぼ否定的にのみ語られるのは一体なぜなのか——嫁盗り婚の一般論をより詳細に検討していこう。

---

[15] そして、それはある種の状況下で（少なくともその一部の関係者にとって）は、望まれる婚姻締結実現のための「合理的」戦略でありえた（第3章）。

消え去りゆく嫁盗り婚を否定する言説とは、裏を返せばある種の「改良」または「進歩」として社会変化を捉えるものである。「進歩」は何らかの価値観に基づく。この基礎づけとなる価値観という点から見て、嫁盗り婚言説を大きく 2 タイプに分けられる。個々の発言を必ずどちらかに振り分けられるわけではないし、以下で見るように 2 種類の言説は実は互いを触媒としつつ全体として嫁盗り婚否定の言説編制を造っているのであるが、逆にそうした関係を明らかにするためにこそ、二つをまず分析的にほどいておく必要がある。

2 種類のうちの一つを「開発としての進歩」言説と呼ぼう（引用①〜③に該当）。直接にはネパール版開発言説、さらにはそれを経由してグローバルな開発論にリンクするものであり、基本的にヨルモ・オリジナルではない。とはいえその具体的現象形態はローカルな文脈における解釈・翻訳・取捨選択を経て再成形されたものであり、私達に既に親しいものの単なる再現ではないことを銘記すべきである。もう一つを「伝統に基づく進歩」言説と呼ぼう（引用④〜⑤に該当）。ローカルな価値・倫理の純化・実現として進歩を捉えるものである。その価値観は近年「外」から押し寄せて彼らの生活を変容させつつある開発とは別個の、より彼ら自身に近いところに源泉を持つ。なおここにいう「伝統」の前に冠すべき所有格が「ヨルモの」とは限らない[16]ことには、気をつけておきたい。

3.1.「開発としての進歩」言説

「開発としての進歩」言説において、嫁盗り婚は端的に開発とは並び立たない、開発の進行につれ当然衰退すべきものとされていた。さて、嫁盗り婚がそのように規定されることになる論理とは何なのであろうか。

---

16 それは「よき仏教徒の」かもしれず、もっと一般的に「よき人々としての」といった、いわば普遍的善に関わる（ローカルな）構想を体現するような所有格であるかもしれない。

「開発」の具体的内実として彼ら自身が言及しているのは、（学校）教育の普及、近代法の周知（またそれらの効果として自らの権利を守るために主体的行動を起こす「近代的個人」の確立）、そして（そうした「近代的個人」概念とも関わる）若い男女間の自由な交際の普及等である。こうした諸項目の不在が一方で嫁盗り婚の繁茂を許し、他方でこれらの実現が嫁盗り婚の衰退へと繋がってきたというのである。しかし改めて見直してみれば、これら諸項目と嫁盗り婚の繁茂／衰退の間の因果的／論理的関係性は、決して自明ではない。

　「教育の普及」との関係から見よう。他のネパール各地と同様ヨルモにおける学校教育の普及は、（信頼にたる統計等はないものの）まさに今生きている人達の肌で実感されるレベルで起こってきた変化である。ヨルモの村々にはここ数十年間で次々と学校が設立され、現在50代以上の世代ではヨルモ全体でもインドで教育を受けたほんの数人にすぎなかったカレッジ・レベル以上の修了者は、30〜40代では国内で修めた人も含めぽつぽつ見られるようになり、さらに20代以下となるといちいち数えあげるのが困難なほどの人数に上る。「教育ある」ヨルモの割合は（性・世代・階層等による格差を伴いつつ）全体として確実に増大している。

　だが実際のところ、教育の普及と嫁盗り婚の衰退の結びつく経路は、時系列的並行関係を除けば自ずと分明であるのとは程遠い。学校教育の普及が引き起こす変化は確かに多岐にわたる――読み書き能力、ネパール語・英語能力一般の向上はその最も直接的で重要な帰結に属するだろう――が、学校教育のなかで嫁盗り婚が直接話題になることは考えにくく、教育の影響は基本的には間接的に留まる。教育を通じ「平等」、「自由」、あるいは「個人の権利」といった抽象概念が流布すること、それらに依拠して個々人が行動を変容させること、抽象概念を運用して議論を組み立て効果的アクションを起こす技術一般に個々人が習熟すること、すなわち一言でいえば、「近代的個人」としてのヨルモを輩出することは、潜在的には確かに嫁盗り婚の抑止に繋がるのかもしれない。しかし学校教育を通じた近代的

個人としてのヨルモ個人の析出は、あったにせよごく局所的・限定的と見える。とりわけヨルモにおける「女性の権利」意識にネパールの学校教育普及が「ポジティヴ」な影響を与えたかのどうかについては、（ここではとても手に余る）慎重な検討が必要である[17]。

「法の周知」との関連はどうだろうか。強制による婚姻を無効とする法の周知徹底が嫁盗り婚を衰退させるというのは、一見筋の通った話ではある。とはいえ、ヨルモのように比較的首都から近い地域にあってさえ、ネパール国家の法が住民の行動を律する程度は、不動産の登記や市民権の登録といった場面を除けば今なお最低限に留まる。所謂民事レベル（例えば婚姻締結）での法律介在は今に至るまで一般的でなく（例えば婚姻の法的登録はなお例外的）、所謂刑事レベルの犯罪に関わる案件でも、ヨルモ村落の自治組織によって裁定されてきた[18]。そもそも訴えでようにも、地域内には裁判所はおろか、警察官の詰所一つ、あるわけではない。「ひっぱら」れた女性が隙を見て警察に助けを求めるといった事態は昔も今も現実味はなく、たとえ嫁盗り行為の違法性が周知されたとしても法に基づく介入は期待できないのが実状である[19]。もちろん、違法の認識の浸透自体が重要だということはあろう。抽象的な法の知識に依拠して自己の権利を主張できる「近代的個人」としてのヨルモ個人はなお大方未熟に見え、さらに主張の制度的受け皿も現実には整備されていなくとも、ぼんやりした違法感覚の浸透が確かに嫁盗りの企てを思い留まらせる方向に働くことは考

---

[17] Ahearn (2001a) はネパールの学校教育におけるヒンドゥー高カースト的ジェンダー偏向を指摘している。ネパールにおける「近代化」が単純に「女性の解放」に資するというより、新たな「国家的家父長制」の制度化を含んでいたとする Tamang (2000) の議論も参照。

[18] 殺人等の深刻な犯罪は知られている限り起きたことがないといわれる。

[19] 引用①で「法の周知」を嫁盗り婚衰退の理由としてあげていた男性に、実際警察に訴えでた例があったのかと尋ねると、彼は具体的にはそうしたという例は知らないと答えた。

えられるだろう。だが結局のところ、それへの抵触を強制的に排除する制度的裏づけを欠く法の効力というものが（しかも抵触する対象がともあれ長年の慣行であったときに）いかほどのものなのか、大きな疑問符が残るのである。

　では「男女交際の普及」はどうか。もし若い男女の自由な交際が許され、結婚に際し当人同士（特に女性）の意思を尊重する観念が定着してゆけば、確かに嫁盗り慣行は存在の余地を失うのだろう。しかし一つの問題は、現在のヨルモにいわれるほどの男女交際の自由が本当にあるのか、逆に男女の交流は昔は本当になかったのかという点である。ここ20年余の間にヨルモが多数定住するようになったカトマンズの状況はまた別としても、村の状況は劇的に変わったわけではない。今なお結婚可能な男女が実のある交際をする環境はほぼなきに等しい一方、逆に若い男女が折りに触れ顔をあわせ刹那的邂逅を重ねて言下に思いを通わせるといった機会は今も昔も事欠かない[20]。ここ数十年にわたる嫁盗り婚の漸減を男女交際の普及から説明するのは実は見当外れと見えるのである。もう一つの問題は、本人同士の意思による結婚の成立に資さない社会的環境の存在自体は、親の取り決めによって成立する正式な「嫁やり婚」を何ら排除しない（実際多くの結婚が今も昔も「嫁やり婚」として成立している）ことである。恋愛の抑圧が強要することになるオプションは必ずしも嫁盗り婚ではない。

　こうして見てくると、嫁盗り婚の衰退とそれに関連づけられようとする「開発としての進歩」の間には、実のところ十分説得的な因果・相関を認めがたい。それらは関連があまりに漠然としていたり（「教育の普及」）、論理上はともかくその影響の実効性が疑わしかったり（「法の周知」）、事の生起関係においてズレていたりして（「男女交際の増大」）、嫁盗り婚が実際に忌避され衰退するに至る要因としては薄弱といわざるをえないので

---

[20]　ただしここ十数年の間に、そもそも村に若い人達が少なくなっているという変化は指摘できる。

ある。

　根拠薄弱にもかかわらず、ではなぜ、開発的価値は嫁盗り婚衰退の説明としてかくも広汎に持ち出されるのか？　一つの理由は、既に触れておいた現代ネパール社会でそれが有してきた圧倒的イデオロギー的引力であろう。実際開発は、（基本的に肯定的評価を受ける）新たに到来した変化・近年の現象を包括する範疇となっている。社会に出来する様々な現象をこの概念との関係において名指せば（しさえすれば）あたかもそれらを「説明」したことになる、いわばマジック・ワードと化しているのである。畢竟そこで行われているのは、「近代的な／開発された」ものとそうでないもの、あるいは開発以後と開発以前に世界が二分できることを仮定し、当該の現象をこの二分法によって分類して、前者に入ればこれを開発の結果として、後者に入ればこれを開発の不在として説明するというトートロジカルな操作なのである。

　そこでは開発以後（または以前）を構成する諸要素間の関係性が吟味されることは、基本的にない。説明はターゲットとする現象（例えば嫁盗り婚）を開発のこちら側に入れるかあちら側に放擲するかという決断において、実は既に「完了」しているのである。嫁盗り婚を一旦開発の彼岸に位置づけてしまえば、「嫁盗り婚は開発されていなかったから蔓延していた／開発に伴って衰退した／開発されたから消滅した」という一連の命題が自動的に導かれ、その衰退を説明しえたという錯視が定着する。開発に含まれるとされる他の諸要素（例えば今見た「教育の普及」、「法の周知」、「自由な男女交際」等）の登場と関連づけることで、一見より具体的でキメ細かな議論が展開されることもあるが、キメ細かさは見かけ倒しである――ターゲットである当の現象と同様他のすべての要素も、まずは開発のこちらかあちらかに割り振られ、この開発との位置関係を根拠として説明に召喚されるに過ぎないからである。あらゆるモノゴトが開発の前後に振り分けられ各々パッケージ化されるこの世界観においては、「開発後パッケージ」に含まれる幾つかの要素の登場はこのパッケージ全体を喚起する

ものと想定され、さらには「開発前パッケージ」全体の消滅を論理的に含意するはずのものと捉えられてしまう。

　ではなぜ、この二分法的世界観において嫁盗り婚は開発の彼岸におかれたのか。その点だけが、なお問題として残る。この点に関しては開発言説と実質的に二重写しになった言説、すなわち世界の「西洋／東洋」への二分割と後者の前者への従属を前提とするオリエンタリズム的言説を参照できよう。オリエンタリズムとは周知の通り、西洋側が「東洋」をそれによって捉え支配してきた認知様式を名指した言葉である（サイード 1993 [1978]）。これを反転の上東洋側が「西洋（ないし「先進国」）」の認知様式として反復する、いわば逆オリエンタリズム的態度（あるいはオクシデンタリズム（cf. Carrier 1995））は、ヨルモにおいても広く認められる。既述のごとく、ヨルモ（＝東洋（ないし「発展途上国」）の一部）にとって原則的に開発は外国＝西洋からやってくる、逆にいえば西洋に属するものは開発されたものである（＝空間的次元で反復された二分法的世界観）。嫁盗り婚が西洋では行われない、西洋人にとって驚く／わらうべき風習らしいことを、少なからぬヨルモ個々人が「外人」との直接・間接の接触から感知する場面があったろう[21]。なぜ「外国人／西洋」はそれをわらうのか——この問いをヨルモ個々人があえて追究する必要はない。それが西洋にとって強く他者性を帯びた慣習だということ、その認知だけで、これを開発のどちら側に割り振るか判ずるには既に十分なのだから。

　なお、こうしたヨルモ版開発言説の同語反復性は、そもそもその「本家」、「開発された」国々内部において流通した開発／近代化言説（少なくともその通俗版）が内包していたものでもあることは強調しておこう（Escobar 1995）。嫁盗り婚のような「奇習」に出会ってわらったり哀れがっ

21　引用②で語られているのは、そうした感知が生起した場面の一例である。なおヨルモは首都から程近いトレッキング・ルートとして知られ、ヨルモの人々はこの地を訪れる外国人との接触の機会を多かれ少なかれ持ってきた。

たりするなお少なからぬ先進諸国の人々の感性を支えるのは、相対主義的外皮の下で実は昔ながらに自文化中心的でオリエンタリズム的なトートロジーへの素朴な埋没[22]なのであり、ヨルモ版開発言説の同語反復性もこの「本家」の言説構造とパラレルなものである。とすればここで改めて、ではヨルモ版開発言説と本家のそれはどう違うのか、どこか違うのかと問うてもみるべきだろう。当然ながら、開発の彼岸に嫁盗り婚を位置づけた一点の共有をもって、ヨルモの嫁盗り婚観と近代西欧的なそれが「同じ」だなどといえるわけではない。

ヨルモで嫁盗り婚が否定されるにあたって、それが西欧の視線を経由しつつ開発以前に配置されたことは確かに決定的契機であった。しかし、西欧の開発言説が個々の変化を進歩と評価するにあたっては、同語反復的な自己中心性をその実質的中核としつつも、またアドホックでご都合主義的ではあれ、単なる同語反復（「開発以後だから開発されているのだ！」）や赤裸々な自己中心主義（「西洋的なるものは開発されたものだ！」）をこえた何らかの一般的基準に訴えざるをえないように、ヨルモにおける開発言説も、個々の現象を開発の前／後に割り振り変化を進歩として語るためには何らかの基準を援用する必要がある。開発言説はその空虚さを充填するために、何らかの外在的な発展の物差しにも訴えざるをえないのである。西欧的開発言説とヨルモ的なそれは、まさにこの物差しにおいて分岐しているといえる。

既述のごとく、19世紀進化論から現代の主（俗）流開発／近代化論にまでほぼ無批判に持ちこされてきた「遅れた」嫁盗り婚という認識を大筋で支えていたのは、女性本人に対する暴力の多寡（有無）、すなわち女性本人の主体性の尊重という基準であった (1.1.)。このことが示すのは、近

22　「略奪した」花嫁を背負ってにこやかにカメラにポーズをとる男性の写真（「略奪された花嫁」のキャプション付）を屈託なく載せる棚瀬(2001: 71)は、その印象的な一例だ。

代西欧社会全般において「女性の主体性」が一貫して追求されてきたとは到底いえないにせよ、兎にも角にもそこではこの基準が一定の地歩を確保してきたという事実である[23]。ではこれに対応するヨルモで援用された尺度、ヨルモ的進歩言説の枠内において嫁盗り婚を開発以前へと棄却する「根拠」を彼らに提供した価値観とは何だったか。

それこそが、先にヨルモ流進歩言説を形成するもう一つの範疇として名指しておいた「伝統に基づく進歩」言説に現れる価値観念であると思われる。それ自体は社会的変容とその変容の漠然たる方向性（＝開発）を喚起するに過ぎない開発言説（同語反復！）は、その外部にある価値観＝「伝統」的なるものと組み合わされることによってのみ、実質的方向性を充填される。逆にローカルな伝統に根ざしてきた価値観念のほうはといえば、進歩としての社会変容を所与とする開発論的枠組みに置き直されることによって、それをより純化・強化し厳格に適用しようとする新たな推進力を得ることになるのである。翻ってみれば、西欧流嫁盗り婚観を規定した女性の主体性なるもの自体が西欧で（種々の反動をのりこえ）育まれてきた価値尺度の一つであった。この西欧ローカルな価値と進歩としての変容の想定が交叉したところに、「消滅すべき野蛮」としての西欧近代版嫁盗り婚観が構築されていたのである。

3.2. 「伝統に基づく進歩」言説

ではヨルモの人々が語る「伝統に基づく進歩」言説とは、どんな価値＝伝統から嫁盗り婚を否定的に位置づけていたか。相対的にローカルに共有されてきた、それがよりよく遵守されることで嫁盗り婚が消えゆくことを想定されている価値観として、二種類のものを取りだすことができる。一

23　なお、「女性の主体性」という価値（さらにはその実現をめざすフェミニズム）は、それ自体明らかに「近代的」であるとともに、近代批判の運動でもある。近代が諸個人の平等と自由を謳いつつ「女性」を周縁化する社会編制を構築したことについて、Pateman (1988) を。

つはヨルモの婚姻制度構造に関わるもの、もう一つはヨルモの宗教的感性に関わるものである。順に見ていこう。

　ヨルモにおける婚姻の構造的エッセンスは、父の家から夫の家への女性の帰属移転である（第2章）。この構造的規定に照らせば、嫁盗り婚が正当性に悖る婚姻締結の「裏道」に留まる理由は明白である。それは元の所有者からの正式な移譲＝贈与なしにその物理的移動を実現してしまう行為——端的にいって、女性という貴重なモノの「略奪」なのである。こうした行き方が決して「よい」とはいえないこと、「暴力的」であること自体は、嫁盗り婚が頻発していた頃も村人達の間に行き渡っていた理解だと思われる。上に見た嫁盗りを「泥棒」と呼んだ語りも、これを家同士のトラブルの元だと非難した語りも、この不当性、暴力性の理解を踏まえたものといえよう。

　そもそものヨルモ的観点からして「正しい」婚姻手続きの遵守が、開発言説／西洋の視線の介在を経てより厳格に要求されていくところに、嫁盗り婚への忌避観が強まり、そのさらなる価値切り下げが起こり、実際その衰退がもたらされるという連鎖を想定できる。本当はよくないことだけれどもよくあることだからと、数の論理によって忌避感が多分に希釈されていたこともかつてはあったろう[24]。それが発生数も減じるにつれ、不当性の感覚が加速度的に高まってきたことが想像される。ヨルモ的伝統に即した嫁盗り婚否定の根拠と、西欧流進化／開発論におけるそれとがズレていることは、強調してもしすぎることはない。西洋流のそれは、女性への暴力に対する、つまり女性をあたかもモノのように略奪の対象とすること／略奪現場において女性を物理的暴力にさらすことへの批判である。それに

---

[24]　それでも、嫁盗り婚は条件が整うのをまって、正式な嫁やり婚手続きをとってやり直されるのが通例だったという。「やり直せばよい」という感覚（それはやり直さなければならないという規範意識と表裏一体であるが）がかつては一般的であったと思われる（第3章）。

対しヨルモのそれは、女性がその親（に準ずる者）に所有されていること自体を前提とした上で、彼女の親の権利侵害という暴力を問題とする。この制度的構造においては、移転さるべきモノである女性本人は暴力の被害者にすら、なりえないのである。

　さてもう一つの「伝統」的言説は、嫁盗りという実践が惹起しうるある種の宗教的「不吉さ」を問題とするものである。ここに見られるのは、ある種の行動が自動的にある（宗教的）帰結——穢れを浄める／蓄積する、災厄／吉祥を呼び込む、功徳を積む／失う——を生むことについての一般的観念の一例である[25]。世界的秩序の侵犯は「不吉」であり、そうした侵犯はしばしば「怒り」によって誘発される。嫁盗りという実践は、その暴力性によって怒りを、すなわち世界的秩序の侵犯を惹起しうるものとして否定されるのである。こうした「伝統」的価値観が進歩を常態とする歴史観と組み合わされてより鋭敏化していくところ、嫁盗りは前にも増して望ましからぬ行為となるだろう。ただし、こうした宗教的感覚が実際ここ数十年のヨルモにおいて一概に強まってきたと診断を下すのは難しい[26]。またそうであるからには、言及されている「不吉さ」の感覚（の鋭敏化）が嫁盗り婚の衰退と実際繋がるかどうか、どこまで繋がるのかも、今はひとまず判断保留としておかねばなるまい。

　なお、ここで問題とされている秩序の侵犯を引き起こす怒りは略奪された女性本人のものである。つまりこの語りでは、暴力が女性本人に対して振るわれたこと自体は率直に認めている。嫁盗り婚を所有権の侵害として

25　この観念はヨルモを越えネパール、ヒマラヤ地域をすら遙かに越えて極めて広汎に分布する。ヨルモを含むチベット仏教徒が「よき帰結」をもたらす行為として広く実践しているものとして、マントラ唱詠、寺院等への参詣・寄進、仏教儀礼の主催・参加等がある。

26　逆に「開発」の伸展に伴う「脱－宗教化」を単純に想定できないことも確かではある。首都のヨルモ達における「仏教」（的制度）を軸にした近年の共同体構築について拙稿（佐藤 2004: 第6章 ; Sato 2006）も参照。

捉え、女性を所有する者の怒り（のみ）を焦点化した第一の「伝統」的言説に対して、無理矢理「捕まえら」れ「盗まれ」た女性本人が感じるだろう怒りを一応認知してはいるのである。ただしここでも、彼女が感じる怒り自体が嫁盗り婚否定の理由とされるわけではない。嫁盗り婚を避けるべきなのは、彼女がその怒りにまかせて世界秩序を乱すあるまじき暴挙——祝福の印を足で拭きとる——に出るおそれによる。暴挙が実行されてしまえば自動的にその帰結は到来する、だから彼女を怒らせないようにしなさいと、敬虔な男性は述べていたのである。こうして彼女は暴力の被害者から一転、世界を無秩序に陥れる暴力の加害者へと転位する。この種の言説においても、女性への暴力自体は嫁盗り婚を否定すべき理由とはならず、むしろ女性による暴力を忌避するためにこそ、嫁盗り婚は行われてはならないのであった[27]。

4. 嫁盗り婚を否定する語りの遂行する行為

この節では視点を変えて、見てきたような嫁盗り婚否定の語りが何を行っているのかを考えてみたい。これらの語りが、私という人間との対話の場において生産された事実にも改めて注意を向けつつ、発話のパフォーマティヴな側面（cf. オースティン 1991［1970］）を追究する。

ヨルモにおける嫁盗り婚の一般論は進歩言説の一種であって、西欧発の開発言説と交叉しこれに触発されつつ展開したローカルな価値言説、言葉を変えていえば開発言説の土着化されたハイブリッド種である。グローバルに流通する開発言説の効果については既に議論の蓄積があり、代表的なものの一つとして Escobar (1995) が挙げられる。その主旨は、開発言説の主たる効果とは「開発された」西欧世界のヘゲモニーを再生産し植民地

---

[27] 無論ここでいう「女性による暴力」は、世俗的責任を問われる類のものとは別ものである。

主義的世界分割を維持することであり、まさにこの言説こそ「開発途上」の「第三世界」を構築する当のものだということにある。この議論と連結させつつ、ネパールの「村」というミクロな対面状況における開発言説の働きを分析したのがPigg (1992; 1996) である。彼女は、開発というグローバルな価値を「わかっている自己」とそれが「わからないあの人達」との差異化を図る「コスモポリタンな村人」が開発言説の浸透とともに登場してきていることを指摘する。彼女にとって開発言説とは、この価値による世界規模の序列を生みだすのみならず「南」世界の内部において、さらには「南」のなかの同じ村においてすら、諸個人間の限りなくミクロな差異化・分断・序列化を生みだす媒体となるもの、社会的階梯を這い上ろうとする個々人がそのための資源として動員するものなのである。

　一般に開発言説の援用がそれを援用する個人による自己の差異化・卓越化の遂行となりうる、この点には同意できる。嫁盗り婚の一般論を語ることでヨルモの語り手達は自らを進歩（開発）の側に位置づけ、進歩が「わからない」人々、すなわち一昔前嫁盗り婚を頻繁に行っていた村人達と現在の彼ら自身との差別化を確かに遂行する。ヨルモ達による嫁盗り婚の否定が、「進歩のわかる」人間、進歩（開発）という価値の側に立つ人間として自らを徴づけるパフォーマンスとなっているのを見てとるのは容易である。

　とはいえ、進歩（開発）の語りを個々人が社会の序列を這い上る／他者を蹴落とすための単なる戦略的パフォーマンスとしてのみ捉えるなら、そこには重大な見落としがある。この点を指摘するのがFujikura (2004:62-3)である。彼もまた、ネパールの村というローカルな状況に寄り添いつつ、開発を語ることの作用を問う。彼は、自分が過去に率先して行った数々の開発実践（「家族計画」のために不妊手術を受けることを含む）を彼に語った村人男性が「Piggの示唆するように、単に自己を他の村人達から差異化しようとしていたとは思わない」とし、むしろ「他の（村）人達も（それが開発に資するよき実践であることを（カッコ内引用者））理解できるよう

に（強調原文）不妊手術を受けた」という彼ら自身の言葉を「まっすぐに受けとめよう」とする。不妊手術を受けた（ことを彼に語った）語り手の動機は、彼によれば、他の「理解できない」村人達と自己を差異化するというより、むしろ自分が他の「理解できない」人々の「手本」となることで開発という価値を広め、皆を開発実践に参画させることにあった。言い換えればそれは、開発という価値をメディアとするコミュニティを構築する企て、他の村人と自己を分断するのとは逆に、彼らと繋がる企てでこそあるというのである。

　語る個人の社会的上昇の達成に局限されないコミュニティ構築作用を開発言説が遂行する（ことがある）のは確かである。ヨルモの文脈に立ち返れば、嫁盗り婚を否定する語りは、確かにそれを語る個人を進歩的価値観の「わかる」人間として提示する。しかしまた同時に、嫁盗り婚がヨルモで衰退している現状を踏まえれば、コミュニティが全体としてこの進歩的価値観を理解するに至っていること、嫁盗り婚を否定的に語る個人を含む彼ら全体が「わかっている」ことを提示することにもなる。語り手とそれ以外の人々を分かつより、むしろ積極的表象のもとに括っていると見ることができるのである。

　そもそも、個人が自らの卓越性をマークすることと、その個人が自らをも包括する共同性を構築することは、ともすればFujikuraがそう主張しているともとられかねないように、二者択一または二律背反的関係にあるわけではない。進歩（開発）を語る個人がその価値スケールにおける自己の先進性を主張しつつその価値のもとに人々を糾合して共同体を醸成することは可能である。実際Fujikuraが跡づけた諸個人の軌跡は、まさにその範例とも見られよう。彼らは開発実践の先導となることで他の村人達と差異化されもしたが、逆にこの差異こそが彼らをして村のリーダーとし、村人達をまとめあげることを可能にしたものでもある。個人の卓越化と共同体の構築は不可避的に衝突するわけではない。むしろ一般には、卓越したリーダーシップ（さらには様々な差異化＝役割分化）は人と人が繋がり

協働していく上で不可欠ですらある——問題は差異化自体ではなく、差異化のありようなのである。

　開発一般の語り同様、ヨルモにおいて嫁盗り婚を否定する語りも、ある種の進歩観念に沿って、語る自己とその自己の属するコミュニティを同時にエンパワーする（はずの）パフォーマンスだといえよう。語る個人が価値の「わかる」人間であることを示し、その個人を含むコミュニティもまたその価値の「わかる」人々であることを示す。（集合的）自己を望ましいかたち、端的にいって見せたいかたちで提示する実践である。

　さて最後に、この語りを、語りの生産された具体的状況に差し戻し、それがすぐれてその発話の文脈において行いつつあったこととは何であるかについて考えておきたい。

　以上に行った発話の遂行性の分析は、これら語りの発せられた特定の発話状況はむしろ捨象しておいて、その発話内容との対応において様々な発話状況に通底しうる一般性を担保しつつ展開したものである。残りの部分では、この種の語りが一般に遂行する（しうる）行為とは何かというより、これらの語りが私という個人によって聴きとられるという特定の状況において遂行し（ようとし）ていたのは何か、それを問おう。ある発話が遂行する行為は、当然その内容の関数である一方、発話される状況に応じて変化しもする（逆に状況にあわせて発話内容が調整されることもあろう）。もちろん発話の内容と状況の相互作用には通常一定の限界がある。ここまでの分析を成立せしめる条件となっていたものこそ、この発話の内容と状況の相互作用の限界に他ならない。それでも常に私達は、手持ちの材料からときどきの状況に応じて些末でもあれ何らかの選択を行い、自らの行為／語りを組み立て、相手に投げかけその受容へと委ねていく。考えたいのは、語りの産出とその受容におけるこのすぐれて状況依存的側面なのである。

　これらの語りが発された状況の（変更不可能な）根本規定としてあったのは、それらが私という一個人、つまり（この文脈で関与的だったろう属

性をざっとあげれば）10年ごしの付き合いを通じて「外国人」としては例外的にヨルモ・コミュニティによく馴染み、ヨルモについて「研究」を行うほどに高度な「教育を受け」たという、そして「開発された」国としてはこれまた例外的に「彼らと同じ」仏教徒が多数をしめるという「日本」の出身である、そのような私という一個人とのやりとりのなかで産出されたということである。このような状況において、彼らの発話行為が遂行しつつあったのは何であったか？

　第一に、最もベーシックなレベルで彼らの語りが不断に遂行しているのは、私とのコミュニケーションをまずは繋げること、聞き手の意を汲みとりその投げかけに応えて会話を前進させていくことであろう[28]。会話の継続、もう少し積極的にいえば会話を「通じさせ」ていくことといってもよい。これは所謂「話をあわせる」のとは（厳密な線引きはともかく）異なるレベルの実践である。インタビュアーとして当然、私は彼らがそれに「話をあわせ」てしまえる予めのストーリーを提起する（＝誘導する）ことのないよう心がけていた。が、だからといって彼らの本音が「そのまま」聴けたろうというのは素朴に過ぎる。たとえ私がその場で何もいわなくても、彼らは最低限会話が「通じ」ていくことを確保すべく、彼らなりの観点から、私という人間の予期／期待を大幅に逸れず私が聴けば一応理解可能であるような発話を組み立てていたはずである。彼らの語る進歩とは、実は彼らから見て私という人間に通じるはずの進歩に他ならない。

　第二に、（最低限）私に通じる枠内にあることに加え、彼らは、語る彼ら（を含むコミュニティ全体）について、彼ら自身が思うところの悪いイメージを伝えるのを避けむしろ望ましいイメージを印象づけることを基本的に指向するであろう。この節で指摘してきた、パフォーマティヴな自己卓越化／自己を含むコミュニティ構築という契機に重なるポイントである。そもそもある望ましさに沿って（集合的）自己を提示するとはいっても、

28　この基底的遂行の継続を疑わせる兆候は全く見られなかった。

その望ましさを構成する価値として何を選ぶか自体、提示する状況＝相手に応じた制約を受けている。相手に理解可能であるとともに、相手を挑発したり反発させたりせずむしろその共感や賛同が見込めるような言説を援用しつつ語ること。相手＝私が共感し承認してくれると見込まれるような進歩をこそ、彼らは提示しようとしたはずである。

　第三に、彼らの発話行為は、相手に理解可能でありまた望ましい（集合的）自己を印象づけようとする自らの発話に対して、相手の肯定的な応答すなわち承認を実際に獲得することを通して、語る（集合的）自己の正当性を（再）確認するものでもあるだろう。例えば私がそうと認知されていたような先進国出身の高学歴の人間から彼らの進歩言説の承認を得ることは、彼らにとってそれ相応の価値を持つことが予想される。この進歩言説が西欧起源の開発概念を経由したものであればこそなおのこと、開発の「本場」出身者の承認を得ることは、彼らがその価値を「わかっ」ていることの強力なお墨付きと感じられもしよう。対面状況で獲得される承認の様態は、おそらくそれほど積極的なものでなくともかまわない――むしろそれが真っ向から否定されたりしない、会話の流れが明らかに波立ったりしないことで十分である。そしてもちろん「研究者」なら、こうした場面であえて波風を立てたりはしない――結果的に、それは承認として機能することになる。

　第四に、彼らの発話はそれに対する私の側から賛同・賞賛を引きだし、語りの標榜する価値観に引き込むことで、その価値観＝（ヨルモ的）進歩を奉じるコミュニティに私をも巻き込んでいく力を持ちうる。Fujikura（2004）の指摘する開発言説のコミュニティ構築作用が、国籍とか社会的立場の違いといった分断／境界を跨がない、跨ごうとしないとする理由はない。彼らの語りは私との距離を乗りこえ、私と彼ら（「彼ら」をどう定義するのであれ）を包括する共同性構築を遂げる可能性を持つ。たとえ「伝統的」価値に基づく語りであっても、それが外部者である聴き手に対して本来的に閉じられた、例えば「ヨルモ」という特殊なコミュニティを

析出させようとするものと考える必然性はない。彼らの価値言説は私という外部者の承認に向かって投げ出され、さらにはあわよくばこの外部者をもそのなかに引き込む働きかけでありうる。

　ヨルモ達と私という個人の邂逅のなかで紡ぎだされた嫁盗り婚をめぐる彼らの発話行為は、1. 最低限「通じる」会話を継続すること、2. 聴き手に「望ましい」（集合的）自己像を印象づけること、3. 聴き手の承認を得て彼らの（集合的）自己構築を裏打ちすること、そして 4. 聴き手を彼らの価値言説が繋ぐコミュニティに引き込むこと、の遂行となっている（ことが意図されている）と捉えることができる。

　具体的内容との関連でいえば、その「開発に基づく進歩」言説に連なる部分は、彼らからすれば「学のある外国人」である私に当然容易に「わか（ってもらえ）る」（この「わかる」という語は上の 1. 〜 4. の全域をカバー可能な幅のある言葉だが）はずのものだということになる。「伝統に基づく進歩」言説についても、私が理解困難であったり反撥を感じたりする可能性は、思うに彼らにとって想定外であろう。宗教的価値観については、「彼らと同じ」仏教徒である私がそれに対して距離を感ずる可能性をほとんど見ていなかった可能性が高く、また婚姻手続きに関わる部分でも、近代世界にも通ずるとヨルモ達が（正しくも）想定する「所有権移転の原則＝『泥棒』禁止」の違背から遵守へと向かうことの推移に、賞賛に値する「進歩」を見てとらない立場もありうるとは、彼らには想定されなかったことと思われる。

　逆に、上にあげた遂行を果たすことができないと見なされたがゆえに、彼らが私にいえなかったこと、いわなかったことがあったのではないか？いうまでもなく沈黙の内容を測るのは不可能である。が、想像されることが全くないわけでもない。翻ってみれば、そもそも嫁盗り婚という話題自体がともすれば沈黙の闇に沈みがちだったものであった。それはまさに、私のような外部者との関係性において嫁盗り婚の存在の提示が上の 1. や 2.（ましてや 3. や 4.）を遂行しうる話題とはそもそも見なされていなかっ

たことを意味する。そしてやっと（嫌々？）語りにもたらされたとき、そ
れはほぼ常に否定のもとにのみ語られることになった。掘り起こせば相当
な規模で行われていたらしい嫁盗り慣行を正当化する発言は、今となって
は（少なくとも私には）聞こえてこない。しかし、慣行ともいえる規模で
行われていた実践であるなら、その慣行を当然視（さらには正当化）する
声もまた、それなりの力を持って近年まで存続してきていたとしても不思
議ではないのである。

　そうした聞こえない声を掘り起こせないかと、例えば今では女性の「泥
棒」と札をつけられる嫁盗り実践に対し何らかの罰は科されていたのかと
尋ねてみる。昔を知る人は、そっけなくそれを否定する。なぜか、「泥棒」
なら罰がなければおかしくないかと突っ込んでも、「昔は何もわかってい
なかった」、「昔はいいも悪いも考えなかった」といった応答が返ってくる
だけである。話は進歩言説に回収されていくが、そこで語られないまま沈
黙に沈んでいるのは、かつて嫁盗り婚をそれなりに正当なものとしていた
何らかの論理であるはずだ[29]。それともその論理自体、あえて言語化され
てヨルモ社会を流通したことすらなかった、まさに「暗黙の」ものだった
ということがありえるだろうか。

　彼らの語りが私という聞き手とのコミュニケーション遂行という枠内で
構築されている様相を以上簡単にあとづけてきた。彼らは私の反応を目測
しつつ語りを組み立て、また私の反応を受けて再調整する。だがここまで
の議論が畢竟、彼らが私に語ったのは私が「わかる」だろうことであり、
「わからない」だろうことは語らなかった（そして語らなかった何かは最
終的には私達には「わからない」）というただそれだけのことであれば、
彼らの発話行為を相互作用状況に位置づけ直すという作業の意義も、いっ

29　個々の婚姻成立をめざす状況において、嫁盗り婚の選択が「合理的」となる
　　条件については、第3章で検討した。ここでいう「論理」は、一般論として
　　嫁盗り婚を擁護する論理である。

てみれば単に当然のことを指摘したに過ぎない。私達はさらに、発話が相互作用状況において遂行する行為の行方、それが実際に遂げたこと、すなわちその受容へと眼を向けてみよう。結局のところ、発話行為の狙いが首尾よく的に当たるとは限らないのである。「狙う」ことと「当たる」ことの間にありうる間隙、その狭間で起こっていることにも私達は注意を向けておくべきだろう。

　有り体にいって、私のような「先進国」出身の「知識人」にとって、彼らの語りはおそらくそれほど目覚ましいものではない。それは汎ネパール的開発言説の矮小化された反復と聞こえ、またそもそもネパールに氾濫する開発言説自体が近代西欧世界を「本家」とする、そしてその本家では既に陳腐でオールドファッションドな、いやしくも「知識人」層なら今更真面目に語ったりしないだろう一直線の開発言説の二番煎じと聞こえるのである。進歩や開発といった価値への素朴な信奉と聞こえる語りに、または……といささかウンザリさせられる経験は、この層に属する人々にとって少なからず覚えのあるところであろう[30]。そうはいってももちろん、研究者たるもの、相槌を打ち、話を傾聴する。すなわち当然のことながら、彼らの上の 1. の遂行に協働し、その協働において結果的に 3. の完遂に組みすることになる。しかし同時にその場において、2. 及び 4. の遂行において彼らの発話は確かに「失敗」していた、つまりその狙いは外れていたといわざるをえないのである[31]。

30　それにしてもまた、（我ながら）このような語り方の尊大さ（幾重にも捻れた上でそれはなお植民地主義的態度の反復以外ではないのである）には、一体どうしたものであろう。cf. スピヴァク（2003［1999］）。

31　もっともこの、話は「わかる」ものの（または「わかり」すぎて）ウンザリするという印象は、この場合インタビュー録音を後に何度も聴き込むという特殊なコミュニケーション過程を経て大きく改訂された（その遅ればせに改訂された認識が、前節の記述である）。発話現場でのコミュニケーションの「失敗」は、それが別の状況に移植されたときの「敗者復活」を除外しない。

あるいはまた、女性に対する暴力としての嫁盗り婚という論点が彼らの語りからは欠落していることに気づくとき、私を含むフェミニスト的関心を有する者であればそこにも、そこに自他の距離を見てとらずにいることはできない。略奪された女性が略奪された怒りゆえにとる行動＝暴力ゆえにこそ嫁盗り婚は忌避されるべきという男性の語りを聴くに至っては、女性のおかれた立場のさらなる「理不尽さ」に距離感はいやましに募る。この点からしても、彼らの語りは聴き手の共感や賞賛を得て彼／彼女を彼らのほうへと引き込む（＝4. の遂行）はおろか、聴き手に語り手／語り手を含むコミュニティの望ましさをアピールする（＝2. の遂行）ことをすら、実は達成し損ねることになっているのである。

発話者が狙ったことの実現をその行為の成功ともいうなら、行為の成功は約束されておらず、狙いとは別のことを成し遂げてしまうこともあるということである。嫁盗り婚の衰退をめぐるヨルモ達の語りは、一言でいえば「前進しつつある仏教徒」、近代的価値にも乗り遅れていない敬虔な仏教徒というポジティヴな（集合的）自画像を構築し印象づけようとしたものとまとめられようが、表面上目立った波風もない会話の流れを通して、その企ては全面的に遂げられたのからは程遠い。開発批判やフェミニズムといった近代内部からの近代批判言説に馴染んでいる相手が「素朴な」開発言説にのっていることを想定しつつ遂行されている実践である限り、彼らの自画像の内容は一応伝わろうとも、彼らの語りは最終的には的を逸することになる。

もちろんこのように述べるのは、彼らの発話の失敗をあげつらうこと自体が目的ではない。彼らが「わから」せようとし、私も「わかろ」うとしてなお存続し続ける両者を隔てる懸隔こそが、人類学的営みの抉りだすべき当のものの一つだと考えるからである。私達はこの溝を乗り越えて会話を進行させていくだろう——しかし、その進行を通して溝はなくなるのではない。照らしだされるのである。

5. 結論

　現在のヨルモの男性達によって私という一人の外部者との間で紡ぎ出された、嫁盗り婚を否定する語り。一見私達にも容易に「わかる」そうした実践が、いかにして、何を行っているものなのかという問いをあえて追いかけることを通して、彼らと私達の間にある距離を捉え直すことを試みてきた。開発言説の地球の隅々への浸透を示す一例と思われたヨルモ達の語りをより詳細に聴けば、それはその単なる反復とは程遠い。開発の想定する基本的変化の方向（＝進歩）を受容しつつローカルな価値観と組み合わせることで構築されたその言説は、ヨルモの伝統的価値構造をむしろ純化／強化したものであり、いずれにせよ近代西欧的な嫁盗り婚否定の論理（＝女性の主体性の尊重）をなぞるものでは全くなかった。西欧近代的なるものとの接触・交渉を経由して繰り出されている彼らの語りは、進歩の時代に乗り遅れていない自己／自己を含む共同体像を提示して、「開発された国」からやってきた聞き手の共感、承認、さらには参加をすら誘う企てであったと見られるが、「開発」や「女性」に対するスタンスの基本的齟齬ゆえに、その企てはむしろ彼我の距離をこそ明るみにだすものになっていたといえる。

　最後に、ヨルモの女性達の立場について付言しておきたい。本論で検討してきたようなヨルモの男性達と私のような外部者の抜きがたい距離を構成していたものの一つは、女性主体のありように対する顧慮の有無、端的にいって女性の自由の増大という「価値」を認めるかどうかにあった。彼らの態度が女性の立場に寄り添わないものであることは確かだとして、それでは、私の立ち位置はヨルモ女性自身のそれに寄り添うものだといってよいのだろうか？

　触れた通り、彼女達が嫁盗り婚を一般的に評価する語りはほとんど聞かれず、評価らしいことをいうとしてもそれは自らの経験レベルに繋げたも

のに限られていた——「昔は大変だった」というわけである。そうでしょうとも！——と満腔の共感を寄せる私をよそに、しかし、彼女達は女性の立場を全く埒外においた嫁盗り婚否定言説に異を唱えるどころか特段の反撥を感じている様子もない。そもそも親が決める嫁やり婚の規範性自体に違和感を持つどころか、嫁やり婚で自分は結婚したといえることにこそ安堵を見いだす彼女達なのである（第2章）。彼女達と私の距離はといえば、残念ながら、ヨルモ男性達とのそれより必ずしも近いといえるわけではない。

初出一覧

本書の各章と、筆者の既刊の論文の関係は以下のようになっている。

序　章：基本的に書き下ろし。ただし、2.1. は佐藤（2008）の一部、3. は佐藤（2007b）の一部を利用している。
第1章：佐藤（2013b）に加筆・修正。また Sato（2007）の一部を利用。
第2章：佐藤（2007b）に加筆・修正。
第3章：佐藤（2007a）に加筆・修正。
第4章：Sato（2007）を翻訳の上、大幅に加筆・修正。
第5章：佐藤（2008）に加筆・修正。なお Sato（2008）は基本的に佐藤（2008）の英語版である。
第6章：佐藤（2013a）に加筆・修正。
終　章：書き下ろし。
補　論：佐藤（2007c）に加筆・修正。

あとがき

　ヨルモに脚を踏みいれてから、もう 20 年がたつ。本書に纏めたのは、博士論文（佐藤 2004）を実質的に書き上げてから、引き続きヨルモで取り組んだ新たなテーマ——「女性」——に関する仕事である。博士論文を出版しようと助成を申し込むも申請書類上の不備で審査の俎上にすら乗らず、もともとどうしても公刊しなければならないほど大した仕事でもなかった……とサックリ諦め次の仕事にかかって、はや 10 年余。実際、ここに纏めた仕事には私自身、それ以前のものよりもずっと思い入れがある。それというのもこれは、私がヨルモで過ごし、ヨルモの女性達そして男性達と時間を共有していくなかで、まさにそのなかから醸成されてきた問題意識をベースにして、それを解決したくて取り組んできた仕事だからである。

　有り体にいって、ヨルモで「女として」過ごすことは、私にとって様々な面でキビしかった。ヨルモの多くの人達が、男性も女性も、私を気遣い、助け、支えてくれた。日々の生活の面倒から専門的な情報提供まで、腰布の巻き方からお経の読み方まで、私に様々なことについて教え、導き、協力してくれた。正直いって「外国人」としていろいろと特別扱いもしてもらい、ヨルモの女性であればありえない振る舞いや言動も多目に見てもらった。それでも私は、辛かったのである。「男だったらよかった……」——それはヨルモの人々の間で暮らしてみた私の素朴な、極めて素朴な実感であった。日常・非日常を通して、各々の家から村社会、さらにはもっと広い社会的文脈に至るまで、また生計維持活動から社会・宗教・政治的活動までを貫いて、東京生まれ・育ちの私が慣れていたのとは別様の不均衡なやり方でマークされていたジェンダーのありようとともに、改めて認識されたヨルモ女性が直面する諸問題のヨルモを遥かに越える広がり・共通性は、私のなかに大きな疑問符を育てたのである。なぜ、彼女達は「あ

んなふうに」——ヨルモで女性として期待される様々なことどもを、兎にも角にも、程度の差はあれ、決定的に逸脱することなく、たゆまず遂行して——生きられる、生きられているのだろう？　辛くはないのだろうか？

いやそもそも「あんなふうに」生きている・生きてきたというのは一体どんな経験なのだろうか？　ヨルモで「同じ女性」という立場をひとときではあれ共有したからこそ感じる、彼女達への共感と、距離感と。「会話」はそれらを通じて企てられることになったのである。

随分長い時間がかかってしまったが、ひとまずこのようなかたちでこの本を世に出せたことに一息ついているところである。限られた時間ではあれ彼女達と会話を紡ぎ、それを何度も聴き返し読み返して、彼女達のライフ／ストーリーについて問いを投げかけ答えを模索するという作業をひとしきり行ってきた今、おこがましい言い方にもなるが、彼女達の生、語り（の断片）に関する何ほどかの「理解」を形成することはできたと思っている。個人的なレベルでいえば、彼女達への共感はさらに増した——ダワは、ニマは、ドマは、そして他のヨルモ女性達は、まぎれもなく私自身でもあるのだ、と。私も経験した、経験しえた、経験してもおかしくなかったことどもを実際に生き抜き語りへともたらしてくれたのが、彼女達なのである。

とはいえ、距離感が縮まった、とは必ずしもいえない。彼女達の語りを聴いていくほどに、その語られない余白に思いを馳せざるをえないということが一つにはある。また基本的にヨルモで、あるいはヨルモの人々の間で生きていくであろう彼女達のこれからは、ヨルモと／彼女達と接点を持ちつつも基本的にはその外で営まれていくであろう私のこれからとは決定的に分岐しているということがある。さらには、私が彼女達から多くのものを受けとったとしても、私が深めたシンパシーが彼女達にとって何ほどの意味を持つことも正直いってあるまいということもある。近づきたくて、近づいていって、なお近づくほどにむしろその遠さを実感せざるをえない「私」と「彼（女）ら」の距離——それはしかし、すべての人類学者が、

人類学的実践を通して噛みしめざるをえないものなのであろうと思う。

　最後になってしまったが、この間長きにわたって私の仕事を支えてくれた方々に対して、この場を借りてお礼を申し上げたい。まず何より、インタビューに応え惜しみなく私とその人生の一部を共有してくれたヨルモの女性達に。当然のことながら、彼女達の協力なくしてこの本がかたちをなすことはありえなかった。本来ならば一人一人のお名前を記して謝意を表すべきところであるが、本書に盛り込んだインタビュー内容が個人の「プライベートな」部分にも及んでいることを考慮し、これは差し控えたい。そして現地調査中様々な場面でお世話になったその他のヨルモの女性達・男性達、特に私を家族の一員として受け入れて調査活動中の生存の継続を支えてくれたA村のご家族に。私の様々なわがままを見逃しつつも私を見放さないでいてくれた彼女ら・彼らの存在なしに、このようなかたちで私とヨルモの付き合いが続くことはなかっただろう。そして、私の研究活動の遅々たる歩みにも倦むことなく常に前向きに指導して下さった大学院・ポストドクター時代の指導教官・関本照夫先生、その専門的知識だけでなく真摯な学究姿勢に常に学ばせて頂いている（自分がそのように出来ているということではない）ヒマラヤ研究の先達・石井溥先生、その緻密な仕事ぶりと意外な面倒見のよさにいつも助けていただいてばかりの研究室時代からの先輩・名和克郎さんに。その他日本やネパールの内外で、人類学、ヒマラヤ／南アジア研究、ジェンダー論等の諸分野にわたって、あるいはその外で、公・私の交流を通じて私が学ばせていただきあるいは私を助けて下さった方々はいちいち挙げられないほどの多数に上るが、拙著に名前を言及されることにむしろ当惑される方もあるいはいらっしゃることと斟酌して割愛させていただく。そして、たいていのことは自分一人で決めてしまう私をいつも後追いしながら許し続けてくれた両親、何のかんのと別のことにかまけてともすれば仕事を遅らせてばかりの私にいつも寄り添っていてくれたS.T.さんに。最後にこの本の出版を引き受けてくださった三元社の石田俊二さんにも厚く感謝申し上げる。なお本書は、日本

学術振興会科学研究費・研究成果公開促進費（課題番号 265132）を受けて出版されたものである。

参考文献

Abu-lughod, Lila (1999 [1986]) *Veiled Sentiments: Honor and Poetry in a Bedouin Society*. Berkeley & Los Angeles: University of California Press.

Abu-lughod, Lila (1990) The Romance of Resistance: Tracing Transformations of Power through Bedouin Women. In P.R. Sanday & R.G. Goodenough eds. *Beyond the Second Sex: New Directions in the Anthropology of Gender*. Philadelphia: University of Pennsylvania Press, pp. 311-37.

Acharya, Meena & Lynn Bennett (1981) *The Rural Women of Nepal: An Aggregate Analysis and Summary of 8 Village Studies* (The Status of Women in Nepal, vol.2, part 9). Kathmandu: Centre for Economic Development and Administration, Tribhuvan University.

足立眞理子（2008）「再生産領域のグローバル化と世帯保持」伊藤るり・足立眞理子編著『国際移動と〈連鎖するジェンダー〉：再生産領域のグローバル化』東京：作品社、pp.224-262。

Ahearn, Laura M. (1994) *Consent and Coercion: Changing Marriage Practices among Magars in Nepal*. Ph.D. dissertation, University of Michigan.

Ahearn, Laura M. (2001a) *Invitation to Love: Literacy, Love Letters, & Social Change in Nepal*. Ann Arbor: The University of Michigan Press.

Ahearn, Laura M. (2001b) Language and Agency. *Annual Review of Anthropology* 30:109-137.

アハメド、ライラ（2000 [1992]）『イスラームにおける女性とジェンダー：近代論争の歴史的根源』林正雄・岡真理ほか訳、東京：法政大学出版局。

Anderson, M. (2005) Thinking about Women: A Quarter Century's View. *Gender & Society* 19:437-55.

Arnold, David & Stuart Blackburn eds. (2004) *Telling Lives in India: Biography, Autobiography, and Life History*. Bloomington & Indianapolice: Inidiana University Press.

オースティン、J. L.（1991 [1970]）「行為遂行的発言」『オースティン哲学論文集』坂本百大監訳、東京：勁草書房、pp.379-409。

バウマン、ジークムント（2001 [2000]）『リキッド・モダニティ：液状化する社会』森田典正訳、東京：大月書店。

ベック、ウルリヒ（1998 [1986]）『危険社会：新しい近代への道』東廉・伊藤美登里訳、東京：法政大学出版局。

ベルトー、ダニエル（2003 [1997]）『ライフストーリー：エスノ社会学的パースペクティブ』小林多寿子訳、京都：ミネルヴァ書房。

Bishop, Naomi H.（1998）*Himalayan Herders*. Fort Wourth: Harcourt Brace College Publishers.

Bourdieu, Pierre（1977）*Outline of a Theory of Practice*. tr. R. Rice, Cambridge: Cambridge University Press.

ブライドッチ、R. et al.（1999［1994］）『グローバル・フェミニズム：女性・環境・持続可能な開発』壽福眞美監訳、東京：青木書店。

ブルゴス、エリザベス（1987［1983］）『私の名はリゴベルタ・メンチュウ：マヤ＝キチェ族インディオ女性の記録』高橋早代訳、東京：新潮社。

Butalia, Urvashi（2000［2002］）*The Other Side of Silence: Voices from the Partition of India*. Durham: Duke University Press（『沈黙の向こう側：インド・パキスタン分離独立と引き裂かれた人々の声』藤岡恵美子訳、明石書店）．

Butler, Judith（1989［1999］）*Gender Trouble: Feminism and the Subversion of Identity*. London & New York: Routledge（『ジェンダー・トラブル：フェミニズムとアイデンティティの攪乱』竹村和子訳、青土社）．

Butler, Judith（2004）*Undoing Gender*. New York: Routledge.

Butler, Judith（2000［2002］）*Antigone's Claim: Kinship between Life and Death*. New York: Columbia University Press（『アンティゴネーの主張：問い直される親族関係』竹村和子訳、青土社）．

バトラー、ジュディス（2004［1997］）『触発する言葉：言語：権力・行為体』竹村和子訳、東京：岩波書店。

バトラー、ジュディス（2012［2009］）『戦争の枠組み：生はいつ嘆きうるものであるのか』清水晶子訳、東京：筑摩書房。

Campbell, Ben（2000）Properties of Identity: Gender, Agency and Livelihood in Central Nepal. In V. Goddard（2000）, pp.102-121.

Caplan, Lionel（1970）*Land and Social Change in East Nepal: A Study of Hindu-Tribal Relations*. Berkeley: University of California Press.

Carrier, James G.（1995）*Occidentalism: Images of the West*. Oxford: Clarendon.

Central Bureau of Statistics（Government of Nepal, National Planning Commission Secretariat）（2014） *Annual National Account of Nepal 2070-71*（2013-14）http://cbs.gov.np/wp-content/uploads/2014/04/Annual GDP 2013_14.pdf

Chakrabarty, Dipesh（2000）*Provincializing Europe: Postcolonial Thought and Historical Difference*. Princeton: Princeton University Press.

Chatterjee, Partha（1993）*The Nation and Its Fragments: Colonial and Postcolonial Histories*. Princeton: Princeton University Press.

Clarke, Graham E. (1980) *The Temple and Kinship among a Buddhist People of the Himalaya*. Ph.D. thesis, University of Oxford.

コーネル，ドゥルシラ（2004）「RAWA と黒衣の女性たちの政治的汚名」権安理・永井順子訳、仲正昌樹編『共同体と正義』東京：御茶の水書房、pp.219-251。

Cox, Rosie (2006) *The Servant Problem: Domestic Employment in a Global Economy*. London: I.B.Tauris.

クラパンザーノ、ヴィンセント（1991[1980]）『精霊と結婚した男：モロッコ人トゥハーミの肖像』大塚和夫・渡部重行訳、東京：紀伊國屋書店（Vincent Crapanzano *Tuhami: Portrait of a Moroccan*. The University of Chicago Press）。

Desjarlais, Robert R. (1992) *Body and Emotion: The Aesthetics of Illness and Healing in the Nepal Himalayas*. Philadelphia: University of Pennsylvania Press.

Desjarlais, Robert R. (2003) *Sensory Biographies: Lives and Deaths among Nepal's Yolmo Buddhists*. Berkeley: University of California Press.

Deutsch, Francine M. (2007) Undoing Gender. *Gender & Society* 21: 106-127.

Doezema, Jo (2001) Ouch!: Western Feminists' Wounded Attachment to the 'Third World Prostitute'. *Feminist Review* 67: 16-38.

Escobar, Arturo (1995) *Encountering Development: The Making and Unmaking of the Third World*. Princeton: Princeton University Press.

Fanon, Frantz (2004[1966]) *The Wretched of the Earth*. Tr.by Richard Philcox, New York: Grove Press (『地に呪われたる者』鈴木道彦・浦野衣子訳、東京：みすず書房、1996 年)。

Fisher, William F. (2001) *Fluid Boundaries: Forming and Transforming Identity in Nepal*. New York: Columbia University Press.

フーコー、ミシェル（2000[1966]）『言葉と物』渡辺一民・佐々木明訳、東京：新潮社。

フーコー、ミシェル（2012[1969]）『知の考古学』慎改康之訳、東京：河出書房新社。

Fujikura, Tatsuro (2004) Vasectomies and Other Engagements with Modernity: A Reflection on Discourses and Practices of Family Planning in Nepal. *Journal of the Japanese Association for South Asian Studies* 16:40-71.

福浦厚子（2006）「個人・家族・寺廟：シンガポールにおける交霊会を通して見た国民国家のゆらぎ」田中・松田編、pp.316-350。

Garfinkel, Harold.（1967）*Studies in Ethnomethodology*. NJ: Prentice-Hall（その一部は、「アグネス、彼女はいかにして女になり続けたか」山田富秋・好井裕明・山崎敬一編訳『エスノメソドロジー：社会学的思考の解体』東京：せりか書房、pp.215-295、1987 年）．

GEFONT（General Federation of Nepalese Trade Unions）（2011）*Isolated within the Walls: A Situation Analysis of Domestic Workers in Nepal*. Kathmandu: GEFONT.

Gellner, David N.（1991）Hinduism, Tribalism and the Position of Women: The Problem of Newar Identity. *Man*（N.S.）26:105-25.

Gerstel, N. & N. Sarkisian（2006）Sociological Perspectives on Families and Work: The Import of Gender, Class, and Race. M. Pitt Catsouphes, E. E. Kossek, and S. S. Mahwah eds. *The Work and Family Hand Book: Multi-disciplinary Perspectives and Approaches*. NJ: Lawrence. Erlbaum.

Giddens, Anthony（1984）*The Constitution of Society: Outline of the Theory of Structuration*. Cambridge: Polity Press.

ギデンズ、A.（2005[1991]）『モダニティと自己アイデンティティ：後期近代における自己と社会』秋吉美都・安藤太郎・筒井淳也訳、東京：ハーベスト社。

ギデンズ、A.（2002[1994]）『左派右派を越えて：ラディカルな政治の未来像』松尾精文・立松隆介訳、東京：而立書房。

グラックスマン、ミリアム（2014[2000]）『「労働」の社会分析：時間・空間・ジェンダー』木本喜美子監訳、東京：法政大学出版局。

Goddard, Victoria Ana ed.（2000）*Gender, Agency and Change: Anthropological Perspectives*. London & New York: Routledge.

Green, Joyce ed.（2007）*Making Space for Indigenous Feminism*. London: Zed Books.

速水洋子（2009）『差異とつながりの民族誌：北タイ山地カレン社会の民族とジェンダー』 京都：世界思想社。

Hayami, Y., A. Tanabe & Y. Tokita-Tanabe eds.（2003）*Gender and Modernity: Perspectives from Asia and the Pacific*. Kyoto: Kyoto University Press and Melbourne: Trans Pacific Press.

Herdt, Gilbert（1994）*Third Sex, Third Gender: Beyond Sexual Dimorphism in Culture and History*. New York: Zone Books.

保苅 実（2004）『ラディカル・オーラル・ヒストリー：オーストラリア先住民アボリジニの歴史実践』東京：御茶の水書房。

堀田　碧（2001）「『第三世界』女性表象をめぐる一考察：グローバリゼーションとフェミニズムの可能性」伊豫谷登士翁編『経済のグローバリゼーションとジェンダー』東京：明石書店、pp.213-243。

Jones, Rex Lee（1973）*Kinship and Marriage among the Limbu of Eastern Nepal: A Study in Marriage Stability*. Ph.D. dissertation, University of California at Los Angeles.

川橋範子（2003）「『他者』としての『日本女性』：欧米の『水子供養言説』批判」『民族学研究』68（3）:394-412。

川橋範子（2012）『妻帯仏教の民族誌：ジェンダー宗教学からのアプローチ』京都：人文書院。

川橋範子・黒木雅子（2004）『混在するめぐみ：ポストコロニアル時代の宗教とフェミニズム』京都：人文書院。

Kawakita, Jiro（1974）*The Hill Magars and Their Neighbours: Hill Peoples Surrounding the Ganges Plain*. Tokyo: Tokai University Press.

喜多村百合（2004）『インドの発展とジェンダー：女性NGOによる開発のパラダイム転換』東京：新曜社。

Kittay, Eva Feder（1999[2010]）*Love's Labor: Essays on Women, Equality, and Dependency*. New York & London: Routledge（岡野八代・牟田和恵訳『愛の労働あるいは依存とケアの正義論』白澤社）.

厚東洋輔（2011）『グローバリゼーション・インパクト』京都：ミネルヴァ書房。

窪田幸子（2005）『アボリジニ社会のジェンダー人類学：先住民・女性・社会変化』京都：世界思想社。

窪田幸子・八木裕子編（1999）『社会変容と女性：ジェンダーの文化人類学』京都：ナカニシヤ出版。

倉石一郎（2007）『差別と日常の経験社会学：解読する＜私＞の研究誌』東京：生活書院。

ルイス、オスカー（1969[1961]）『サンチェスの子供たち：メキシコの一家族の自伝』柴田稔彦・行方昭夫訳、東京：みすず書房。

Liechty, Mark（2001）Women and Pornography in Kathmandu: Negotiating the 'Modern Woman' in a New Consumer Society. S. Munshi ed. *Images of the 'Modern Woman' in Asia: Global Media, Local Meanings*. Richmond: Curzon Press, pp.34-54.

Lorber, J.（2005）*Breaking the Bowls: Degendering and Feminist Change*. New York: Norton.

MacLeod, A.E.（1992）Hegemonic Relations and Gender Resistance: the New Veiling as Accommodating Protest in Cairo. *Signs* 17(3): 533-57.

Maggi, Wynne（2001）*Our Women are Free: Gender and Ethnicity in the Hindukush*. Ann Arbor: The University of Michigan Press.

真島一郎（2005）「翻訳論：喩の権利づけをめぐって」真島一郎編『だれが世界を翻訳するのか：アジア・アフリカの未来から』京都：人文書院、pp.9-57。

March, Kathryn S.（2002）*If Each Comes Halfway: Meeting Tamang Women in Nepal*. Ithaca and London: Cornell University Press.

松田素二（2009）『日常人類学宣言！：生活世界の深層へ／から』京都：世界思想社。

Maynes, Mary Jo, Jennifer L. Pierce & Barbara Laslett（2008）*Telling Stories: The Use of Personal Narratives in the Social Sciences and History*. Ithaca and London: Cornell University Press.

McDougal, Charles（1979）*The Kulunge Rai: A Study in Kinship and Marriage Exchange*. Kathmandu: Ratna Pustak Bhandar.

McGuigan, Jim（1992）*Cultural Populism*. London & New York: Routledge.

Mclennan, John F.（1886）*Studies in Ancient History*. London: B.Quaritich.

Menski, Werner ed.（1998）*South Asians and the Doury Problem*. Stoke on Trent: Trentham Books.

Michaels, Axel（1997）The King and Cow: On a Crucial Symbol of Hinduization in Nepal. D. N. Gellner et al. eds. *Nationalism and Ethnicity in a Hindu Kingdom: The Politics of Culture in Contemporary Nepal*. Amsterdam: Harwood Academic Publishers, pp.79-99.

ミルズ、C.ライト（1995[1959]）『社会学的想像力』鈴木広訳、東京：紀伊國屋書店（C. Wright Mills *The Sociological Imagination*. Oxford University Press）。

南 真木人（1997）「開発一元論と文化相対主義：ネパールの近代化をめぐって」『民族学研究』62(2): 227-243。

Mohanty, Chandra Talpade（2003[1986]）Under Western Eyes: Feminist Scholarship and Colonial Discourses. In T.C.Mohanty *Feminism Without Borders: Decolonizing Theory, Practicing Solidarity*. Durham & London: Duke University Press, pp.17-42.

Morgan, Lewis Henry（2000[1877]）*Ancient Society, or Research in the Line of Human Progress from Savagery, through Barbarism to Civilization*. London: Macmillan & Company.

中野　卓（1977）『口述の生活史：或る女の愛と呪いの日本近代』東京：御茶の水書房。

中谷文美（2003）『「女の仕事」のエスノグラフィ：バリ島の布・儀礼・ジェンダー』京都：世界思想社。

Nanda, Serena (1999) *Gender Diversity: Crosscultural Variations*. Prospect Heights, Illinois: Waveland Press.

名和克郎（2008）「書評：田中・松田編『ミクロ人類学の実践』」『文化人類学』72 (4): 527-530。

Nepali, Rohit Kumar & Prakash Shrestha (2007) *Unfolding the Reality: Silenced Voices of Women in Politics*. Kathmandu: South Asia Partnership International.

西井涼子・田辺繁治編（2006）『社会空間の人類学：マテリアリティ・主体・モダニティ』京都：世界思想社。

落合恵美子（1989）『近代家族とフェミニズム』東京：勁草書房。

岡　真理（2000）『彼女の「正しい」名前とは何か：第三世界フェミニズムの思想』東京：青土社。

岡野八代（2012）『フェミニズムの政治学：ケアの倫理をグローバル社会へ』東京：みすず書房。

Ortner, Sherry (1978) *Sherpas through Their Rituals*. Cambridge: Cambridge University Press.

Ortner, Sherry (1995) Resistance and the Problem of Ethnographic Refusal. *Comparative Studies in Society and History* 37(1): 173-93.

Ortner, Sherry (1998) The Case of the Disappearing Shamans, or No Individualism, No Relationalism. In Skinner et al. eds. *Selves in Time and Place: Identities, Experience, and History in Nepal*. Lanham: Rowman & Littlefield Publishers, pp.239-267.

Ortner, Sherry (1999) *Life and Death on Mt.Everest*. Princeton: Princeton University Press.

Parijat (1997) *Parijat Sankalit Rachnaharu*, vol.6. Dakshin Sikkim: Nirman Prakashan (in Napali).

Parrenas, Rhacel Salazar (2001) *Servants of Globalization: Women, Migration, and Domestic Work*. Palo Alto: Stanford University Press.

Pateman, Carole (1988) *The Sexual Contract*. Cambridge: Polity Press.

Pigg, Stacy Leigh (1992) Inventing Social Categories through Place: Social

Representations and Development in Nepal. *Comparative Studies of Society and History* 34(3):491-513.

Pigg, Stacy Leigh (1996) The Credible and the Credulous: The Question of 'Villagers' Beliefs' in Nepal. *Cultural Anthropology* 11(2):160-201.

Puri, Jyoti (1999) *Woman, Body, Desire in Post-colonial India: Narratives of Gender and Sexuality*. New York & London: Routledge.

Ridgeway, C. L., and S. J. Correll (2004) Unpacking the Gender System: A Theoretical Perspective on Gender Beliefs and Social Relations. *Gender & Society* 18: 510-31.

Roscoe, Will (2000) *Changing Ones: Third and Fourth Genders in Native North America*. New York: St.Martin's Press.

Rothchild, Jennifer (2012) *Gender Trouble Makers: Education and Empowerment in Nepal*. New York & London: Routledge.

サイード、エドワード W.(1993[1978])『オリエンタリズム(上・下)』今沢紀子訳、東京:平凡社.

三枝礼子(1997)『ネパール語辞典』東京:大学書林.

桜井 厚(2002)『インタビューの社会学:ライフストーリーの聞き方』東京:せりか書房.

Sangster, Joan (2009[1994]) Telling Our Stories: Feminist Debates and the Use of Oral History. In Barbara Harrison ed. *Life Story Research* vol.1. London: Sage, pp.85-108.

Sato, Seika (2006) Discourse and Practice of Janajati-Building: Creative (Dis) junctions with Local Communities among the People from Yolmo. *Studies in Nepali History and Society* 11(2):355-388.

Sato, Seika (2007) 'I don't Mind Being Born a Woman': Status and Agency of Women in Yolmo, Nepal. In H.Ishii, D.N.Gellner, K.Nawa eds. *Nepalis Inside and Outside Nepal: Social Dynamics in Northern South Asia*, vol.1. Delhi: Manohar, pp.191-222.

Sato, Seika (2008) 'We Women Have to Get Married Off': Obedience, Accomodation and Resistance in the Narrative of a Yolmo Woman from Nepal. *Studies in Nepali History and Society* 13(2):265-296.

Sato, Seika (2014) When Women Go out from Home: Exclusionary Powers against Women in Public Space of Kathmandu. 日本文化人類学会50周年記念国際研究大会における口頭発表(於幕張メッセ).

佐藤斉華（2004）『共同性の近代的状況：ネパールのヨルモにおける「民族」とその同時代』未刊行博士論文、東京大学総合文化研究科。

佐藤斉華（2007a）「『嫁盗り』の抹消：ヒマラヤ山地民社会における嫁盗り婚戦略の周縁性をめぐって」『帝京社会学』20: 71-100。

佐藤斉華（2007b）「『私は行かないといった』：ネパール・ヨルモ女性の婚姻をめぐる語りにみる主体性」『東洋文化研究所紀要』152: 472(137)-425(185)。

佐藤斉華（2007c）「消え去り行く嫁盗り婚の現在：ヒマラヤ山地民の言説実践における『近代』との交叉をめぐって」『文化人類学』72(1): 95-117。

佐藤斉華（2008）「女は行かなければならない：婚姻規範への（不）服従、ネパール・ヨルモ女性の語りから」『文化人類学』73(3): 309-331。

佐藤斉華（2009）「彼女との長い会話：あるネパール女性のライフ・ストーリー（1）」『帝京社会学』22: 67-104。

佐藤斉華（2010）「彼女との長い会話：あるネパール女性のライフ・ストーリー（2）」『帝京社会学』23: 171-240。

佐藤斉華（2011）「『労働者』という希望：ネパール・カトマンズの家事労働者の現在」『文化人類学』75(4): 459-482。

佐藤斉華（2013a）「世界の『片隅』で、フェミニズムを語る：ネパール・ヨルモ女性とのライフ・ストーリー実践」『女性学』20: 38-57。

佐藤斉華（2013b）「ジェンダーをやる／やめる：ネパール・ヨルモ社会における女の実践、男の実践」『帝京社会学』26: 59-100。

佐藤斉華（2015）「『包摂』の排除するもの：階級論的ネパールの可能性」『帝京社会学』28: 1-30。

Schuler, Sidney Ruth (1987) *The Other Side of Polyandry: Property, Stratification, and Nonmarriage in the Nepal Himalayas*. Boulder and London: Westview Press.

清水晶子（2006）「キリンのサバイバルのために」『現代思想』34(12):171-187。

ショスタック，マージョリー（1994[1981]）『ニサ：カラハリの女の物語り』麻生九美訳、東京：リブロポート。

Skinner, Debra & Dorothy Holland (1998) Authoring Oneself as a Woman in Nepal. Dorothy Holland et al. eds. *Identity and Agency in Cultural Worlds*. Cambridge: Harvard University Press, pp.214-232.

スペクター，M.B. & J.I. キツセ（1990[1977]）『社会問題の構築：ラベリング理論をこえて』村上直之ほか訳、東京：マルジュ社（M.B. Spector & J. I. Kitsuse *Constructing Social Problems*. Benjamin Cummings Publishing Company）。

スピヴァク, ガヤトリ C.（1998［1988］）『サバルタンは語ることができるか』上村忠男訳、東京：みすず書房。

スピヴァク, ガヤトリ C.（2003［1999］）『ポストコロニアル理性批判：消え去りゆく現在の歴史のために』上村忠男・本橋哲也訳、東京：月曜社。

菅原和孝（2006）「喪失の経験、境界の語り：グイ・ブッシュマンの死と邪術の言説」田中・松田編、pp.76-117。

杉島敬志（2001）『人類学的実践の再構築：ポストコロニアル転回以後』京都：世界思想社。

Suzack, Cheryl et al. eds.（2010）*Indigenous Women and Feminism: Politics, Activism, Culture*. Vancouver: UBC Press.

竹中千春（2002）「ジェンダー研究と南アジア」長崎暢子編『現代南アジア①：地域研究への招待』東京：東京大学出版会、pp.237-255。

Tamang, Seira（2000）Legalizing State Patriarchy in Nepal. *Studies in Nepali History and Society* 5(1):127-156.

Tamang, Seira（2009）The Politics of Conflict and Difference or the Difference of Conflict in Politics: The Women's Movement in Nepal. *Feminist Review* 91: 61-80.

田辺繁治・松田素二編（2002）『日常的実践のエスノグラフィ：語り・コミュニティ・アイデンティティ』京都：世界思想社。

田中雅一（2009）「エイジェントは誘惑する：社会・集団をめぐる闘争モデル批判の試み」河合香吏編『集団：人類社会の進化』京都：京都大学学術出版社、pp.275-292。

田中雅一・松田素二編（2006）『ミクロ人類学の実践：エイジェンシー／ネットワーク／身体』京都：世界思想社。

棚瀬慈郎（2001）『インドヒマラヤのチベット世界：「女神の園」の民族誌』東京：明石書店。

Tokita-Tanabe, Yumiko（2003）Aesthetics of the Female Self: Modernity and Cultural Agency of Urban Middle-class Women in Orissa. In Y. Hayami, A. Tanabe & Y. Tokita-Tanabe eds., pp.189-217.

常田夕美子（2011）『ポストコロニアルを生きる：現代インド女性の行為主体性』京都：世界思想社。

冨山一郎（2006）「予感という問題」田中・松田編、pp.424-450。

鶴田幸恵（2009）『性同一性障害のエスノグラフィ：性現象の社会学』東京：ハーベスト社。

Tylor, Edward B.（1889）On a Method of Investigating the Development of Institutions: Applied to Laws of Marriage and Descent. *Journal of the Royal Anthropological Institute of Great Britain and Ireland* 18:245-272.

上野千鶴子（2011）『ケアの社会学：当事者主権の福祉社会へ』東京：太田出版。

Viramma, Jociane Racine & Jean-Luc Racine（1997）*Viramma: Life of an Untouchable*. London and New York: Verso Books.

渡辺　靖（2004）『アフター・アメリカ：ボストニアンの軌跡と＜文化の政治学＞』東京：慶應義塾大学出版会。

Watkins, Joanne C.（1996）*Spririted Women: Gender, Religion, and Cultural Identity in the Nepal Himalaya*. New York: Columbia University Press.

West, C. & D. Zimmerman（1987）Doing Gender. *Gender & Society* 1: 125-51.

West, C. & D. Zimmerman（2002）Doing Gender. S. Fenstermaker and C. West eds. *Doing Gender, Doing Difference: Inequality, Power, and Institutional Change*. New York: Routledge (Reprinted from *Gender & Society* 1).

Westermarck, Edward（1971[1891]）*The History of Human Marriage* vol. II. New York: Johnson Reprint Corporation.

Williams, Raymond（1977）*Marxism and Literature*. Oxford: Oxford University Press.

山根純佳（2010）『なぜ女性はケア労働をするのか：性別分業の再生産を超えて』東京：勁草書房。

山崎朋子（1972）『サンダカン八番娼館：底辺女性史序章』東京：筑摩書房。

Young, Katherine G.（1986）*Taleworlds and Storyrealms: The Phenomenology of Narrative*. Dordrecht, Netherlands: Kluwer Academic Publishers.

［著者紹介］

佐藤 斉華（さとう・せいか）

1966年、東京生まれ。
東京大学大学院総合文化研究科博士課程修了、博士（学術）。
専門は文化人類学、ヒマラヤ地域研究。
2002年より、帝京大学教員。
本書を含むヨルモに関するもののほか、「『労働者』という希望——ネパール・カトマンズの家事労働従事者の現在」（『文化人類学』75(4):459-482、2011年）、" 'Satisfied with My Job' - What Does She Mean?: Exploring the World of Women Construction Workers in Nepal"（*International Journal of South Asian Studies* 6: 79-97, 2014）等の著作がある。

彼女達との会話
ネパール・ヨルモ社会におけるライフ／ストーリーの人類学

発行日	初版第1刷　2015年2月28日	
著　者	佐藤斉華　2015©Seika Sato	
発行所	株式会社 三元社	
	〒107-0052　東京都港区赤坂2-10-16　赤坂スクエアビル	
	電話／03-5549-1885　FAX／03-5549-1886	
印刷＋製本	モリモト印刷 株式会社	

Printed in Japan
ISBN978-4-88303-377-5
http://www.sangensha.co.jp

［新聞ジャーナリズム］

大阪の錦絵新聞
土屋礼子　大衆ジャーナリズムの先駆けとなり、一瞬の輝きの後、時代の波に消え去った錦絵新聞の全貌。　3495円

『新着雑報』1650年、世界最古の日刊新聞
大友展也編著　新聞学・ジャーナリズム発達史の貴重な原資料を写真原版・ラテン文字表記・現代ドイツ語・和訳で完全復元。　10000円

ドイツ新聞学事始　新聞ジャーナリズムの歴史と課題
E・シュトラスナー著　大友展也訳　16世紀から近現代までのドイツ新聞の発達史を詳細に論じ、新聞ジャーナリズムの展望と課題を提示。　3200円

［文化人類学・地域研究］

イギリスにおけるマイノリティの表象　「人種」・多文化主義とメディア
浜井祐三子　多言語・多文化社会イギリスにおける「新しい人種主義」のありようを、新聞報道の分析から明らかにする。　2800円

エストニアの政治と歴史認識
小森宏美　独立回復と国民国家の社会統合にいかに歴史認識と言語が重要な役割を果たしたかを検証する。　2600円

エスニシティ「創生」と国民国家ベトナム　中越国境地帯タイー族・ヌン族の近代
伊藤正子　タイー族・ヌン族はいかに少数「民族」となり、ベトナム「国民」となったか。その歴史過程を明らかにする。　4300円〈品切中〉

現代シリアの部族と政治・社会　ユーフラテス河沿岸地域・ジャジーラ地域の部族の政治・社会的役割分析
髙岡豊　部族の政治的・社会的役割がその変化を経ても厳然と存続していることを世論調査等から明らかにする。　2800円

コルシカの形成と変容　共和主義フランスから多元主義ヨーロッパへ
長谷川秀樹　「植民地なき植民地」として扱われてきたコルシカの視点から、国民国家、ヨーロッパ統合を捉え直す。　3500円

社会の探究としての民族誌　ポスト・ソヴィエト社会主義期南シベリア、セレンガ・ブリヤート人に於ける集団範疇と民族的知識の記述と解析、準拠概念に向けての試論
渡邊日日　経済・言語・儀礼・教育を舞台に、準拠概念を手掛かりにモンゴル系ブリヤート人の社会と知識を問う。　7600円

ネオ・リベラリズムの時代の多文化主義　オーストラリアン・マルチカルチュラリズムの変容
塩原良和　ネオ・リベラリズム、経済合理主義という時代の流れの中で、対抗原理として多文化主義を〈再構築〉する。　2800円

ネパール、ビャンスおよび周辺地域における儀礼と社会範疇に関する民族誌的研究
名和克郎　いま、民族誌を編むことを自らに問いかけながら描き出した、人々の生活と、その指し示すもの。　6000円

民族という政治　ベトナム民族分類の歴史と現在
伊藤正子　ある「民族」であるとは、人々に何を意味するのか。上からの民族政策の問題点を明らかにする。　3800円

リアリティと他者性の人類学　現代フィリピン地方都市における呪術のフィールドから
東賢太郎　呪術への実体論的アプローチによって、呪術と近代、〈我々〉と〈彼ら〉をめぐる、新たな可能性を探る。　5000円

記号の思想　現代言語人類学の一軌跡　シルヴァスティン論文集
M・シルヴァスティン著　小山亘編・ほか訳　社会文化コミュニケーション論による「言語学」の超克、「認知科学」、「人類学」の再構築。　5500円

思想

愛と執着の社会学　ペット・家畜・えづけ、そして生徒・愛人・夫婦
ましこ・ひでのり　人はなぜ愛したがるのか。愛着と執着をキーワードに動物としての人という根源的本質を解剖するあたらしい社会学。　1700円

あたらしい自画像　「知の護身術」としての社会学
ましこ・ひでのり　現代という時空とはなにか？　自己とはなにか？　社会学という鏡をのぞきながら、自己像を描き直す。　1800円

イタリア・ルネサンスの霊魂論　フィチーノ・ピコ・ポンポナッツィ・ブルーノ
[新装版] 根占献一＋伊藤博明＋伊藤和行＋加藤守通　なぜ霊魂は不死なのか。神と人間の関係からヒューマニズムの源をさぐる。　3000円

[増補新版] イデオロギーとしての「日本」　「国語」「日本史」の知識社会学
ましこ・ひでのり　有史以来の連続性が自明視される「日本」という枠組みを「いま／ここ」という視点から解体する。　3400円

岡熊臣　転換期を生きた郷村知識人　―幕末国学者の兵制論と「淫祀」観
張憲生　岡熊臣の思想形成のプロセスとその言説を激動の時代背景から読み解いた斬新で緻密な論攷。　4800円

可視性をめぐる闘争　戦間期ドイツの美的文化批判とメディア
前田良三　変容する社会、「平面化」する視覚体験。視覚の「20世紀化」が孕むトランスカルチュラルな布置を具体的に浮かび上がらせる。　2800円